MELODY
BEATTIE

CODEPENDÊNCIA NUNCA MAIS

Tradução de
MARÍLIA BRAGA

7ª edição

viva livros

RIO DE JANEIRO – 2023

CIP-BRASIL. CATALOGAÇÃO NA FONTE
SINDICATO NACIONAL DOS EDITORES DE LIVROS, RJ

Beattie, Melody
B351c Codependência nunca mais / Melody Beattie; tradução
7ª ed. de Marília Braga. – 7ª ed. – Rio de Janeiro: Viva Livros, 2023.
12 × 18 cm

Tradução de: Codependent No More
ISBN 978-85-8103-022-7

1. Codependência. 2. Abuso de substâncias – Pacientes – Relações com a família. 3. Cuidados pessoais com a saúde. I. Título.

CDD: 616.86
12-5218 CDU: 616.89-008.441.3

Codependência nunca mais, de autoria de Melody Beattie.
Título número 021 da Coleção Viva Livros.
Sétima edição impressa em setembro de 2023.
Texto revisado conforme o Acordo Ortográfico da Língua Portuguesa de 1990.

Título original norte-americano:
CODEPENDENT NO MORE

www.vivalivros.com.br

Nota: Os princípios dos Doze Passos transcritos na página 224 desta edição foram publicados pelo A. A. World Services, e reproduzidos neste livro mediante permissão.

Design de capa: Mari Taboada.

Impresso no Brasil

ISBN 978-85-8103-022-7

EDIÇÕES VIVA LIVROS

Codependência nunca mais

Melody Beattie nasceu em Minnesota, Estados Unidos, em 1948. É uma das autoras de autoajuda mais admiradas de seu país e um nome familiar nos círculos de recuperação de dependentes químicos. Seu best-seller *Codependência nunca mais*, que já vendeu mais de 5 milhões de exemplares, apresentou ao mundo o termo "codependência", em 1986. Há mais de duas décadas milhares de leitores têm confiado na orientação e nas palavras incentivadoras de Melody Beattie, justamente porque ela tem conhecimento sobre o que essas pessoas passaram. Melody sobreviveu ao abandono, ao abuso sexual, às drogas e ao álcool, ao divórcio e à perda de um filho. Jornalista e escritora, também são de sua autoria os sucessos: *Para além da codependência*, *Pare de se maltratar*, *Assuma o controle da sua vida*, *A linguagem da liberdade* e *Ouça o seu coração*.

"Não é fácil encontrar a felicidade em nós mesmos, mas é impossível encontrá-la em outro lugar."

– Agnes Repplier,
The Treasure Chest

Por ajudar a tornar este livro possível, agradeço a:

Deus, minha mãe, David, meus filhos, Scott Egleston, Sharon George, Joanne Marcuson e todas as pessoas codependentes que aprenderam comigo e permitiram que eu aprendesse com elas.

Este livro é dedicado a mim.

Sumário

Prefácio*

No início dos anos 1980, quando comecei a pensar em escrever um livro sobre codependência - lutando desesperadamente com meu próprio sofrimento -, prometi a mim mesma que, se descobrisse o que acontecera comigo e o que era necessário fazer para me recuperar, escreveria um livro sobre isso. Decidi que seria um livro carinhoso, sem julgamentos, e não técnico.

Sim, seria carinhoso. Porque era disso que eu precisava: informação e carinho. Precisava de ajuda para o processo de cura de meus problemas de codependência.

Cinco anos depois, sentei-me para escrevê-lo. Acabava de me separar de meu marido depois de dez anos de casamento, e estava recebendo seguro-desemprego havia quatro meses para ajudar a sustentar a mim e a meus dois filhos, Nichole e Shane, enquanto escrevia *Codependência nunca mais*.

Quando me perguntava como eu, uma não especialista, poderia escrever um livro naquelas condições, dizia a mim mesma que podia dizer o que pensava porque, de qualquer modo, somente algumas pessoas realmente o leriam. Também passei muito tempo escrevendo a introdução, não apenas para apresentar o livro, mas também para apresentar o conceito de *codependência* - a palavra - a um mundo que, quase em sua maioria, nunca ouvira falar disso.

Agora, cinco anos depois da 1ª edição, pedem-me para escrever o prefácio de aniversário de um livro que já vendeu mais de dois milhões de exemplares.

- O que devo dizer? - perguntei à minha editora.

*Prefácio à edição de 1992. (*N. do E.*)

– Conte sobre as mudanças que aconteceram, com as mulheres, com as pessoas em nosso país, com *você*, desde que escreveu o livro – sugeriu ela.

Hum, pensei. Que mudanças ocorreram além da Guerra do Golfo e do desabamento da União Soviética?

Liguei a televisão. O filme da semana, não me lembro do nome, era sobre uma adolescente que tentava lidar com o alcoolismo e com o impacto de ter sido violentada. Sua mãe, uma enfermeira, lutara corajosamente para se livrar de uma relação abusiva e disfuncional com o marido, pai da menina. Ao longo do filme, mãe e filha conversam abertamente sobre não tentar salvar uma à outra porque isso não funcionaria. O filme termina com a filha tocando violão e cantando uma música de sua autoria sobre não ser mais vítima.

Caminhei até uma igreja aonde não ia havia muito tempo. O sermão é um pouco diferente nesse frio domingo de inverno. O pastor fala de coração aberto, dizendo à congregação que está aborrecido por liderar uma igreja baseada em vergonha, medo, culpa e desonestidade. Em vez disso, afirma, ele quer fazer parte de uma igreja que seja baseada em igualdade, honestidade, intimidade, aceitação e na força da cura pelo amor de Deus. Quer fazer parte de uma igreja onde possa escolher seus próprios temas, e onde as pessoas tenham relações honestas e saudáveis, umas com as outras e com Deus.

Minha filha chega a casa, depois de sua primeira semana em uma nova escola.

– Sabe de uma coisa, mamãe? – diz ela. – Todos os dias na minha classe lemos uma meditação tirada de seu livro *A linguagem da liberdade*. E na escola de meus amigos, eles estão discutindo sobre codependência em suas aulas de saúde.

Codependência nunca mais, com algemas rompidas na capa, está na lista de best-sellers da França.

Gatodependência nunca mais, parodiando o título de meu livro, está na lista de livros de Natal de 1991 aqui em Minnesota.

Algumas coisas mudaram. Escrevi mais quatro livros, viajei pelo mundo, divorciei-me (mas não me casei de novo) e devolvi à previdência social a ajuda financeira que me haviam dado.

Estou ainda mais apaixonada pela importância da cura de nossos problemas com abusos. Sinto-me mais apaixonada. Tornei-me mais espontânea, adotei minha feminilidade e aprendi novas lições durante esse tempo – sobre limites, flexibilidade e assumir o meu poder. E sobre o amor. Estou aprendendo a respeitar os homens. Meus relacionamentos se aprofundaram. Alguns se modificaram.

A mudança mais importante na minha vida foi a perda de meu filho Shane. Talvez vocês tenham lido ou ouvido falar sobre isso. Em fevereiro de 1991, três dias depois de seu décimo segundo aniversário, meu querido Shane – tão ligado a minha vida e ao meu trabalho – morreu de repente num acidente de esqui nas montanhas de Afton Alpes.

Estou aprendendo muito sobre morte e vida.

Cresci e mudei. Vi meus amigos crescerem e mudarem. Muitos de vocês me escreveram sobre crescimento e mudança.

Ainda luto com os sentimentos e em confiar em meu processo, meu caminho e meu Poder Superior. Às vezes, ainda sinto medo. Às vezes, esqueço-me e tento controlar tudo. Posso tornar-me obsessiva, se não me segurar.

E, apesar dos anos na lista dos best-sellers, a pergunta mais comum que ainda me fazem as pessoas e a imprensa é: "O que exatamente é a codependência?"

Algumas coisas não mudaram, pelo menos não muito. Ainda me recuso a ser uma especialista, e permanentemente recuso o título de "guru". Mas ainda estou disposta a lhes dizer o que vejo e em que acredito.

Outras coisas, embora pareçam não ter mudado, mudam constantemente. Nossa consciência, como indivíduos e como uma sociedade, foi despertada. Descobrimos que as mulheres têm almas, e que os homens têm sentimentos.

E aprofundei-me muito mais no meu processo de cura do que imaginava.

NÃO SEI O QUANTO meus livros contribuíram para despertar essa consciência, nem o quanto o despertar dessa consciência contribuiu para os meus livros. Mas sou grata por participar do que está acontecendo.

Sinto-me honrada por fazer parte de um movimento influenciado por pessoas como Anne Wilson Schaef, John Bradshaw, Patrick Carnes, Earnie Larsen, e liderado por pessoas como vocês, meus leitores – os verdadeiros heróis –, que fazem silenciosa e profundamente seu próprio trabalho de cura e transmitem sua mensagem a outros, principalmente através de exemplos.

Conheci muitos leitores em minhas viagens pelo país inteiro. Alguns de vocês me escreveram. Obrigada pelo amor, pelo apoio e pela compaixão que demonstraram não somente através dos anos, mas durante os duros e sofridos meses após a morte de Shane em 1991.

Muitos de vocês me escreveram dizendo o quanto eu os ajudei. Bem, vocês me ajudaram e emocionaram também.

Uma mulher me escreveu recentemente dizendo que havia lido todos os meus livros e que estava se recuperando da codependência havia anos. "Mas desejo aprender mais", disse ela. "Quero me aprofundar em minha codependência. Por favor, escreva mais sobre isso."

Talvez não precisemos nos aprofundar em nossas codependências. Podemos, em vez disso, seguir adiante em nossos destinos. Podemos lembrar-nos e praticar tudo que aprendemos sobre vícios, codependência e abusos. Com compaixão e limites, precisamos nos comprometer totalmente a amar a Deus, a nós mesmos e aos outros. Precisamos nos comprometer totalmente a confiar em Deus, em nós mesmos e no nosso processo.

Então estaremos prontos para o próximo passo. Estamos na hora certa, e estamos onde devemos estar. Podemos ser confiáveis. E Deus também. E a libertação e a gratidão ainda funcionam. Mantenha a cabeça erguida e o coração aberto. E vamos ver o que vem a seguir. Feliz aniversário, *Codependência nunca mais*.

Melody Beattie

Introdução

Meu primeiro contato com codependentes aconteceu no começo dos anos 1960. Foi antes de as pessoas atormentadas pelo comportamento de outras serem chamadas de *codependentes*, e antes de que pessoas viciadas em álcool e outras drogas fossem identificadas como *dependentes químicos*. Embora não soubesse *o que* era codependente, eu geralmente sabia *quem* eles eram. Como uma alcoólica e viciada, eu tempestuosamente passei a vida ajudando a criar outros codependentes.

Eu achava que codependentes eram um aborrecimento necessário. Eles eram hostis, controladores, manipuladores, indiretos, causadores de culpa, de comunicação difícil, geralmente desagradáveis, às vezes simplesmente detestáveis, e um estorvo à minha compulsão de ficar drogada. Eles gritavam, berravam, escondiam minhas pílulas, faziam cara feia, jogavam fora minhas bebidas, tentavam impedir que eu conseguisse drogas, queriam saber por que eu estava fazendo isso com eles e o que estava errado comigo. Mas eles estavam sempre lá, prontos para me resgatar dos desastres causados por mim mesma. Os codependentes de minha vida não me compreendiam, e a incompreensão era mútua. Eu mesma não compreendia nem a mim nem a eles.

Meu primeiro contato profissional com codependentes aconteceu anos mais tarde, em 1976. Naquela época, em Minnesota, os viciados e alcoólicos já haviam se tornado *dependentes químicos*, suas famílias e seus amigos haviam se tornado *outros significantes*, e eu me tornara uma *viciada e alcoólica em recuperação*. Naquela época eu trabalhava como assistente social na área de dependência química, nessa vasta rede de instituições, programas e agências que ajudam as pessoas quimicamente dependentes a ficarem boas. Como sou mulher, e a maioria dos outros significantes naquela época era de mulheres, e como eu era a mais nova e nenhuma das minhas companheiras de trabalho queria fazê-lo, meu chefe no centro de tratamento de Minneapolis designou-me para organizar grupos de apoio para esposas de viciados que frequentavam o programa.

Eu não estava preparada para aquela tarefa. Ainda achava os codependentes hostis, controladores, manipuladores, dissimulados, causadores de culpa, de comunicação difícil e muito mais.

Em meu grupo eu via pessoas que se sentiam responsáveis pelo mundo inteiro, mas que se recusavam a ser responsáveis por dirigir e viver as próprias vidas.

Vi pessoas que constantemente se doavam a outros, mas que não sabiam como receber. Vi pessoas se doarem até ficarem revoltadas, exaustas e vazias. Vi algumas se doarem até desistir. Vi inclusive uma mulher se doar e sofrer tanto que morreu de "velhice" e causas naturais aos 33 anos. Era mãe de cinco filhos e casada com um alcoólico preso pela terceira vez.

Trabalhei com mulheres que eram especialistas em controlar tudo ao seu redor, mas essas mesmas mulheres duvidavam de sua capacidade de cuidar de si mesmas.

Vi pessoas como zumbis, correndo de uma atividade para outra, sem pensar. Vi bajuladores, mártires, estoicos, tiranos, bêbados decadentes, bêbados dependentes e, parafraseando H. Sacklers em sua peça de teatro *A grande esperança branca*, "de rostos despencados, distribuindo desgraças".

A maioria dos codependentes era obcecada por outras pessoas. Com grande precisão e detalhes, podiam recitar longas listas dos comportamentos dos viciados: o que pensavam, sentiam, faziam e diziam, e o que não pensavam, não sentiam, não faziam e não diziam. Os codependentes sabiam o que os alcoólicos ou os viciados em outras drogas deviam e não deviam fazer. E especulavam longamente sobre as razões que os levavam a fazer ou não aquelas coisas.

Mas esses mesmos codependentes, que compreendiam tão bem os outros, não conseguiam enxergar a si mesmos. Não sabiam o que sentiam. Não tinham certeza do que pensavam. E não sabiam o que poderiam fazer para resolver os próprios problemas – se é que tinham problemas, não relacionados a seus alcoólicos.

Formavam um grupo formidável aqueles codependentes. Sofriam, reclamavam e tentavam controlar tudo e todos, menos eles mesmos. E, com exceção de alguns modestos pioneiros em terapia familiar, muitos assistentes sociais (eu inclusive) não sabiam como ajudá-los. A área da dependência química estava florescendo, mas a ajuda era concentrada apenas no viciado. A literatura e o treinamento sobre terapia familiar eram escassos. De que os codependentes precisavam? O que queriam? Não eram apenas uma extensão do alcoólico, visitantes no centro de tratamento? Por que não cooperavam, em vez de sempre trazerem problemas? Os alcoólicos tinham uma boa desculpa para serem tão malucos: eles viviam bêbados. Mas os outros significantes não tinham desculpas. Eram daquele jeito mesmo sóbrios.

Eu logo incorporei duas crenças populares. A primeira: esses codependentes loucos (outros significantes) estão mais doentes do que os alcoólicos. A segunda: não é à toa que o alcoólico bebe; quem não beberia se tivesse uma mulher louca como aquela?

Naquela época, eu já estava sóbria havia algum tempo. Começava a compreender a mim mesma, mas não compreendia a codependência. Tentei, mas não consegui - até anos mais tarde, quando comecei a me envolver tanto no caos dos alcoólicos que deixei de viver minha própria vida. Deixei de pensar. Deixei de sentir emoções positivas e estava cheia de raiva, amargura, ódio, medo, depressão, impotência, desespero e culpa. Às vezes, queria deixar de viver. Não tinha energia. Passava a maior parte do tempo preocupando-me com as pessoas e tentando descobrir como controlá-las. Não conseguia dizer não (a qualquer coisa, menos à diversão), nem se minha vida dependesse disso – e dependia. Meus relacionamentos com parentes e amigos ficaram de cabeça para baixo. Senti-me terrivelmente injustiçada. Perdera-me a mim mesma e não sabia como isso tinha acontecido. Não sabia *o que* havia acontecido. Achei que estava ficando louca. E, pensava, de dedo em riste para as pessoas à minha volta, que a culpa era *delas*.

Desgraçadamente, além de mim ninguém mais sabia o quão mal eu me sentia. Meus problemas eram meus segredos. Ao contrário do alcoólicos e de outras pessoas os problemáticos em minha vida, eu não saía por aí fazendo grandes sujeiras, esperando que alguém as limpasse atrás de mim. Na verdade, comparada aos alcoólicos, eu parecia muito bem. Eu era tão responsável, tão segura! Às vezes, eu não tinha certeza de ter algum problema. Sabia que me sentia miserável, mas não compreendia por que minha vida não estava boa.

Depois de zanzar em desespero por algum tempo, comecei a compreender. Como muitas pessoas que julgam outras duramente, descobri que acabara de fazer uma longa e dolorosa caminhada ao lado daqueles a quem eu tinha julgado. Agora, compreendia aqueles loucos codependentes. Eu me tornara um deles.

Pouco a pouco, comecei a escalar meu abismo sombrio. Ao longo do caminho, desenvolvi um apaixonado interesse pelo assunto da codependência. Como assistente social (embora não trabalhasse mais o tempo todo na área, ainda me considerava uma) e como escritora, minha curiosidade foi despertada. Como uma "codependente inflamada e prestimosa" (segundo um frequentador do Al-Anon) que precisava de ajuda, eu também tinha interesse pessoal no assunto. O que acontece com gente como eu? Como isso acontece? Por quê? E, mais importante ainda, o que os codependentes precisam fazer para se sentirem bem? E para continuarem assim?

Conversei com assistentes sociais, terapeutas e codependentes. Li os poucos livros disponíveis sobre o tema e assuntos relacionados. Reli os básicos – os livros de terapia que haviam resistido ao teste do tempo – procurando ideias que se aplicassem. Frequentei reuniões do Al-Anon, um grupo de ajuda mútua baseado nos Doze Passos dos Alcoólicos Anônimos, mas orientado para pessoas afetadas pelo alcoolismo de outros.

Acabei encontrando o que buscava. Comecei a ver, a compreender e a mudar. Minha vida passou a funcionar de novo. Logo eu conduzia outro grupo para codependentes em outro centro de tratamento de Minneapolis. Mas dessa vez eu já tinha uma vaga noção do que estava fazendo.

Ainda achava os codependentes hostis, controladores, manipuladores, dissimulados e tudo o mais que achava deles antes. Ainda via todos os traços peculiares de personalidade que vira antes. Mas enxergava mais profundamente.

Vi pessoas hostis: elas tinham sentido tanta dor que a hostilidade era sua única defesa contra serem esmagadas de novo. Eram raivosas porque qualquer um que tivesse passado pelo que tiveram de passar sentiria a mesma raiva.

Eram controladoras porque tudo à sua volta e dentro delas estava fora de controle. A represa de sua vida e da vida daqueles à sua volta estava sempre ameaçando romper-se e afogar todos em terríveis consequências. E ninguém além delas parecia notar ou ligar para isso.

Vi pessoas que manipulavam porque parecia ser a única forma de conseguirem fazer algo. Trabalhei com pessoas que eram dissimuladas porque o ambiente em que viviam parecia incapaz de tolerar honestidade.

Trabalhei com pessoas que se sentiam a ponto de enlouquecer porque haviam acreditado em tantas mentiras que já não sabiam distinguir a realidade.

Vi pessoas tão absorvidas pelos problemas dos outros que não tinham tempo de identificar ou resolver os próprios problemas. Elas se dedicavam tão profundamente – e muitas vezes até destrutivamente – a outras, que se esqueciam de cuidar de si mesmas. Os codependentes sentiam-se responsáveis por tantas coisas porque as pessoas à sua volta eram responsáveis por muito poucas; eles estavam apenas assumindo a carga.

Vi pessoas confusas e sofridas que precisavam de carinho, compreensão e informação. Vi vítimas de alcoolismo que não bebiam, mas mesmo assim eram vítimas do álcool. Vi vítimas lutando desesperadamente para ter algum tipo de poder sobre seus dominadores. Elas aprenderam comigo, e eu, com elas.

Em pouco tempo, comecei a absorver novos conceitos sobre codependência. Os codependentes não são mais loucos ou mais doentes do que os alcoólicos. Mas sofrem tanto quanto eles, ou mais ainda. Não saem por aí em agonia, mas passam pelo mesmo sofrimento sem os efeitos anestesiantes do álcool, de outras drogas, dos estados alterados próprios de pessoas com distúrbios compulsivos. E a dor causada por amar alguém com problemas pode ser profunda.

"O parceiro do dependente químico anestesia seus sentimentos e sofre em dobro – e sua dor é aliviada somente pela raiva e por fantasias ocasionais", escreveu Janet Geringer Woititz, num artigo do livro *Co-Dependency, An Emerging Issue* [Codependência: uma questão relevante].[1]

Codependentes são assim sóbrios porque passaram o que passaram estando sóbrios.

Não é à toa que codependentes são tão instáveis. Quem não seria, vivendo com as pessoas com quem vivem?

É difícil para os codependentes conseguir as informações e a ajuda prática de que necessitam e merecem. Já é bastante difícil convencer os alcoólicos (ou outras pessoas perturbadas) a procurarem ajuda. Mas é ainda mais difícil convencer os codependentes – aqueles que por comparação parecem normais, mas não se sentem assim – de que também têm problemas.

Os codependentes sofreram na carona da pessoa doente. Se eles se recuperam, conseguem isso também de carona. Até recentemente, muitos assistentes sociais (como eu) não sabiam o que fazer para ajudá-los. Às vezes, eram julgados culpados; às vezes, eram ignorados; às vezes, esperava-se que eles se transformassem milagrosamente (uma atitude arcaica que não funcionou com alcoólicos e tampouco ajuda os codependentes). Eles raramente eram tratados como indivíduos que precisam de ajuda para melhorar. Raramente lhes era proporcionado um programa personalizado de recuperação para seus problemas e sua dor. Mas, mesmo assim, por sua natureza, o alcoolismo e outras desordens compulsivas transformam em vítimas todos que são afetados pela doença – pessoas que precisam de ajuda mesmo não bebendo, não usando drogas, não jogando, não comendo demais ou não incorrendo em qualquer compulsão.

Foi por isso que escrevi este livro. Ele nasceu de minhas pesquisas, de minhas experiências pessoais e profissionais e da minha paixão pelo assunto. É uma opinião pessoal e, em certos casos, uma opinião preconceituosa.

Não sou especialista, e este não é um livro técnico para especialistas. Se o indivíduo pelo qual você se deixou afetar for um alcoólico, jogador, comedor compulsivo, viciado em trabalho, viciado em sexo, criminoso, adolescente rebelde, pai neurótico, outro codependente, ou qualquer combinação dos casos acima, este livro é para você, o codependente.

Este livro não é sobre como você pode ajudar a pessoa alcoólica ou perturbada. Porém, se você melhorar, as chances de ele ou ela se recuperar também aumentam.[2] Existem livros muito bons sobre como ajudar o alcoólico. Este livro é sobre sua responsabilidade mais importante, e talvez a mais negligenciada: como cuidar de si mesmo. É sobre o que você pode fazer para começar a se sentir melhor.

Tentei reunir alguns dos melhores e mais úteis pensamentos sobre codependência. Incluí opiniões de pessoas que considero especialistas no assunto, para demonstrar suas crenças. Também incluí relatos de codependentes, para mostrar como as pessoas lidam com seus problemas. Embora tenha trocado nomes e certos detalhes para preservar a privacidade dos envolvidos, todas as histórias são verdadeiras e sem retoques. Inseri notas para documentar as informações, para sugerir leituras adicionais e para dar crédito do material às fontes de origem. Entretanto, muito do que aprendi é proveniente de diversas pessoas e de seus pensamentos similares nesse assunto. Muitas ideias têm sido passadas de mão em mão e suas origens se tornaram indistinguíveis. Tentei ser o mais exata que pude, mas nesta área isso nem sempre é possível.

Embora este seja um livro de autoajuda, lembre-se de que não é um livro de receitas para a saúde mental. Cada pessoa é diferente; cada situação é diferente. Tente encontrar seu próprio processo de cura. Isso pode incluir procurar ajuda profissional, ir a grupos de autoajuda como o Al-Anon e pedir o auxílio de um Poder maior do que você mesmo.

Meu amigo Scott Egleston, especialista na área de saúde mental, contou-me uma fábula terapêutica. Ele a ouviu de alguém que a ouviu de outra pessoa. É assim:

Era uma vez uma mulher que se mudou para uma caverna nas montanhas para aprender com um guru. Ela lhe disse que queria aprender tudo que havia para saber. O guru entregou-lhe pilhas de livros e a deixou a sós para que pudesse estudar. Todas as manhãs, ele ia à caverna para inspecionar o progresso da mulher. Levava na mão uma pesada vara. Todas as manhãs, fazia a ela a mesma pergunta:

– Já aprendeu tudo?

Todas as manhãs, a resposta dela era a mesma:

– Não, ainda não.

O guru então batia com a vara na cabeça dela.

Isso se repetiu por meses. Um dia, o guru entrou na caverna, fez a mesma pergunta, ouviu a mesma resposta e levantou a vara para bater da mesma forma, mas a mulher agarrou-a antes que tocasse sua cabeça.

Aliviada por evitar a surra do dia, mas com medo de represália, a mulher olhou para o guru. Para sua surpresa, o guru sorria.

– Parabéns – disse ele. – Você se formou. Agora sabe tudo que precisa saber.

– Como assim? – perguntou a mulher.

– Você aprendeu que nunca aprenderá tudo que há para saber – respondeu ele. – E aprendeu como parar a sua dor.

Este livro é sobre isso: aprender a parar a dor e assumir o controle de sua vida.

MUITAS PESSOAS aprenderam a fazer isso. Você também pode aprender.

Parte I

O que é codependência, e quem a tem?

1
A história de Jessica

O sol brilhava, e o dia estava lindo quando o conheci.
Depois tudo enlouqueceu.

– Georgianne, casada com um alcoólico

Esta é a história de Jessica. Vou deixar que ela a conte.

Sentei-me à cozinha, tomando café, pensando no trabalho doméstico que ainda tinha por fazer. Lavar a louça. Tirar pó. Lavar roupas. A lista era interminável, mas eu não conseguia começar. Era coisa demais para pensar. Parecia impossível fazer aquilo tudo. Assim como minha vida, pensei.

O cansaço, uma sensação conhecida, apossou-se de mim. Fui para o quarto. Antes um luxo, cochilar transformara-se agora numa necessidade. Dormir era só o que eu conseguia fazer. Para onde tinha ido minha motivação? Eu costumava ter excesso de energia. Agora, maquiar-me ou pentear os cabelos era um esforço – um esforço que eu frequentemente deixava de fazer.

Deitei-me na cama e caí num sono pesado. Quando acordei, meus primeiros pensamentos e sensações foram dolorosos. Isso também não era novidade. Não tinha certeza do que doía mais: a certeza de que meu casamento estava acabando – o amor terminara, aniquilado pelas mentiras, pela bebida, pelas decepções e pelos problemas financeiros; a raiva amarga que sentia de meu marido – o homem que causara tudo isso; o desespero que sentia porque Deus, em quem eu confiava, me traíra, permitindo que isso acontecesse; ou a mistura de medo, impotência e desesperança que impregnava todas as outras emoções.

Desgraçado, pensei. Por que tem de beber? Por que não pôde tornar-se sóbrio mais cedo? Por que tinha de mentir? Por que não podia amar-me tanto quanto eu o amava? Por que não parou de beber e mentir anos atrás, quando eu ainda me importava?

Nunca tive intenção de me casar com um alcoólico. Meu pai tinha sido um. Tentei escolher cuidadosamente meu marido. Grande escolha. O problema de Frank com a bebida ficou evidente em nossa lua de mel, quando ele deixou nosso quarto de hotel à tarde e só voltou às 6h30 da manhã seguinte. Por que não enxerguei isso então? Olhando para trás, os sinais eram claros. Que tola eu fui. "Oh, não, ele não é um alcoólico. De jeito nenhum", defendia-o sempre. Acreditei em suas mentiras. Acreditei em minhas mentiras. Por que não o deixei, não me divorciei? Por culpa, medo, falta de iniciativa e indecisão. Além disso, eu já o havia deixado uma vez. Quando nos separamos eu só sentia depressão, pensando nele e me preocupando com dinheiro. Sou uma desgraçada.

Olhei o relógio. Quinze para as três. As crianças chegariam logo da escola. E depois ele chegaria e esperaria o jantar. Não fiz nenhum trabalho doméstico hoje. Nunca consigo fazer nada. E a culpa é dele, pensei. A CULPA É DELE!

De repente fiquei emotiva. Será que meu marido realmente estava no emprego? Talvez ele tivesse levado outra mulher para almoçar. Talvez estivesse tendo um caso. Talvez tivesse saído mais cedo para beber. Talvez estivesse no escritório, criando confusão. Por quanto tempo mais ele seguraria o emprego? Uma semana? Um mês? Como sempre, logo se demitiria ou seria demitido.

O telefone tocou, interrompendo minha ansiedade. Era uma amiga e vizinha. Conversamos um pouco, e lhe contei sobre meu dia.

– Vou ao Al-Anon amanhã – disse ela. – Quer vir comigo?

Já tinha ouvido falar do Al-Anon. Um grupo de pessoas casadas com alcoólicos. Vinha-me à mente a visão de "mulherzinhas" reunidas, falando sobre as bebedeiras dos maridos, perdoando-os e pensando em pequenas maneiras de ajudá-los.

– Vamos ver. Tenho muita coisa para fazer – expliquei, sem mentir.

Senti-me insultada e mal pude ouvir o restante da conversa. Claro que não queria ir ao Al-Anon. Eu tinha ajudado demais. Já não tinha feito o bastante por ele? Fiquei furiosa com a sugestão de que tinha de fazer mais e continuar a tentar encher esse buraco sem fundo de necessidades insatisfeitas que chamamos de casamento. Estava cansada de carregar o fardo e sentir-me responsável pelo sucesso ou fracasso do nosso relacionamento. O problema é dele, pensei. Deixe que ele encontre a solução. Deixe-me fora disso. Não me peça mais nada. Apenas faça com que ele melhore, e eu me sentirei melhor.

Depois de desligar o telefone, arrastei-me até a cozinha para preparar o jantar. De qualquer modo, não sou eu quem precisa de ajuda, pensei. Eu não bebo, não uso drogas, não perco empregos e nem minto ou engano a quem amo. Mantenho a família unida com o maior sacrifício. Tenho pagado as contas, mantido um lar com um orçamento apertado, estado sempre ali para qualquer emergência (e, casada com um alcoólico, emergência é o que não falta), atravessado a maioria das crises sozinha e preocupada ao ponto de frequentemente adoecer. Não, decidi, não sou a irresponsável aqui. Não há nada errado comigo. Tenho apenas de continuar, começar a fazer minhas tarefas diárias. Não preciso de reuniões para fazer isso. Me sentiria culpada de sair, quando tenho todo esse trabalho para fazer em casa. Deus sabe que não preciso de mais culpas. Amanhã me levantarei e me ocuparei. As coisas vão melhorar – amanhã.

Quando as crianças chegaram, vi-me gritando com elas. Isso não surpreendeu ninguém. Meu marido era o bonzinho, o cara legal. A carrasco era eu. Tentei ser agradável, mas era difícil. A raiva estava bem embaixo da superfície. Por muito tempo, tive que tolerar muito. Não queria ou não era mais capaz de tolerar qualquer coisa. Estava sempre na defensiva, sentia que de alguma forma lutava pela minha vida. Mais tarde descobri que era verdade.

Quando meu marido chegou, esforcei-me em preparar o jantar. Comemos, mal nos falando.

– Tive um dia agradável – disse Frank.

O que ele quer dizer?, pensei. O que realmente fez? Pelo menos estava no trabalho? Além disso, quem se importa?

– Que bom – retruquei.

– Como foi seu dia? – perguntou ele.

Que diabo acha que foi?, pensei. Depois de tudo que me fez, como espera que meus dias sejam? Lancei-lhe um olhar ameaçador, forcei um sorriso e disse:

– Meu dia foi bom. Obrigada por perguntar.

Frank olhou para o outro lado. Ele ouviu o que eu não estava dizendo, mais do que o que eu dizia. Ele sabia que era melhor não dizer mais nada; e eu também. Estávamos quase sempre a um passo de uma discussão irada, uma reedição de ofensas passadas, gritando ameaças de divórcio. Costumávamos desabafar em brigas, mas nos cansamos delas. Então fazíamos isso silenciosamente.

As crianças interromperam nosso silêncio hostil. Meu filho disse que queria ir a um parque que ficava a alguns quarteirões de casa. Eu disse que não, não queria que ele fosse sem o pai ou sem mim. Ele resmungou que queria e que iria sozinho, e que eu nunca o deixava fazer nada. Gritei que ele não ia e ponto final. Ele gritou, por favor, tenho de ir, todos os meus amigos vão. Como sempre, cedi. Está bem, vá, mas cuidado, avisei. Senti como se tivesse sido derrotada. Sempre me sentia derrotada – com meus filhos e com meu marido. Ninguém jamais me ouvia, ninguém jamais me levava a sério.

Eu não me levava a sério.

Depois do jantar, lavei a louça enquanto meu marido assistia à televisão. Como sempre, eu trabalho e você se diverte. Eu me preocupo, e você descansa. Eu ligo, e você, não. Você se sente bem; eu sofro. Desgraçado. Atravessei a sala várias vezes, bloqueando de propósito a frente da televisão, lançando-lhe secretamente olhares de raiva. Ele me ignorou. Depois de me cansar disso, voltei à sala, suspirei e disse que ia varrer o jardim. Isso é trabalho de homem, expliquei, mas acho que vou ter de fazer eu mesma. Ele disse que faria depois, eu disse que depois nunca chega, não posso esperar, já estou envergonhada do quintal, esqueça, estou habituada a fazer tudo, vou fazer isso também. Ele disse está bem, vou esquecer. Saí com raiva e andei em volta do jardim.

Cansada como estava, fui cedo para a cama. Dormir com meu marido tornara-se tão estressante quanto nossos momentos acordados. Também não queríamos conversa, cada um virando-se para um lado, o mais longe possível do outro, ou então ele tentaria – como se tudo estivesse bem – fazer sexo comigo. De qualquer maneira, era tenso. Se virávamos as costas um para o outro, ficava lá, deitada, com pensamentos confusos e desesperados. Se ele tentava tocar-me, eu congelava. Como podia desejar fazer amor comigo? Como podia tocar-me, como se nada tivesse acontecido? Geralmente, eu o empurrava, dizendo: "Não, estou muito cansada." Às vezes, eu concordava por estar com vontade. Geralmente, porém, se fazíamos sexo era porque me sentia obrigada a cuidar de suas necessidades sexuais, e culpada se não o fizesse. De qualquer modo, o ato sexual era sempre insatisfatório, psicológica e emocionalmente. Contudo, eu dizia a mim mesma que não me importava. Não ligava. Não mesmo. Havia muito tempo eu tinha trancado meus desejos sexuais. Havia muito tempo tinha trancado a necessidade de dar e receber amor. Congelara aquela parte de mim que sentia e se importava. Tivera de fazer isso para sobreviver.

Esperava tanto desse casamento. Tinha tantos sonhos para nós. Nenhum deles se realizou. Eu havia sido enganada, traída. Meu lar e minha família – o lugar e as pessoas que deviam ser carinhosas e confortadoras, um ninho de amor – tornaram-se uma armadilha. E eu não conseguia encontrar a saída. Talvez as coisas melhorem, continuava dizendo a mim mesma. Afinal de contas, os problemas são culpa dele. Ele é um alcoólico. Quando ele melhorar, nosso casamento também melhorará.

Mas eu já estava começando a duvidar disso. Ele estava sóbrio e frequentando os Alcoólicos Anônimos havia seis meses. Estava melhorando. Eu não. Sua recuperação era mesmo suficiente para me fazer feliz? Até ali, sua sobriedade não parecia estar mudando a maneira como eu me sentia: seca, usada e frágil aos 32 anos. O que acontecera ao nosso amor? O que acontecera comigo?

Um mês depois, comecei a suspeitar do que logo eu saberia ser a verdade. Até então, a única coisa que mudara era que eu me sentia pior. Minha vida tinha chegado a um beco sem saída; eu queria que ela terminasse. Não tinha esperanças de que as coisas melhorassem; já nem sabia mais o que estava errado. Eu não tinha qualquer meta, a não ser cuidar de outras pessoas, e não estava me saindo bem nisso. Estacionara no passado e me sentia me sentia apavorada quanto ao futuro. Deus parecia ter me abandonado. Sentia-me culpada o tempo todo, achava que ia ficar louca. Algo horrível, algo que não podia explicar havia acontecido comigo. Algo que se apoderou de mim e arruinou a minha vida. De alguma forma, eu tinha sido afetada pela bebedeira dele, e a forma como isso me afetara tornou-se um problema *meu*. Já não importava de quem era a culpa.

Eu havia perdido o controle.

CONHECI JESSICA nessa época de sua vida. Ela estava prestes a aprender três princípios fundamentais:

1) Ela não estava louca; era uma codependente. Alcoolismo e outros distúrbios compulsivos são realmente doenças familiares. A forma como a doença afeta a outros membros da família é chamada codependência.
2) Uma vez afetadas pela codependência, é como se ela assumisse vida própria. É como contrair pneumonia ou um vício destrutivo. Quando pega, fica.
3) Se quiser livrar-se disso, você terá de fazer algo para melhorar. Não importa de quem seja a culpa. Sua codependência agora é problema seu; resolver seus problemas é responsabilidade sua.

Se você é codependente, precisa encontrar sua própria recuperação ou seu processo de cura. Para começar a curar-se, é bom compreender a codependência e certas atitudes, emoções e comportamentos que geralmente a acompanham. Também é importante mudar algumas dessas atitudes e comportamentos e compreender o que se deve esperar quando essas mudanças ocorrerem.

Este livro ajudará nessas compreensões e encorajará as mudanças. Tenho o prazer de dizer que a história de Jessica teve um final feliz – ou um novo começo. Ela melhorou. Começou a viver sua própria vida. Espero que você também consiga.

2
Outras histórias

Quando digo que sou codependente, não quero dizer que sou um pouco codependente. Quero dizer que sou realmente codependente. Não me caso com homens que param para tomar uma cervejinha depois do trabalho. Caso-me com homens que não trabalham.

– Ellen, membro do Al-Anon

Talvez você tenha se identificado com Jessica no último capítulo. A história dela é um exemplo extremo de codependência, mas frequentemente ouço outras do mesmo tipo. Entretanto, a experiência de Jessica não é o único tipo de codependência. Há muitas variações dessa história, como há muitos codependentes para contá-las.

Aqui estão algumas.

Gerald, um homem simpático e de boa aparência, de uns 40 e poucos anos, classifica-se como "um sucesso nos negócios e um fracasso nos relacionamentos com as mulheres". Durante o ginásio e a faculdade Gerald saiu com muitas mulheres. Era popular e considerado um bom partido. Entretanto, depois da formatura, ele surpreendeu a família e os amigos casando-se com Rita. Rita tratava Gerald pior do que qualquer mulher que ele tinha namorado. Ela agia fria e grosseiramente com Gerald e seus amigos, partilhava de poucos interesses com ele e não parecia importar-se muito com nada que lhe dizia respeito. Treze anos depois, o casamento terminou em divórcio, quando

Gerald descobriu que o que suspeitava havia anos era verdade: Rita saía com outros homens desde que se casaram e estava (e estivera por bastante tempo) abusando de álcool e outras drogas.

Gerald ficou arrasado. Porém, depois de chorar por mais ou menos dois meses, apaixonou-se loucamente por outra mulher, uma alcoólica que bebia de manhã à noite, até ficar inconsciente. Depois de passar alguns meses preocupando-se com ela, procurando ajudá-la, tentando descobrir o que ele estava fazendo que a levava a beber, buscando controlar sua bebida e, finalmente, odiando-a porque ela não parava de beber, Gerald terminou o relacionamento. Mais tarde, conheceu outra mulher, apaixonou-se por ela e se mudou para sua casa. Poucos meses mais tarde Gerald percebeu que ela também era dependente química.

Logo Gerald passava a maior parte do tempo preocupando-se com a namorada. Ele a vigiava, mexia em sua bolsa à procura de pílulas ou outras evidências e a interrogava sobre seus passos. Às vezes, simplesmente tentava negar que ela tivesse um problema. Nessas ocasiões, ele se mantinha ocupado, tentava aproveitar o tempo que passava com a namorada (embora dissesse que se sentia desconfortável) e dizia a si mesmo: "O problema é comigo. Algo está errado comigo."

Durante uma das muitas crises nesse relacionamento, quando Gerald se afastara temporariamente da negação, ele buscou um terapeuta de dependências químicas para aconselhamento.

– Sei que devo terminar esse relacionamento – disse Gerald –, mas ainda não estou pronto para isso. Nós dois podemos conversar sobre tudo e fazemos tudo juntos. Somos tão bons amigos. E eu a amo. Por quê? Por que isso sempre acontece comigo?

E o próprio Gerald admitiu:

– Ponha-me num salão cheio de mulheres e me apaixonarei pela que tiver os maiores problemas, a que me tratará pior. Para dizer a verdade, elas são mais fascinantes. Se uma mulher me tratar muito bem, eu perco o interesse.

Gerald bebia socialmente e nunca tivera problemas por causa da bebida. Ele disse ao terapeuta que nunca tinha usado drogas. Seu irmão, agora com 40 e tantos anos, era alcoólico desde adolescente. Gerald negou que qualquer dos seus pais, já falecidos, tivesse sido alcoólico, embora admitisse com relutância que o pai talvez "bebesse demais".

O terapeuta sugeriu que o alcoolismo e a bebida excessiva entre os parentes próximos de Gerald ainda poderiam estar afetando a ele e a seus relacionamentos.

– Como seria possível que os problemas deles me afetassem? – perguntou Gerald. – Papai está morto há anos, e raramente vejo meu irmão.

Depois de algumas sessões de terapia, Gerald começou a reconhecer-se como codependente, mas não estava certo do que isso significava exatamente, ou o que fazer sobre isso. Quando Gerald se sentiu menos perturbado quanto aos problemas imediatos em seu relacionamento, interrompeu a terapia. Decidiu que os problemas de sua namorada com as drogas não eram tão ruins assim. E convenceu-se de que seus problemas com as mulheres eram devidos à má sorte. Disse que esperava que sua sorte mudasse algum dia.

O problema de Gerald é má sorte? Ou é codependência?

PATTY TINHA 30 e poucos anos e estava casada havia onze quando procurou ajuda de um terapeuta. Ela tinha três filhos, e o mais jovem tinha paralisia cerebral. Patty dedicara a vida a ser boa esposa e mãe. Disse ao terapeuta que amava os filhos, não se arrependia de sua decisão de ficar em casa e criá-los, mas odiava a rotina diária. Antes de se casar, tinha muitos amigos e hobbies, trabalhava como enfermeira e se interessava pelo mundo à sua volta. Entretanto, nos anos que se seguiram ao nascimento de seus filhos, principalmente do filho deficiente, ela havia perdido o entusiasmo pela vida. Agora, tinha poucos amigos, engordara 20 quilos e não sabia o que estava sentindo e, se soubesse, se sentiria culpada por sentir-se daquela forma. Explicou que tentara ocupar-se ajudando os amigos e fazendo trabalho voluntário para várias organizações, mas seus esforços geralmente resultavam em sensações de ineficiência e ressentimento. Havia pensado em voltar a trabalhar, mas não o fez porque "tudo que sei é enfermagem e estou cansada de tomar conta dos outros".

– Minha família e meus amigos acham que sou uma fortaleza de coragem – disse Patty ao terapeuta. – A boa e confiável Patty. Sempre ali. Sempre controlada. Sempre pronta para ajudá-los. A verdade é que estou desabando, muito devagar mas definitivamente. Estou deprimida há anos. Não posso ignorar isso. Choro à toa. Não tenho energia nenhuma. Grito com as crianças o tempo todo. Não tenho interesse em sexo, pelo menos não com meu marido. Sinto-me culpada o tempo todo. Sinto-me culpada até em vir procurá-lo. Eu deveria ser capaz de resolver meus próprios problemas. Deveria ser capaz de sair disto. É ridículo perder seu tempo e o dinheiro de meu marido com meus problemas, problemas que provavelmente estou imaginando e aumentando de proporções. Mas tinha de fazer algo. Ultimamente, tenho pensado em suicídio. Mas é claro que nunca me mataria. Muita gente precisa de mim. Muita gente depende de mim. Eu os decepcionaria. Mas estou preocupada. Estou apavorada.

O terapeuta soube que Patty e seu marido tinham filhos, o mais novo com paralisia cerebral. Patty disse também que antes de casar-se seu marido tinha tido problemas com álcool. Durante o casamento ele passara a beber menos, mantivera o emprego e era um bom provedor. Mas, questionada, Patty disse ao terapeuta que o marido não frequentara os Alcoólicos Anônimos ou qualquer grupo de apoio. Em vez disso, ele ficava sóbrio durante meses, entre grandes bebedeiras de fins de semana. Quando bebia, agia como louco. Quando não bebia, ficava agressivo e mal-humorado.

– Não sei o que está acontecendo com ele. Não é mais o homem com quem me casei. O mais assustador é que também não sei o que está acontecendo comigo ou quem sou – disse Patty. – É difícil explicar exatamente qual o problema. Eu não me entendo. Não há nenhum grande problema para o qual eu possa apontar e dizer: "É isso que está errado." Parece que perdi a mim mesma. Às vezes, acho que vou enlouquecer. O que está errado comigo?

– Talvez seu marido seja um alcoólico, e os problemas sejam causados pela doença familiar de alcoolismo – sugeriu o terapeuta.

– Como pode ser? – perguntou Patty. – Meu marido não bebe tanto assim.

O terapeuta examinou o passado de Patty. Ela falava com carinho dos pais e dos dois irmãos, já adultos. Vinha de uma família unida e bem-sucedida.

O terapeuta investigou mais fundo. Patty mencionou que seu pai frequentara os Alcoólicos Anônimos desde que ela era adolescente.

– Papai deixou de beber quando eu estava no ginásio – disse ela. – Eu realmente o amo e tenho orgulho dele. Mas os anos em que bebeu foram muito loucos para nossa família.

Patty não apenas se casara com alguém que provavelmente era alcoólico, ela é o que chamamos hoje de filho adulto de alcoólico. A família toda havia sido afetada pela doença familiar do alcoolismo. Seu pai parou de beber; sua mãe entrou para o Al-Anon; a vida em família melhorou. Mas Patty também fora afetada. Será que ela esperava superar magicamente tudo que a afetara simplesmente porque o pai havia parado de beber?

Em vez de sessões adicionais de terapia, o terapeuta recomendou a Patty que fizesse um curso de autoestima e tivesse aulas de afirmação. Também recomendou-lhe que frequentasse as reuniões de Al-Anon ou de Filhos Adultos de Alcoólicos, que são grupos de autoajuda baseados nos Doze Passos dos Alcoólicos Anônimos.

Patty seguiu o conselho. Não encontrou a cura da noite para o dia, mas os meses se passaram e ela se descobriu tomando decisões com mais facilidade, sentindo e expressando seus sentimentos, dizendo o que pensava, prestando atenção às suas necessidades e se sentindo menos culpada. Tornou-se mais tolerante consigo mesma e com sua rotina diária. Sua depressão foi desaparecendo gradualmente. Passou a chorar menos e a rir mais. Sua energia e seu entusiasmo pela vida voltaram. Um dia, mesmo sem ser pressionado, seu marido entrou para os Alcoólicos Anônimos. Ele se tornou menos hostil e o casamento começou a melhorar. O principal aqui é que Patty conseguiu controlar sua vida. Sua vida começou a funcionar.

Hoje, se alguém perguntar a Patty qual é ou era seu problema, ela responderá:

– Sou codependente.

NÃO SÃO APENAS as pessoas que sofrem de codependência que procuram a ajuda das entidades de saúde mental e dependência química. Randell aconselhava dependentes químicos como alcoólico em recuperação com vários anos de sobriedade quando descobriu que tinha problemas. Randell era também filho adulto de alcoólico; seu pai e seus três irmãos eram alcoólicos. Sendo um homem inteligente e sensível, que gosta de seu trabalho, o problema de Randell era seu tempo de descanso. Ele passava a maior parte do tempo preocupando-se – obcecado – com outras pessoas e seus problemas. Às vezes, tentava resolver confusões criadas pelos alcoólicos; outras vezes, ficava com raiva deles por criarem confusões que ele se sentia obrigado a resolver; às vezes, aborrecia-se porque as pessoas, não necessariamente alcoólicos, se comportavam de determinada maneira. Ele reclamava, sentia-se culpado, arrependido e usado pelas pessoas. Raramente, contudo, sentia-se próximo delas. Raramente se divertia.

Durante muitos anos, Randell achou que seu dever era preocupar-se com as pessoas e envolver-se em seus problemas. Ele chamava seu comportamento de bondade, preocupação, amor e, às vezes, simples indignação. Agora, depois de obter ajuda, ele o chama de codependência.

ÀS VEZES, O COMPORTAMENTO codependente se torna inextrincavelmente ligado ao fato de se ser uma boa esposa, uma boa mãe, um bom marido, um bom irmão ou um bom cristão. Hoje na casa dos 40 anos, Marlyss é uma mulher atraente – quando se cuida. A maior parte do tempo, entretanto, está ocupada cuidando dos cinco filhos e do marido, que é alcoólico em recuperação. Ela dedicou a vida a torná-los felizes, mas não conseguiu. Geralmente, ela fica zangada por não ver seus esforços reconhecidos, e a família se zanga com ela. Faz sexo com o marido quando ele quer, não importa como se sinta.

Gasta grande parte do orçamento da família em roupas e brinquedos para as crianças – ou o que elas queiram. Ela transporta, lê, cozinha, limpa, beija e acaricia aqueles à sua volta, mas ninguém nunca lhe dá nada. Às vezes, nem mesmo dizem obrigado. Marlyss ressente-se por doar-se permanentemente às pessoas em sua vida. Ressente-se sobre como as necessidades de sua família controlam sua vida. Ela escolheu enfermagem como profissão, e constantemente se ressente por isso.

– Sinto-me culpada quando não faço o que me pedem. Sinto-me culpada quando não satisfaço meus padrões de mãe e esposa. Sinto-me culpada quando não correspondo aos padrões que os outros estipularam para mim. Simplesmente, me sinto culpada. Na verdade, programo meu dia e minhas prioridades de acordo com a culpa.

Por tomar conta de outras pessoas, ressentir-se com isso e não esperar nada em retorno significa que Marlyss é boa mãe e esposa? Ou significa que Marlyss é codependente?

ALCOOLISMO (ou dependência química) não é o único problema familiar que pode levar uma pessoa a ser codependente. Alissa, mãe de dois adolescentes, trabalhava em meio expediente numa organização de saúde mental quando procurou um terapeuta familiar (ela já tinha ido a vários terapeutas à procura de ajuda). Razão: seu filho mais velho, de 14 anos, estava constantemente causando problemas. Ele fugia de casa, fugia do castigo, matava aulas, desobedecia a outras regras da família e geralmente fazia o que queria e quando queria.

– Esse menino está me enlouquecendo – disse Alissa ao terapeuta.

Ela falava sério. Preocupava-se demais. Às vezes, ficava tão deprimida e atormentada que não conseguia sair da cama. Tentara tudo que podia para ajudar o filho. Colocara-o em tratamento três vezes e carregava toda a família de terapeuta a terapeuta. Alissa também tentou outras técnicas: ameaçou, gritou, berrou e implorou. Ficou brava e chamou a polícia. Tentou o carinho e o perdão. Tentou até fingir ignorar quando o filho agia de forma errada. Trancou-o fora de casa. Atravessou o estado para trazê-lo de volta quando ele fugiu de casa. Embora seus esforços não ajudassem o menino, Alissa estava obcecada em fazer o impossível para "fazê-lo ver os erros de seu comportamento" e ajudá-lo a mudar.

– Por que ele está fazendo isso comigo? – perguntou ela ao terapeuta. – Ele está destruindo minha vida!

O terapeuta concordou que o problema do filho de Alissa era doloroso, preocupante e requeria ação. Mas também disse que o problema não tinha de arruinar a vida dela.

– Você não tem conseguido controlar seu filho, mas pode ter controle sobre si mesma – disse ele. – Pode tratar de sua codependência.

SHERYL TAMBÉM CLASSIFICOU a si mesma como codependente. Logo depois de se casar com o homem de seus sonhos, ela se viu num pesadelo. O marido, descobriu ela, era viciado em sexo. Nesse caso, isso significa que ele não conseguia controlar os desejos de entregar-se à pornografia, era compulsivamente atraído a ter casos com outras mulheres e, como disse Sheryl, "só Deus sabe o que e quem mais". Ela descobriu que o marido era viciado em sexo uma semana depois do casamento, quando o encontrou na cama com outra mulher.

A primeira reação de Sheryl foi de pânico. Depois, ficou com raiva. Depois, ficou preocupada – pelo marido e pelo problema dele. Seus amigos aconselharam-na a deixá-lo, mas ela decidiu continuar com o casamento. Ele precisava de ajuda. Precisava dela. Talvez mudasse. Além disso, ela não estava pronta para perder o sonho daquele futuro cor-de-rosa que teriam juntos.

O marido dela entrou para os Viciados em Sexo Anônimos, um grupo de Doze Passos similar aos Alcoólicos Anônimos. Sheryl recusou-se a ingressar no Co-VSA (similar ao Al-Anon) para parentes de viciados em sexo. Ela não queria ir a público com seu problema. Não queria nem discutir isso em particular.

Sheryl, que é uma modelo bem-sucedida, alguns meses depois começou a recusar trabalhos e a desmarcar com os amigos, e insistia em estar sempre em casa. Queria atender ao telefone, caso alguma mulher ligasse para o marido dela. Queria estar em casa para vigiar quando o marido saía e quando voltava. Queria ver como ele estava vestido, como agia e como falava. Queria saber exatamente o que ele estava fazendo e com quem. Ela ligava regularmente para o conselheiro dele no V.S.A. para reclamar, para reportar e para perguntar sobre o progresso do marido. Recusava-se, dizia, a ser enganada e traída de novo.

Gradualmente, ela se afastou dos amigos e de outras atividades. Estava preocupada demais para trabalhar; tinha vergonha demais para conversar com os amigos. O marido teve vários outros casos amorosos; seus amigos estavam frustrados com ela por continuar com ele e constantemente choramingar sobre como era terrível ser casada com ele.

– Eu não conseguia ficar perto de meu marido. Não sentia nada por ele além de pena. Mas mesmo assim não conseguia deixá-lo – disse Sheryl mais tarde. – Não conseguia fazer muita coisa além de me preocupar e vigiá-lo.

Ela contou ainda:

– A gota d'água foi a noite que corri atrás dele com uma faca. Foi o mais baixo que cheguei. Eu corria pela casa toda gritando em fúria, quando de repente me dei conta, pela primeira vez, de mim mesma. Eu tinha enlouquecido. Estava louca, completamente descontrolada, e ele apenas ficou ali, olhando calmamente para mim. Me dei conta então de que precisava fazer alguma coisa para me ajudar.

Sheryl entrou para o Co-VSA logo depois daquele incidente. E nas reuniões ela começou a classificar sua perda de controle como codependência, e a si mesma como codependente. Hoje, ela está separada do marido e se divorciando. Está também sentindo-se melhor sobre si mesma.

Embora os exemplos anteriores sejam dramáticos, a codependência não é necessariamente sempre tão intensa. E nem sempre envolve experiências com pessoas profundamente perturbadas. Kristen é casada, tem dois filhos pequenos e não sabe de nenhum problema de alcoolismo ou desordens compulsivas em sua família, próxima ou distante. Mas assim mesmo ela se autodenomina codependente. Seu problema, diz ela, é que os humores de outras pessoas controlam suas emoções; e por outro lado, ela tenta controlar as emoções deles.

– Se meu marido está feliz e eu me sinto responsável por isso, então sou feliz. Se ele está aborrecido, sinto-me responsável por isso também. Fico ansiosa, desconfortável e aborrecida até que ele se sinta melhor. Tento fazê-lo sentir-se melhor. Sinto-me culpada se não consigo. E ele se aborrece porque tento – conta.

E acrescenta:

– E não é somente com ele que me comporto como codependente. É com todo mundo: meus pais, meus filhos, as visitas em minha casa. De alguma forma, parece que me perco em outras pessoas. Fico enredada nelas. Gostaria de fazer algo sobre isso, sobre essa coisa chamada codependência, antes que se torne pior. Não sou terrivelmente infeliz, mas gostaria de aprender a relaxar e começar a desfrutar de mim mesma e de outras pessoas.

Um pastor resumiu a condição desta forma:

– Algumas pessoas são *realmente* codependentes, e outras são apenas *um pouquinho* codependentes.

Escolhi os exemplos precedentes porque são interessantes e representam uma variedade de experiências. E também enfocam um ponto que precisa ser destacado: nenhum exemplo em si ilustra o codependente típico nem a experiência de uma pessoa. A codependência é complexa. As pessoas são complexas. Cada pessoa é diferente, cada situação é diferente. Algumas pessoas têm experiências extremamente dolorosas e debilitantes com a codependência. Outras podem ser apenas moderadamente afetadas. Às vezes, a codependência é a resposta de uma pessoa ao alcoolismo de outra; às vezes, não. Cada codependente tem uma experiência singular, decorrente de sua situação, de sua história e de sua personalidade.

Mesmo assim, um denominador comum aparece em todas as histórias de codependência. Ele envolve nossas respostas e reações às pessoas à nossa volta. Envolve nossos relacionamentos com outras pessoas, sejam elas alcoólicos, jogadores, viciados em sexo, comedores compulsivos ou pessoas normais. A codependência envolve os efeitos que essas pessoas têm sobre nós, e como, em retorno, tentamos afetar-lhes.

Como dizem os membros de Al-Anon: "Identifique, não compare."

Atividade

1. Você se identifica com alguma pessoa deste capítulo? O que o ajudou a pensar em si mesmo? Que relacionamentos lhe vieram à mente? Por quê?
2. Pode ser útil registrar suas respostas a essas atividades num caderno de anotações e, também, escrever outros pensamentos e sensações que lhe ocorram enquanto lê este livro.

3
Codependência

Os relacionamentos são como uma dança, com uma energia visível indo e voltando de um parceiro para o outro. Alguns relacionamentos são a dança lenta e sombria da morte.[1]

– Colette Dowling

Até aqui, tenho usado as palavras *codependente* e *codependência* como termos lúcidos. Entretanto, as definições dessas palavras continuam vagas.

A definição de dependência química significa ser dependente (psicológica e/ou fisicamente) do álcool ou de outras drogas. Comer e jogar demais também podem constituir dependência. Mas o que é codependência?

A definição óbvia seria: ser um parceiro na dependência. Essa definição está próxima à verdade, mas ainda não é clara. Codependência é parte de um jargão de centro de tratamentos, uma gíria profissional que provavelmente é ininteligível para as pessoas fora daquela profissão e mesmo para algumas dentro dela.

Jargões podem significar coisas diferentes para pessoas diferentes. Pode-se saber o que um termo significa, mas não se ser capaz de defini-lo claramente por ele nunca ter sido claramente definido.

Esses são alguns dos problemas que encontrei ao pesquisar e tentar definir codependência e codependente. Muitas pessoas nunca ouviram essas palavras. Outras, embora as conheçam, não conseguem defini-las. Se conseguem, cada definição é diferente. Ou as definem usando mais jargões. Para complicar as coisas, não consigo encontrar essas palavras em nenhum dicionário. Meu computador continua indicando as palavras como erradas, tentando convencer-me de que não são palavras.

Mesmo assim a codependência significa algo em particular, algo definitivamente importante para mim e para milhões de pessoas. Vamos livrar-nos do jargão e nos concentrar no significado.

O QUE É CODEPENDÊNCIA?

Ouvi e li muitas definições de codependência.

Num artigo do livro *Co-Dependency, An Emerging Issue* [Codependência: uma questão relevante], Robert Subby escreveu que codependência é: "Uma condição emocional, psicológica e comportamental que se desenvolve como resultado da exposição prolongada de um indivíduo a – e à prática de – um conjunto de regras opressivas que evitam a manifestação aberta de sentimentos e a discussão direta de problemas pessoais e interpessoais."[2]

Earnie Larsen, outro especialista em codependência e pioneiro nesse campo, define-a como: "Aqueles comportamentos aprendidos e derrotistas ou defeitos de caráter que resultam numa capacidade reduzida de iniciar ou participar de relacionamentos de afeto."

A seguir vão algumas definições menos profissionais:

"Codependência significa", disse uma mulher, "que sou tomadora de conta."

"Ser codependente significa que sou casada com um alcoólico", disse outra. "Significa também que preciso ir ao Al-Anon."

"Codependência", respondeu outra mulher, "significa que estou até aqui de alcoólicos."

"Significa que estou sempre procurando alguém para pular em cima."

"Codependência? Significa que qualquer homem por quem eu esteja atraída, me apaixone ou me case, é quimicamente dependente ou tem algum outro problema igualmente sério."

"Codependência", explicou alguém, "é saber que todos os seus relacionamentos continuarão da mesma maneira (dolorosamente) ou terminarão da mesma maneira (desastrosamente). Ou as duas coisas."

Há tantas definições de codependência quanto experiências que a representam. Em desespero (ou talvez iluminados), alguns terapeutas proclamaram: "Codependência é *qualquer coisa* e *todo mundo* é codependente." Então, quem está certo? Que definição é exata? Uma história rápida da codependência ajudará a responder a essa pergunta.

UMA HISTÓRIA RÁPIDA

A palavra codependência apareceu na área da terapia no fim da década de 1970. Não sei quem a descobriu. Embora várias pessoas possam reivindicar isso, a palavra despontou simultaneamente em vários centros de tratamento de Minnesota, de acordo com informação da clínica da psicóloga Sondra Smalley, uma expoente no campo da codependência. Talvez o estado de Minnesota, o coração de programas de tratamento de dependência química e dos Doze Passos para distúrbios compulsivos, tenha descoberto a palavra.

Robert Subby e John Friel escreveram um artigo no livro *Co-Dependency, An Emerging Issue* [Codependência: uma questão relevante.]: "Originalmente, a palavra foi usada para descrever a pessoa ou pessoas cujas vidas foram afetadas como resultado de estarem envolvidas com alguém quimicamente dependente. O cônjuge, filho ou amante de alguém quimicamente dependente teria desenvolvido um padrão de lidar com a vida que não era saudável, como reação ao abuso de droga ou de álcool por parte do outro."[3]

Era um novo nome para um jogo antigo. Os especialistas havia muito suspeitavam de que algo peculiar acontecia com as pessoas intimamente envolvidas com dependentes químicos. Algumas pesquisas foram feitas sobre o assunto, indicando que uma condição física, mental, emocional e espiritual similar ao alcoolismo demonstrava-se em muitas pessoas não alcoólicas ou dependentes químicas que conviviam com alcoólicos. Outras palavras (jargões que depois se tornariam sinônimos de codependente) apareceram para descrever esse fenômeno: coalcoólico, não alcoólico, para-alcoólico.

Os codependentes certamente sentiram os efeitos da codependência muito antes que a palavra fosse inventada. Nos anos 1940, depois da criação dos Alcoólicos Anônimos, um grupo de pessoas – na maioria esposas de alcoólicos – formou grupos de ajuda mútua e apoio para lidar com as formas com que eram afetadas pelo alcoolismo dos maridos.[4] Elas não sabiam que mais tarde seriam chamadas de codependentes. Não sabiam que haviam sido diretamente afetadas pelo alcoolismo dos maridos. E tinham inveja porque os alcoólicos tinham um programa de Doze Passos para se recuperar. As esposas também queriam um programa. Então utilizaram os Doze Passos do A.A., revisaram as Doze Tradições, mudaram o nome para Al-Anon, e funcionou! Desde então, milhões de pessoas têm sido beneficiadas pelo Al-Anon.[5]

O pensamento básico nessa época – e em 1979, quando surgiu a palavra codependência – era que codependentes (coalcoólicos ou para-alcoólicos) eram *pessoas cuja vida se tornara incontrolável como resultado de viverem num relacionamento comprometido com um alcoólico.*[6]

Entretanto, a definição de codependência foi expandida desde então. Os especialistas começaram a entender melhor os efeitos das pessoas quimicamente dependentes sobre a família, e os efeitos da família sobre as pessoas quimicamente dependentes. Começaram a identificar outros problemas, como comer demais ou de menos, jogar demais e certos comportamentos sexuais. Essas desordens compulsivas eram paralelas à desordem compulsiva, ou *doença*, do alcoolismo. Os especialistas começaram também a notar que muitos dos que tinham relacionamentos íntimos com essas pessoas compulsivas desenvolviam padrões de reagir e conviver similares aos desenvolvidos por quem se relacionava com alcoólicos. Algo peculiar acontecia com aquelas famílias, também.

À medida que os especialistas começaram a compreender melhor a codependência, mais grupos de pessoas pareciam possuí-la: filhos adultos de alcoólicos; pessoas que se relacionavam com outras emocional ou mentalmente perturbadas; pessoas em relacionamento com doentes crônicos; pais de crianças com problemas de comportamento; pessoas em relacionamento com pessoas irresponsáveis; enfermeiros, assistentes sociais e outros profissionais que ajudam a outras pessoas. Até mesmo alcoólicos e viciados em recuperação notaram que eles mesmos eram codependentes e talvez o fossem muito antes de se tornarem dependentes químicos.[7] Codependentes começaram a aparecer em toda parte.

Quando terminava o relacionamento com a pessoa perturbada, o codependente frequentemente procurava outra pessoa também perturbada e repetia os comportamentos de codependência com ela. Esses comportamentos, ou mecanismos de repetição, pareciam prevalecer por toda a vida do codependente – se ele não os modificasse.

Será que se pode concluir que a codependência é deflagrada por relacionamentos com pessoas com doenças sérias, problemas de comportamento ou distúrbios compulsivos destrutivos? O alcoolismo na família ajudava a criar a codependência, mas muitas outras circunstâncias também pareciam levar a isso.

Um denominador razoavelmente comum era ter-se um relacionamento – pessoal ou profissional – com pessoas perturbadas, carentes ou dependentes. Mas parecia que um segundo e mais frequente denominador comum eram as regras silenciosas e não escritas que geralmente se desenvolvem na família próxima e estabelecem o ritmo dos relacionamentos.[8] Essas regras proíbem: a discussão de problemas; expressão aberta de sentimentos; comunicação honesta e direta; expectativas realistas, como os de se ser humano, vulnerável ou imperfeito; egoísmo, confiar em outras pessoas e em si mesmo; brincar e divertir-se; balançar o barco familiar, tão fragilmente equilibrado, através de crescimento ou mudança – por mais saudável e benéfico que esse movimento possa ser. Essas regras são comuns aos sistemas de famílias alcoólicas, mas podem emergir também em outras famílias.

Agora, volto à pergunta anterior: Que definição de codependência é a mais exata? Todas são. Umas descrevem a causa, outras os efeitos, ou a condição geral, ou os sintomas, ou os padrões, ou a dor. Codependência significava, ou passou a significar, todas as definições que mencionei.

Não estou tentando confundi-lo. A codependência tem uma definição embaçada porque é uma condição cinzenta e confusa. É complexa, teórica e difícil de se definir completamente em uma ou duas frases.

Por que todo esse espalhafato sobre uma definição? Porque vou tentar o mais difícil – definir o codependente em uma frase. E quero que você possa ver a figura mais ampla antes que lhe mostre a mais detalhada. Espero que essa abordagem possa ajudá-lo a identificar a codependência em si próprio, se essa identificação for apropriada. Definir o problema é importante, porque ajuda a determinar a solução. A solução aqui é vital. Significa sentir-se melhor. Significa recuperação.

Então, aqui está minha definição de codependente:

Codependente é uma pessoa que tem deixado o comportamento de outra afetá-la, e é obcecada em controlar o comportamento dessa outra pessoa.

A *outra pessoa* pode ser uma criança ou um adulto, amante, cônjuge, irmão, irmã, avô ou avó, pai ou mãe, um cliente ou melhor amigo ou amiga. Essa pessoa pode ser alcoólica, viciada em drogas, física ou mentalmente doente, uma pessoa normal que ocasionalmente se sinta deprimida, ou qualquer das pessoas que mencionei antes.

Contudo, o centro da definição e da recuperação não está na *outra pessoa* – por mais que acreditemos que esteja. Está em nós mesmos, nas formas com que deixamos que comportamentos alheios nos afetem e nas formas com que tentamos afetá-los: a obsessão, o controle, o "ajudar" obsessivo, tomar conta, a baixa autoestima beirando o ódio a si próprio, a autorrepressão, a abundância de raiva e culpa, a dependência peculiar em pessoas peculiares, a atração e tolerância pelo bizarro, outros desvios que resultam no abandono de si mesmo, problemas de comunicação, problemas de intimidade e uma viagem cíclica através dos cinco estágios do luto.

A codependência é uma doença? Alguns especialistas dizem que não; dizem que é uma reação normal em pessoas anormais.[9]

Outros especialistas dizem que a codependência é uma doença; uma doença crônica e progressiva. Sugerem que os codependentes querem e precisam de pessoas doentes à sua volta para serem felizes de uma maneira não saudável. Dizem, por exemplo, que a mulher de um alcoólico precisava casar-se com um alcoólico e o escolheu porque percebeu inconscientemente que ele era alcoólico. Além disso, ela precisava de que ele bebesse e a maltratasse para se sentir satisfeita.

Esse último julgamento pode ser demasiadamente severo. Estou convencida de que os codependentes precisam de menos crueldade em suas vidas. Outras pessoas já foram cruéis o bastante conosco. Já fomos cruéis o bastante com nós mesmos. Amigos, já sofremos o bastante. Temos sido vítimas de doenças e de pessoas. Cada um de nós deve decidir que papel tivemos nisso.

Eu *não sei* se a codependência é ou não uma doença. Não sou especialista. Mas, para dizer o que *acredito*, deixe-me completar a breve história da codependência que iniciei neste capítulo.

Embora os primeiros grupos do Al-Anon tenham sido formados nos anos 1940, estou segura de que poderíamos voltar ao começo dos tempos e dos relacionamentos humanos e encontrar vislumbres de comportamento codependente. As pessoas sempre tiveram problemas e sempre cuidaram de amigos e parentes perturbados. Certamente, pessoas estiveram presas aos problemas dos outros desde que os relacionamentos começaram.

É provável que a codependência tenha acompanhado o homem desde muito antes de Cristo até "estes tempos geralmente desgraçados do nosso século", como disse Morley Safer no programa de TV *Sixty Minutes*. Desde que as pessoas existem, elas têm feito todas as coisas peculiares de um "codependente". Têm-se preocupado à exaustão com outras pessoas. Têm tentado ajudar de formas que não ajudam. Têm dito sim quando querem dizer não. Têm tentado que outras pessoas façam as coisas à sua maneira. Têm feito de tudo para evitar ferir os sentimentos das pessoas e, fazendo isso, têm ferido a si mesmas. Têm tido medo de confiar em seus sentimentos. Têm acreditado em mentiras e depois se sentido traídas. Têm desejado vingar-se e punir. Têm sentido tanta raiva que desejaram matar. Têm lutado por seus direitos enquanto outros diziam que não tinham nenhum. Têm usado sacos de estopa, porque não acreditavam que mereciam seda.

Os codependentes sem dúvida também têm feito coisas boas. Por natureza, são benevolentes – preocupados e dedicados com as necessidades do mundo. Thomas Wright escreveu no livro *Co-Dependency, An Emerging Issue*: "Suspeito que historicamente os codependentes têm atacado a injustiça social e lutado pelos direitos dos mais fracos. Eles querem ajudar. E creio que ajudaram. Mas, provavelmente, morreram achando que não fizeram o bastante e sentindo-se culpados.

"É natural desejar proteger e ajudar as pessoas que nos são caras. É também natural sermos afetados e reagirmos aos problemas das pessoas à nossa volta. Quando um problema se torna mais sério e continua insolúvel, ficamos ainda mais afetados e reagimos mais intensamente a ele.

A palavra *reagir* é importante aqui. Seja de que maneira se aborde a codependência, como se defina isso, e de qualquer enquadramento ou referência que se escolha para diagnosticá-la e tratá-la, a codependência é principalmente um processo reacionário. Codependentes são reacionários. Eles reagem demais. Reagem de menos. Mas raramente *agem*. Eles reagem aos problemas, às dores, à vida e aos comportamentos dos outros. Reagem a seus próprios problemas, às suas dores e ao seu comportamento. Muitas reações de codependentes são reações à tensão e à incerteza de viver ou crescer com o alcoolismo ou outros problemas. É normal reagir à tensão. Não é necessariamente anormal, mas é heroico e pode salvar vidas aprender a *não* reagir, e a agir de formas mais saudáveis. A maioria de nós, entretanto, precisa de ajuda para aprender a fazer isso.

Talvez uma das razões porque alguns especialistas chamam a codependência de doença seja que muitos codependentes estão reagindo a doenças como o alcoolismo.

Outra razão é porque é progressiva. À medida que as pessoas à nossa volta se tornam mais doentes, nós começamos a reagir com mais intensidade. O que começou como um pouco de preocupação pode causar isolamento, depressão, doenças físicas ou emocionais ou fantasias suicidas. Uma coisa leva à outra, e as coisas ficam piores. A codependência talvez não seja uma doença, mas pode fazer de você um doente. E pode contribuir para que as pessoas à sua volta continuem a ficar doentes.

Outra razão pela qual a codependência é chamada de doença é porque os comportamentos de quem sofre disso - como muitos comportamentos autodestrutivos - se tornam viciosos. Repetimos os vícios sem pensar. Os vícios têm vida própria.[10]

Seja qual for o problema que a outra pessoa tenha, a codependência envolve um sistema vicioso de pensar, sentir e se comportar em relação a nós mesmos e aos outros que pode causar dor. Comportamentos codependentes ou viciosos são autodestrutivos. Frequentemente, reagimos a pessoas que estão se destruindo; reagimos aprendendo a destruir a nós mesmos. Esses vícios podem levar-nos, ou manter-nos, em relacionamentos destrutivos, em relacionamentos que não funcionam. Podem sabotar relacionamentos que poderiam, de outra forma, ter dado certo. Esses comportamentos podem impedir que encontremos paz e felicidade com a pessoa mais importante de nossa vida - nós mesmos. Esses comportamentos pertencem à única pessoa que cada um de nós pode controlar, à única pessoa que podemos modificar: nós mesmos. São nossos problemas. No próximo capítulo examinaremos esses comportamentos.

Atividade

1. Como você definiria a codependência?
2. Você conhece alguém que tenha afetado sua vida significativamente, alguém com quem você se preocupa e que desejaria poder mudar? Quem? Escreva vários parágrafos sobre essa pessoa e seu relacionamento. Depois, leia o que escreveu. Quais são seus sentimentos?

4
Características do codependente

Deus, dai-me serenidade
Para aceitar as coisas que não posso mudar,
Coragem para mudar as coisas que posso mudar,
E sabedoria para distinguir a diferença.

– Oração da Serenidade

Embora dois codependentes possam discordar da definição de codependência, se discutirem seus problemas, provavelmente vão entender o que o outro quer dizer. Compartilharão ideias sobre coisas que têm em comum – o que fazem, pensam, sentem e dizem – e que são características da codependência. São nesses pontos – sintomas, problemas, mecanismos de repetição ou reações – que a maioria das definições e programas de recuperação se justapõem e concordam. Esses pontos ditam a recuperação. São as coisas que precisamos reconhecer, aceitar, conviver, lidar, lutar e frequentemente mudar.

Entretanto, antes de relacionar o que os codependentes tendem a fazer, tratarei de um ponto importante: ter esses problemas não significa que somos maus, defeituosos ou inferiores. Alguns de nós aprendemos esses comportamentos quando crianças. Outros aprenderam mais tarde na vida. Podemos ter aprendido alguns deles através da nossa interpretação de religião. A algumas mulheres foi ensinado que esses comportamentos eram qualidades femininas desejáveis. Seja onde for que tenhamos aprendido isso, a maioria de nós estudou direitinho a lição.

Começamos a nos comportar dessa maneira por necessidade de proteger a nós mesmos e para satisfazer às nossas necessidades. Fizemos, sentimos e pensamos essas coisas para sobreviver – emocional, mental e às vezes fisicamente. Tentamos compreender e enfrentar nossos mundos complexos da melhor forma. Conviver com normais e saudáveis nem sempre é fácil. Mas viver com as doentes, perturbadas ou problemáticas é particularmente difícil. É horrível ter de conviver com um alcoólico irado. Muitos de nós tentamos lidar com situações terrivelmente ultrajantes, e esses esforços são admiráveis e heroicos. Fazemos o melhor que podemos.

Entretanto, esses artifícios autoprotetores podem estar ultrapassados em suas utilidades. Às vezes, aquilo que fazemos para nos proteger vira-se contra nós e nos fere. Tornam-se autodestrutivas. Muitos codependentes mal estão sobrevivendo, e a maioria não tem suas necessidades satisfeitas. Segundo o terapeuta Scott Egleston, a codependência é uma maneira de tentar satisfazer necessidades que não consegue satisfazer às necessidades. Estamos fazendo as coisas erradas pelas razões certas.

Podemos mudar? Podemos aprender comportamentos mais saudáveis? Não sei se a saúde mental, espiritual e emocional pode ser ensinada, mas podemos ser inspirados e encorajados. Podemos aprender a fazer as coisas de outras maneiras. Podemos mudar. Acho que a maioria das pessoas deseja ser saudável e viver da melhor forma possível. Mas muitos de nós não sabem que é certo fazer as coisas de outra maneira. Muitos nem mesmo compreendem por que o que temos feito não tem funcionado. A maioria tem estado tão ocupada atendendo aos problemas de outros que não tem tempo para identificar, muito menos cuidar, de seus problemas.

Muitos especialistas dizem que o primeiro passo para a cura é a conscientização. O segundo passo é a aceitação.[1] Com isso em mente, vamos examinar as características da codependência. Elas foram compiladas de toda a minha bibliografia e de minha experiência pessoal e profissional.

O codependente pode:

- considerar-se e sentir-se responsável por outras pessoas – seus sentimentos, pensamentos, ações, escolhas, desejos, necessidades, bem-estar, falta de bem-estar e até seu destino.
- sentir ansiedade, pena e culpa quando outras pessoas têm um problema.
- sentir-se compelido – quase forçado – a ajudar uma pessoa a resolver seu problema, seja dando conselhos que não foram pedidos, oferecendo uma série de sugestões ou equilibrando emoções.
- sentir raiva quando sua ajuda não é efetiva.
- antecipar as necessidades de outra pessoa.
- imaginar por que os outros não fazem o mesmo por ele.
- dizer sim quando quer dizer não, fazer coisas que realmente não quer fazer, fazer mais do que sua quota justa de trabalho e fazer coisas que outras pessoas são capazes de fazer por si mesmas.
- não saber o que quer ou necessita, ou, se souber, dizer a si mesmo que o que quer e necessita não é importante.
- tentar agradar aos outros em vez de a si mesmo.
- achar mais fácil sentir e expressar raiva sobre injustiças feitas a outros do que sobre injustiças feitas a ele mesmo.
- sentir-se mais seguro quando doa.
- sentir-se inseguro e culpado quando alguém lhes dá algo.
- ficar triste porque passa a vida se doando a outras pessoas e ninguém lhe retribui.
- sentir-se atraído por pessoas carentes.
- atrair pessoas carentes.
- sentir-se aborrecido, vazio e sem sentido se não tiver alguma crise em sua vida, um problema para resolver ou alguém para ajudar.
- abandonar a rotina para responder ou fazer algo por outro.
- comprometer-se demais.
- sentir-se oprimido e pressionado.
- acreditar que outras pessoas são de alguma forma responsáveis por ele.

- culpar outras pessoas pela situação em que está.
- dizer que outras pessoas fazem com que se sinta da maneira que se sente.
- achar que outra pessoa o está levando à loucura.
- sentir raiva, sentir-se vítima, achar que está sendo usado e que não é apreciado.
- ver que as pessoas ficam irritadas ou com raiva dele por todas as características anteriores.

Baixa autoestima

O codependente tende a:

- vir de família problemática, reprimida ou disfuncional.
- negar que sua família seja problemática, reprimida ou disfuncional.
- culpar a si mesmo por tudo.
- implicar consigo mesmo por tudo, inclusive sua maneira de pensar, sentir, aparentar, agir e comportar-se.
- ficar zangado, defensivo, exigente e indignado quando outros o culpam e criticam – coisas que ele regularmente faz consigo mesmo.
- rejeitar elogios.
- ficar deprimido pela falta de cumprimentos e elogios.
- sentir-se diferente do restante do mundo.
- achar que não é bom o bastante.
- sentir-se culpado em gastar dinheiro consigo mesmo, ou fazer algo supérfluo ou divertido por si mesmo.
- temer rejeição.
- encarar as coisas de forma pessoal.
- ter sido vítima de abuso sexual físico ou emocional, negligência, abandono ou alcoolismo.
- sentir-se vítima.
- dizer a si mesmo que não consegue fazer nada certo.
- ter medo de cometer erros.
- imaginar por que tem dificuldade de tomar decisões.
- achar que tem de fazer tudo com perfeição.
- imaginar por que não consegue fazer nada a seu contento.

- ter um monte de "deveria".
- sentir muita culpa.
- sentir-se envergonhado por quem é.
- achar que não vale a pena viver.
- em vez disso, tentar ajudar outras pessoas a viverem suas vidas.
- obter sensações artificiais de autovalorização por ajudar aos outros.
- ter sentimentos de baixa autoestima – vergonha, fracasso etc. – por fracassos e problemas de outras pessoas.
- desejar que coisas boas lhe aconteçam.
- achar que coisas boas nunca acontecerão.
- achar que não merece coisas boas e felicidade.
- desejar que outras pessoas gostem dele e o amem.
- achar que outras pessoas certamente não poderiam jamais gostar dele ou amá-lo.
- tentar provar que é bom o bastante para outras pessoas.
- contentar-se apenas em ser necessário.

Repressão

Muitos codependentes:

- expulsam seus pensamentos e suas emoções de sua consciência porque têm medo e culpa.
- têm medo de se permitirem ser quem são.
- parecem rígidos e controlados.

Obsessão

O codependente tende a:

- sentir-se terrivelmente ansioso quanto a problemas e pessoas.
- preocupar-se com as coisas mais bobas.
- pensar e falar muito sobre outras pessoas.
- perder o sono por problemas ou comportamentos de outras pessoas.
- preocupar-se.
- nunca encontrar respostas.

- vigiar as pessoas.
- tentar pegar as pessoas em atos de mau comportamento.
- sentir-se incapaz de parar de falar, pensar e preocupar-se com outras pessoas e seus problemas.
- abandonar sua rotina quando está muito aborrecido com alguém ou alguma coisa.
- concentrar toda sua energia nos outros e nos problemas dos outros.
- imaginar por que nunca tem energia.
- imaginar por que não consegue fazer as coisas.

Controle

Muitos codependentes:

- viveram com pessoas e situações fora de controle, causando-lhes mágoas e decepção.
- têm medo de deixar que outras pessoas sejam quem são e de permitir que as coisas aconteçam naturalmente.
- não veem ou não lidam com seu medo de perder o controle.
- acham que sabem mais sobre o que acontecerá e como as pessoas devem comportar-se.
- tentam controlar os acontecimentos e as pessoas através de impotência, culpa, coerção, ameaças, aconselhamento, manipulação ou domínio.
- eventualmente fracassam em seus esforços ou provocam raiva nas pessoas.
- ficam frustrados e irados.
- sentem-se controlados pelos acontecimentos e pelas pessoas.

Negação

O codependente tende a:

- ignorar problemas ou fingir que eles não estão acontecendo.
- fingir que as situações não são tão más como realmente são.
- dizer a si mesmo que amanhã as coisas melhorarão.

- ocupar-se para não pensar sobre as coisas.
- ficar confuso.
- ficar deprimido ou doente.
- ir a médicos e tomar tranquilizantes.
- tornar-se viciado em trabalho.
- gastar dinheiro compulsivamente.
- comer demais.
- fingir que essas coisas tampouco estão acontecendo.
- ver os problemas piorarem.
- acreditar em mentiras.
- mentir para si mesmo.
- imaginar por que sente como se estivesse enlouquecendo.

Dependência

Muitos codependentes:

- não se sentem felizes, contentes ou em paz consigo mesmos.
- procuram a felicidade fora de si mesmos.
- fecham-se a tudo e a todos que possam lhe trazer felicidade.
- sentem-se terrivelmente ameaçados pela perda de coisas ou pessoas das quais esperam sua felicidade.
- não se sentiam amados e aprovados pelos pais.
- não se amam.
- acham que outras pessoas não podem amá-los ou não os amam.
- procuram desesperadamente por amor e aprovação.
- quase sempre procuram o amor de pessoas incapazes de amar.
- acreditam que outras pessoas nunca estão disponíveis para eles.
- equiparam o amor à dor.
- acham que necessitam mais das pessoas do que elas necessitam deles.
- tentam provar que são bons o bastante para serem amados.
- não se dão tempo para descobrir se outras pessoas são boas para eles.
- preocupam-se se outras pessoas os amam ou gostam deles.

- não se dão tempo para descobrir se amam ou gostam de outras pessoas.
- centralizam sua vida ao redor de outras pessoas.
- procuram por relacionamentos que lhes forneçam todas as suas boas emoções.
- perdem interesse em sua própria vida quando amam.
- temem que as outras pessoas venham a deixá-los.
- não acreditam que podem tomar conta de si mesmos.
- continuam em relacionamentos que não funcionam.
- toleram abusos para que as pessoas continuem a amá-los.
- sentem-se presos em relacionamentos.
- quando terminam relacionamentos ruins, procuram outros que também não funcionam.
- duvidam que um dia encontrarão o amor.

Falta de comunicação

O codependente frequentemente:

- culpa.
- ameaça.
- coage.
- implora.
- suborna.
- aconselha.
- não diz o que quer.
- não quer dizer o que diz.
- não sabe o que quer dizer.
- não se leva a sério.
- acha que outras pessoas não o levam a sério.
- leva-se a sério demais.
- pede o que quer ou necessita indiretamente – suspirando, por exemplo.
- acha difícil chegar direto ao ponto.

- não sabe direito a que ponto quer chegar.
- mede as palavras cuidadosamente para conseguir um determinado efeito.
- tenta dizer o que acha que agradará as pessoas.
- tenta dizer o que acha que provocará as pessoas.
- tenta dizer o que acha que levará as pessoas a fazer o que ele quer que elas façam.
- elimina a palavra *não* de seu vocabulário.
- fala demais.
- fala de outras pessoas.
- evita falar sobre si mesmo, sobre seus problemas, sentimentos e pensamentos.
- diz que tudo é culpa sua.
- diz que nada é culpa sua.
- acredita que suas opiniões não importam.
- espera conhecer a opinião de outras pessoas antes de expressar as suas.
- mente para proteger e encobertar as pessoas que ama.
- mente para proteger a si mesmo.
- tem dificuldade em exercer seus direitos.
- tem dificuldade em expressar suas emoções honesta, aberta e apropriadamente.
- acha que a maior parte do que tem a dizer não é importante.
- começa a falar de maneira cínica, autodegradante ou hostil.
- desculpa-se por incomodar as pessoas.

Limites fracos

O codependente frequentemente:

- diz que não tolerará mais determinados comportamentos de outras pessoas.
- aumenta gradualmente sua tolerância até poder tolerar e fazer coisas que disse que nunca faria.
- deixa que outros o magoem.

- continua a deixar que o magoem.
- se pergunta por que o magoam tanto.
- reclama, culpa e tenta controlar, enquanto continua a ficar ali.
- finalmente fica com raiva.
- torna-se totalmente intolerante.

Falta de confiança

O codependente:

- não confia em si mesmo.
- não confia em seus sentimentos.
- não confia em suas decisões.
- não confia em outras pessoas.
- tenta confiar em pessoas não confiáveis.
- acha que Deus o abandonou.
- perde a fé e a confiança em Deus.

Raiva

Muitos codependentes:

- sentem-se muito assustados, magoados e raivosos.
- vivem com pessoas muito assustadas, magoadas e raivosas.
- têm medo da própria raiva.
- têm medo da raiva de outras pessoas.
- acham que as pessoas os abandonarão se sentirem raiva.
- acham que outras pessoas os fazem ficar com raiva.
- sentem-se controlados pela raiva de outras pessoas.
- reprimem seus sentimentos de raiva.
- choram muito, ficam deprimidos, comem demais, ficam doentes, fazem coisas más e sórdidas para se vingar, agem hostilmente, têm explosões de temperamento.
- punem outras pessoas por fazê-los ficar com raiva.
- ficam envergonhados por sentirem raiva.
- colocam culpa e vergonha em si mesmos por sentirem raiva.

- sentem mais raiva, ressentimento e amargura.
- sentem-se mais seguros com raiva do que com sentimentos de dor.
- imaginam se algum dia *não* terão tanta raiva.

Problemas sexuais

Alguns codependentes:

- controlam o que se passa no quarto.
- fazem sexo quando não querem.
- fazem sexo quando preferiam apenas ser acariciados e amados.
- tentam ter sexo quando têm raiva ou estão feridos.
- recusam desfrutar do sexo porque têm muita raiva do parceiro.
- têm medo de perder o controle.
- têm dificuldade em pedir o que desejam na cama.
- isolam-se emocionalmente de seu parceiro.
- sentem repulsa do parceiro.
- não falam sobre isso.
- forçam-se a ter sexo, de qualquer forma.
- reduzem o sexo a um ato técnico.
- se perguntam por que não gostam de sexo.
- perdem interesse em sexo.
- inventam razões para se abster.
- desejam que o parceiro morra, vá embora ou sinta o que estão sentindo.
- têm fortes fantasias sexuais sobre outras pessoas.
- desejam ter ou têm um caso extraconjugal.

Diversos

O codependente tende a:

- ser extremamente responsável.
- ser extremamente irresponsável.

- tornar-se mártir, sacrificando sua felicidade e a dos outros por causas que não requerem sacrifícios.
- achar difícil aproximar-se das pessoas.
- encontrar dificuldades em se divertir e em ser espontâneo.
- ter uma reação geralmente passiva à codependência – chora, sofre e sente-se desamparado.
- ter uma reação geralmente agressiva à codependência – fica violento, raivoso e dominador.
- misturar reações passivas e agressivas.
- vacilar nas decisões e nas emoções.
- rir quando tem vontade de chorar.
- ser leal à sua compulsão e às pessoas, mesmo quando os ferem.
- ter vergonha de problemas pessoais, familiares ou amorosos.
- ficar confuso sobre a natureza dos problemas.
- acobertar, mentir e ocultar o problema.
- não procurar ajuda porque diz a si mesmo que o problema não é tão grande ou tão importante.
- se perguntar por que o problema não desaparece.

Características progressivas

Nos últimos estágios da codependência, o codependente pode:

- sentir-se letárgico.
- sentir-se deprimido.
- isolar-se e afastar-se.
- perder totalmente o controle da rotina e da estrutura diária.
- abusar ou negligenciar os filhos e outras responsabilidades.
- perder as esperanças.
- começar a planejar o afastamento do relacionamento ao qual se sente aprisionado.
- pensar em suicídio.
- ficar violento.

- adoecer, emocional, mental ou fisicamente.
- comer demais ou de menos.
- viciar-se em álcool e em outras drogas.

As listas anteriores são longas, mas não incluem tudo. Como outras pessoas, os codependentes fazem, sentem e pensam muitas coisas. Não há um número de características que garanta se a pessoa é ou não codependente. Cada pessoa é diferente; cada pessoa tem sua maneira de fazer as coisas. Estou apenas tentando pintar um quadro. A interpretação, ou decisão, é sua. O mais importante é que você primeiro identifique os comportamentos ou as áreas que lhe causam problemas e depois decida o que fazer.

No fim do Capítulo 3 pedi para definir a codependência. Segundo Earnie Larsen, se você define seu problema como "viver com um alcoólico", pode achar que *não* viver com um alcoólico seja a solução do problema. Isso pode ser parcialmente correto. Mas nossos verdadeiros problemas como codependentes são nossas próprias características – nossos comportamentos de codependentes.

Quem é codependente? Eu sou.

Aproximadamente, 80 milhões de pessoas são quimicamente dependentes ou vivem com alguém que é.[2] Elas provavelmente são codependentes.

Pessoas que amam, se importam ou trabalham com pessoas problemáticas podem ser codependentes.

Pessoas que se importam com outras que têm distúrbios de alimentação provavelmente são codependentes. Em seu livro *Fat Is a Family Affair* [A obesidade é uma questão familiar], Judi Hollis diz que uma pessoa com desordem alimentar pode manter de quinze a vinte codependentes ocupados.[3] Muitas pessoas com distúrbios alimentares também são codependentes: "Numa pesquisa informal, descobri que pelo menos quarenta por cento das esposas de alcoólicos são obesas", escreveu Hollis.[4]

Você pode estar lendo este livro para si mesmo; pode ser um codependente. Ou pode estar lendo para ajudar a alguém; neste caso você provavelmente é codependente. Se a preocupação se transformou em obsessão; se a compaixão se transformou em tomar conta; se está tomando conta de outras pessoas e não de si mesmo – pode ser que você seja muito codependente. Cada qual deve decidir por si mesmo se a codependência é um problema. Cada qual deve decidir por si mesmo o que precisa fazer para mudar e quando isso deve acontecer.

A codependência é muitas coisas. É a dependência das pessoas – em seus humores, comportamentos, doenças ou bem-estar e seu amor. É uma dependência paradoxal.[5] Os codependentes parecem ser pessoas das quais se depende, mas são dependentes. Parecem fortes, mas se sentem desamparados. Parecem controladores, mas na realidade são controlados, às vezes por uma doença, como o alcoolismo.

Esses são os problemas que ditam a recuperação. E é resolvendo-os que a recuperação pode ser divertida. Muitas recuperações de problemas que envolvem a mente de uma pessoa, emoções e espírito são longas e extenuantes. Aqui não. Exceto pelas emoções normais que estaríamos sentindo de qualquer forma, e as pontadas de desconforto ao começarmos a nos comportar de modo diferente, recuperar-se da codependência é excitante. É liberador. Permite que sejamos quem somos. Ajuda outras pessoas a serem quem são. Ajuda-nos a assumir nosso poder dado por Deus de pensar, sentir e agir. Faz bem. Traz paz. Permite-nos amar a nós mesmos e aos outros. Permite que recebamos amor – essa coisa boa que todos procuramos. Proporciona uma ótima atmosfera para as pessoas à nossa volta ficarem e continuarem saudáveis. E a recuperação ajuda a acabar com a insuportável dor com a qual muitos de nós temos vivido.

A recuperação não é apenas divertida, é também simples. Nem sempre é fácil, mas é simples. É baseada em algo que muitos de nós esquecemos ou nunca aprendemos: cada pessoa é responsável por si mesma. Envolve aprender um novo comportamento que devotaremos a nós mesmos: tomar conta de nós mesmos. Na segunda metade deste livro, discutiremos ideias específicas sobre como fazer isso.

Atividade

1. Examine as listas deste capítulo. Marque cada característica com um 0 se nunca for um problema para você. Marque com um 1 se de vez em quando for um problema. E marque com um 2 se frequentemente for um problema. Depois, em outro capítulo, você usará isso para estabelecer objetivos. Mas pode usar isso agora como guia para os capítulos que deseja ler.
2. O que acha de mudar a si mesmo? O que acha que aconteceria se começasse a mudar? Acha que pode mudar? Por que sim, ou por que não? Escreva alguns parágrafos em resposta a essas perguntas.

Parte II

Princípios básicos para cuidar de si mesmo

5
Desligamento

Desligamento não significa desligar-nos da pessoa que amamos, com quem nos preocupamos, mas da agonia do envolvimento.[1]

– Membro do Al-Anon

Quando estava tentando escolher o tema do primeiro capítulo desta seção, vários assuntos disputaram o primeiro lugar. Escolhi desligamento não porque é significativamente mais importante do que os outros conceitos. Selecionei-o porque é um conceito implícito. É algo que precisamos fazer com frequência, quando lutamos para viver felizes. É o objetivo da maioria dos programas de recuperação para codependentes. E é também o que devemos fazer primeiro – antes de tudo o mais que também precisamos fazer. Não podemos começar a trabalhar em nós mesmos, a viver nossas vidas, a sentir nossas emoções e a resolver nossos problemas até que nos desliguemos do objeto da nossa obsessão. Pela minha experiência (e a de outros), parece que nem nosso Poder Superior pode fazer muita coisa por nós até que nos desliguemos.

LIGAÇÃO

Quando um codependente diz: "Acho que estou me *ligando* a você." Cuidado! Ele ou ela provavelmente está falando a verdade.

A maioria dos codependentes são ligados a pessoas e problemas em seus ambientes. Por "ligação" não estou me referindo a sensações normais como gostar das pessoas, preocupar-nos com problemas ou sentir-nos ligados ao mundo. "Ligar" é envolver-se demais, às vezes desesperadamente.

A ligação pode ter várias formas:

- Podemos tornar-nos excessivamente ligados e preocupados com um problema ou pessoa (nossa energia mental está ligada).
- Ou podemos gradualmente tornar-nos obcecados em controlar as pessoas e os problemas à nossa volta (nossa energia mental, física e emocional está concentrada no objeto de nossa obsessão).
- Podemos tornar-nos reacionários, em vez de agirmos autenticamente, de acordo com nossa própria vontade (nossa energia mental, emocional e física está ligada).
- Podemos tornar-nos emocionalmente dependentes das pessoas a nossa volta (agora, sim, estamos realmente ligados).
- Podemos tornar-nos tomadores de conta (salvadores, capacitadores) das pessoas a nossa volta (ligando-nos firmemente à necessidade deles por nós).

Os problemas com a ligação são muitos. (Neste capítulo focalizarei a preocupação e a obsessão. Nos capítulos seguintes abordarei outras formas de ligação.) Envolvimento excessivo de qualquer tipo pode manter-nos em um caos; pode deixar as pessoas a nossa volta em estado caótico. Se concentrarmos toda a nossa energia em pessoas e problemas, pouco nos restará para viver nossa própria vida. E há muita preocupação e responsabilidade no ar. Se assumirmos tudo para nós mesmos, não sobrará nada para as pessoas à nossa volta. Fazemos demais e eles, de menos. Além disso, preocupar-nos com pessoas e problemas não ajuda nada. Não resolve os problemas, não ajuda a outras pessoas e nem nos ajuda. É energia desperdiçada.

"Se você acredita que passar mal ou se preocupar demais mudará um acontecimento, deve estar vivendo em outro planeta com um sistema diferente de realidade", escreveu o Dr. Wayne W. Dyer em *Seus pontos fracos.*[2]

A preocupação e a obsessão embaralham tanto nossa mente que não conseguimos resolver nossos problemas. Quando nos ligamos dessa forma a alguém ou a algo, nos desligamos de nós mesmos. Perdemos o contato conosco. Perdemos nossos poderes e a capacidade de pensar, de sentir, de agir e de nos cuidar. Perdemos o controle.

A obsessão com outro ser humano ou com um problema é algo terrível em que ficar preso. Você já reparou em uma pessoa obcecada por alguém ou por alguma coisa? Essa pessoa não consegue falar em mais nada, não consegue pensar em mais nada. Mesmo quando parece estar ouvindo você, você sabe que ela não está escutando. Sua mente está virando-se e revirando-se, estalando e martelando em círculos como numa interminável montanha russa de pensamentos compulsivos. Ela está preocupada. Relaciona qualquer coisa que você disser ao objeto de sua obsessão, não importa a pouca relação que tenha uma coisa com a outra. Repete as mesmas coisas, de novo e de novo, às vezes mudando ligeiramente as palavras, às vezes usando as mesmas. Nada que você diga faz qualquer diferença. Até pedir para parar não funciona. Ela provavelmente pararia, se pudesse. O problema é que não consegue (naquele momento). Está explodindo de energia negativa da qual a obsessão é feita. Tem um problema ou um conceito que está não apenas perturbando-a – está controlando-a.

Muitas pessoas com quem trabalhei em grupos familiares estavam obcecadas dessa forma pelas pessoas de quem gostavam. Quando eu perguntava o que estavam sentindo, respondiam o que a outra pessoa estava sentindo. Quando perguntava o que tinham feito, contavam o que a outra pessoa tinha feito. Sua total concentração era em alguém ou em algo que não elas. Algumas passaram anos fazendo isso – preocupando-se, reagindo e tentando controlar outro ser humano. Elas eram apenas cascas – às vezes quase invisíveis – de pessoas. Sua energia estava exaurida, dirigida a alguém. Não conseguiam dizer o que sentiam ou pensavam porque elas mesmas não sabiam. Não concentravam-se em si mesmas.

Talvez você esteja obcecado por alguém ou por algo. Alguém diz ou faz alguma coisa. Um pensamento logo lhe ocorre. Algo que o faz recordar-se de alguma coisa passada. Um problema penetra em sua consciência. Algo acontece ou não. Ou você sente que há algo acontecendo, mas não sabe exatamente o quê. Ele não telefona, e costuma ligar para você por esta hora. Ele não atende ao telefone, e deveria. É dia de pagamento. Antes ele sempre bebia no dia do pagamento. Ele está sóbrio há apenas três meses. Será que isso acontecerá de novo hoje? Você pode não saber o que, pode não saber por que, ou não tem certeza de quando, mas você sabe que *algo* – algo terrível – aconteceu, está acontecendo ou está por acontecer.

Isso lhe embrulha o estômago. Toma conta de você – aquele nó na barriga, aquela ansiedade que os codependentes conhecem tão bem. É isso que nos leva a fazer a maioria das coisas que nos prejudicam; é a substância da qual a preocupação e a obsessão se alimentam. É o medo em sua pior forma. O medo geralmente vem e vai, deixando-nos no ar, prontos para lutar, ou apenas temporariamente amedrontados. Mas a ansiedade continua lá. Ela agarra a mente, paralisando-a para tudo, menos para seus próprios objetivos – uma interminável reedição dos mesmos pensamentos inúteis. É o combustível que nos impulsiona aos comportamentos controladores de todos os tipos. Não pensamos em nada além de manter uma tampa nas coisas, controlar os problemas, e fazer com que vá embora; é a coisa da qual a codependência é feita.

Quando você fica obcecado, não consegue tirar o pensamento daquela pessoa ou daquele problema. Não sabe o que está sentindo. Não sabe o que está pensando. Não tem certeza nem do que deve fazer, mas, pelo amor de Deus, faça algo! E rápido!

Preocupar-se, ficar obcecado e controlar são ilusões. São trapaças que fazemos com nós mesmos. Sentimos como se estivéssemos fazendo algo para resolver nossos problemas, mas não estamos. Muitos reagem dessa forma, com justificável boa razão. Podemos ter convivido com problemas sérios e complicados que despedaçaram nossas vidas, que fariam com que qualquer pessoa normal se tornasse ansiosa, aborrecida, preocupada e obcecada. Pode ser que amemos alguém que tenha problemas – alguém que esteja fora de controle. Esses problemas podem ser alcoolismo, algum distúrbio de comer, jogar, um problema mental ou emocional ou uma combinação disso tudo.

Pode ser que alguns de nós tenhamos problemas menos sérios, mas eles nos preocupam de qualquer maneira. Pode ser que a pessoa que amamos subitamente mude de humor. Ou faça coisas que desejávamos que não fizesse. Ou podemos achar que ele ou ela deveria fazer tudo de uma forma diferente, de uma forma melhor, uma forma que na nossa opinião não causaria tantos problemas.

Com a convivência, alguns de nós podemos ter desenvolvido uma atitude de conexão - de se preocupar, reagir e tentar controlar obsessivamente. Talvez tenhamos vivido com pessoas e passado por situações que estavam fora de controle. Talvez a obsessão e o controle sejam a forma pela qual mantenhamos as coisas em equilíbrio ou evitemos temporariamente que elas piorem. E depois simplesmente continuamos a fazer isso. Talvez tivéssemos medo de nos afastar, porque, quando nos afastamos no passado, coisas terríveis e dolorosas aconteceram.

Talvez estejamos conectados a pessoas - vivendo a vida para elas e através delas - por tanto tempo que não nos sobrou nenhuma vida para ser vivida. É mais seguro ficarmos juntos. Pelo menos se estamos reagindo sabemos que estamos vivos. Pelo menos temos algo para fazer, se ficarmos obcecados ou controlando.

Há várias razões pelas quais os codependentes tendem a se agarrar aos problemas e às pessoas. Não importa se preocupação não resolve nada. Não importa que aqueles problemas raramente tenham solução. Não importa que estejam tão obcecados que não consigam ler um livro, assistir à televisão ou dar um passeio. Não importa se suas emoções estejam constantemente em tumulto quanto ao que a pessoa disse ou não disse, ao que fez ou não fez, ou ao que fará a seguir. Não importa se o que estamos fazendo não esteja ajudando a ninguém! Não importa a que custo, continuaremos conectados. Rangeremos os dentes, pegaremos a corda e ficaremos mais agarrados do que nunca.

Alguns de nós nem mesmo nos damos conta de que nos estamos agarrando tanto. Outros se convencem de que têm de ficar agarrados assim mesmo. Achamos que simplesmente não há outra escolha a não ser reagir ao problema ou à pessoa dessa maneira obsessiva. Frequentemente, quando sugiro que se desliguem da outra pessoa ou do problema, elas recuam em horror. "Oh, não", dizem, "eu não poderia fazer isso nunca. Eu o amo demais. Importo-me demais com ele para fazer *isso*. Esse problema ou pessoa é importante demais para mim. *Tenho* de permanecer ligado a ele."

Minha resposta é: "QUEM DISSE QUE TEM?"

Trago uma notícia, uma boa notícia. Nós "não temos" de fazer nada. Há uma maneira melhor. Chama-se "desligamento".[3] Pode ser assustador no princípio, mas no final será melhor para todos os envolvidos.

UMA MANEIRA MELHOR

O que exatamente é desligar-se? O que estou pedindo a você? (O termo, como já deve ter adivinhado, é mais um jargão.)

Primeiro, vamos discutir o que desligamento não é. Desligamento não é um abandono frio e hostil; uma resignada, desesperada aceitação de qualquer coisa que a vida e as pessoas jogam em nosso caminho; nem uma caminhada robótica pela vida, esquecidos e totalmente insensíveis às pessoas e aos problemas; nem uma felicidade ignorante tipo Poliana; nem uma fuga de nossas verdadeiras responsabilidades para com nós mesmos e com os outros; nem o término de nossas relações. Não é remover nosso amor e preocupação, embora às vezes essas formas de desligamento possam ser o melhor a fazer, no momento.

Idealmente, desligamento é desobrigar-se, ou se desligar, de uma pessoa ou problema *com amor*. Desligar-nos mentalmente, emocionalmente e às vezes fisicamente de um envolvimento não saudável (e frequentemente doloroso) com a vida e as responsabilidades de outra pessoa, com problemas que não podemos resolver, de acordo com um folheto intitulado "Desligamento" que foi distribuído há anos para os frequentadores do Al-Anon.

Desligamento é baseado na premissa de que cada pessoa é responsável por si mesma, que não podemos resolver problemas que não são nossos e que se preocupar não adianta nada. Adotamos a política de nos afastar das responsabilidades de outras pessoas, e de cuidar das nossas. Se as pessoas criam alguns desastres para si mesmas, permitimos que elas próprias enfrentem as consequências. Permitimos às pessoas serem quem são. Damos a elas a liberdade de serem responsáveis e de crescerem. E damos a nós mesmos essa mesma liberdade. Vivemos nossas próprias vidas o melhor que podemos. Lutamos para determinar o que é possível mudar e o que não é. Depois, paramos de tentar mudar as coisas que não podemos. Fazemos o que está a nosso alcance para resolver um problema, e depois paramos de nos lamuriar e de nos afligir. Se não podemos resolver um problema e fizemos o que podíamos, então aprendemos a viver com o problema, ou apesar dele. E tentamos viver vidas felizes – concentrando-nos heroicamente no que é bom em nossa vida hoje e sentindo gratidão por isso. Aprendemos a lição mágica de que aproveitar o que temos ao máximo transforma isso em mais.

Desligamento envolve "viver o momento presente" – viver aqui e agora. Permitimos que a vida aconteça, em vez de forçá-la e tentar controlá-la. Abandonamos os arrependimentos do passado e o medo do futuro. Fazemos o melhor a cada dia.

Desligamento também envolve aceitar a realidade – os fatos. Requer fé – em nós mesmos, em Deus, em outras pessoas e na ordem natural e no destino das coisas neste mundo. Acreditamos na propriedade e na exatidão de cada momento. Livramo-nos de nossas cargas e preocupações e permitimo-nos a liberdade de gozar a vida, apesar dos problemas não resolvidos. Confiamos em que tudo está bem, apesar dos conflitos. Confiamos em que Alguém maior que nós mesmos sabe, ordenou e se importa com o que está acontecendo. Compreendemos que esse Alguém pode fazer muito mais do que nós para resolver o problema. Então tentamos sair do caminho Dele e deixar que Ele faça isso. Com o tempo *saberemos* que tudo está bem, porque veremos como as coisas mais estranhas (e às vezes mais dolorosas) mudam para melhor e para o benefício de todos.

Judi Hollis escreveu sobre desligamento num capítulo sobre codependência em seu livro *Fat Is a Family Affair* [A obesidade é uma questão familiar]. Ela descreve o desligamento como uma "saudável neutralidade".[4]

Desligamento não significa que não nos importamos. Significa que aprendemos a amar, a nos importar e a nos envolver sem ficarmos loucos. Paramos de criar todo esse caos em nossas mentes e em nossos ambientes. Quando não estamos nos debatendo ansiosa e compulsivamente, nos tornamos capazes de tomar boas decisões sobre como amar as pessoas e como resolver nossos problemas. Ficamos livres para nos importar e amar de maneira a ajudar aos outros sem ferir a nós mesmos.[5]

As recompensas do desligamento são grandes: serenidade, uma profunda sensação de paz; a capacidade de dar e receber amor de maneiras positivas e energizantes; a liberdade para encontrar soluções reais para os nossos problemas. Encontramos liberdade para viver nossa própria vida sem excessos de culpa ou de responsabilidade para com outros.[6] Às vezes, o desligamento até motiva e liberta as pessoas à nossa volta para que comecem a resolver seus problemas. Paramos de nos preocupar com elas; elas se dão conta e finalmente começam a se preocupar consigo mesmas. Que grande plano! Cada um tratando da própria vida.

Descrevi há pouco uma pessoa presa no envolvimento das obsessões e preocupações. Conheci muitas que tiveram ou preferiram viver com problemas sérios, como um cônjuge alcoólico que nunca para de beber, uma criança severamente deficiente ou um adolescente infernal que destrói a si mesmo com drogas e comportamento criminoso. Essas pessoas aprenderam a viver apesar de seus problemas. Elas choraram suas perdas, depois encontraram uma maneira de viver não em resignação, martírio ou desespero, mas com entusiasmo, paz e um verdadeiro senso de gratidão pelo que era bom. Elas tomaram conta de suas verdadeiras responsabilidades. Elas se davam às pessoas, as ajudavam e amavam. Mas também se davam e amavam a si mesmas. Mantinham-se em alta estima. Nada faziam com perfeição, sem esforço ou instantaneamente. Mas empenharam-se e aprenderam a fazer tudo.

Tenho uma dívida de gratidão para com essas pessoas. Elas me ensinaram que o desligamento era possível. *Mostraram-me* que funciona. Gostaria de poder transmitir essa mesma esperança a você. E que você encontre outras pessoas para passar adiante essa esperança, porque o desligamento é real e floresce com apoio e cuidado.

Desligamento é tanto uma ação quanto uma arte. É uma forma de vida. Acredito que é também um presente. E será proporcionado àqueles que o procuram.

Como nos desligamos? Como livrar nossas emoções, nossa mente, nosso corpo e nosso espírito da agonia do envolvimento? Da melhor forma que pudermos. E provavelmente um pouco desajeitadamente no princípio. Um velho ditado dos Alcoólicos Anônimos e do Al-Anon sugere uma fórmula de três partes: Honestidade, Abertura e Desejo de Tentar.[7]

Nos próximos capítulos, discutiremos conceitos mais específicos de desligamento de certas formas de ligação. Você terá de decidir como essas ideias se aplicam a você e à sua situação em particular, e depois encontrar o próprio caminho. Com um pouco de humildade, dedicação e esforço de sua parte acredito que possa fazer isso. Acredito que o desligamento pode transformar-se em reações costumeiras, da mesma maneira que a obsessão, a preocupação e o controle se transformam em reações costumeiras – pela prática. Você pode não fazer isso com perfeição, mas ninguém faz. Contudo, seja qual for o ritmo em que pratique o desligamento em sua vida, acredito que será o certo para você. Espero que seja capaz de desligar-se com amor das pessoas de quem esteja se desligando. Acho que é melhor fazer tudo numa atitude de amor. Entretanto, por uma série de razões, nem sempre é possível fazer isso. Se não pode desligar-se com amor, minha opinião é de que é melhor separar-se com raiva do que permanecer ligado. Se nos separamos, ficamos numa posição melhor para lidarmos com (ou por meio de) nossos ressentimentos. Se continuarmos conectados, provavelmente não faremos outra coisa a não ser continuar perturbados.

Quando devemos nos desligar? Quando não conseguimos deixar de pensar, falar e nos preocupar com algo ou alguém; quando nossas emoções estão fervendo; quando achamos que temos de tomar uma atitude quanto a alguém porque não conseguimos aguentar nem mais um minuto; quando estamos por um fio e esse fio está enfraquecendo; quando acreditamos que não podemos mais conviver com o problema com o qual temos tentado viver. É hora de desligar-se! Você aprenderá a reconhecer quando o desligamento for aconselhável. Um boa regra é: você precisa desligar-se principalmente quando isso parecer a coisa mais impossível de ser feita.

Fecharei este capítulo com uma história verdadeira. Uma noite, por volta da meia-noite, o telefone tocou. Eu já estava na cama e imaginei, enquanto pegava o telefone, quem poderia estar ligando àquela hora. Achei que devia ser uma emergência.

De certa forma, era. Era uma desconhecida. Ela estava telefonando para vários amigos havia horas, tentando encontrar algum tipo de consolo, o que aparentemente não havia sido capaz de encontrar. Alguém lhe deu o telefone de outra pessoa, aquela pessoa deu o telefone de alguém mais, e a última pessoa sugeriu que ela me telefonasse.

Imediatamente após se apresentar, a mulher explodiu num longo discurso. Seu marido costumava ir ao A. A. Ele se separara dela, e agora estava saindo com outra mulher porque queria "encontrar-se". Além disso, antes de deixá-la, ele vinha agindo como louco e não estava indo às reuniões. E, perguntava ela, ele não está agindo como louco ao sair com uma mulher *muito mais jovem do que ele*?

No princípio fiquei muda, depois foi difícil encontrar uma chance para dizer alguma coisa. Ela falava sem parar. Finalmente, ela perguntou:

– Você não acha que ele está doente? Não acha que está louco? Não acha que ele deve fazer alguma coisa?

– Talvez – respondi. – Mas obviamente não posso fazer nada, e você tampouco. Estou mais preocupada é com você. Como *você* está se sentindo? O que *você* acha? O que *você* precisa para cuidar de *si mesma*?

Agora, quero dizer a mesma coisa a você, caro leitor. Sei que tem problemas. Compreendo que possa estar profundamente aflito e preocupado com certas pessoas em sua vida. Elas podem estar destruindo a si próprias, você e à sua família, bem diante de seus olhos. Mas não posso fazer nada para controlar essas pessoas; e é provável que você também não. Se pudesse, certamente já o teria feito.

Desligue-se. Desligue-se com amor ou com raiva, mas esforce-se para se desligar. Sei que é difícil, mas será mais fácil com a prática. Se não conseguir desligar-se completamente, tente "ficar solto".[8] Relaxe. Agora, respire fundo. E concentre-se em você.

Atividade

1. Existe algum problema ou pessoa em sua vida que o esteja preocupando em excesso? Escreva sobre essa pessoa ou problema. Escreva o tanto quanto precisar para desabafar. Quando escrever tudo que precisar sobre a pessoa ou o problema, concentre-se em si mesmo. O que está pensando? O que está sentindo?
2. Como se sente quanto a desligar-se dessa pessoa ou desse problema? O que pode acontecer se você se desligar? O que provavelmente acontecerá de qualquer forma? Como ficar "conectado" – preocupado, obcecado, tentando controlar – tem ajudado até agora?
3. Se não tivesse essa pessoa ou esse problema, o que estaria fazendo de diferente em sua vida? Como estaria se sentindo e comportando? Leve alguns minutos visualizando a si mesmo vivendo sua vida, sentindo-se e comportando-se à sua maneira – apesar de seus problemas não resolvidos. Visualize suas mãos colocando nas mãos de Deus a pessoa ou o problema que o atormenta.[9] Visualize as mãos Dele segurando aquela pessoa suave e carinhosamente ou aceitando desejosamente aquele problema. Agora, visualize as mãos Dele segurando você. Está tudo bem. Tudo está como deveria e precisa estar. Tudo ficará bem – melhor do que você imagina.

6
Não se deixe levar por qualquer vento

Devagar e sempre.

– Slogan do programa dos Doze Passos

Eu sou uma reacionária.

Um dia, em meu escritório, esse pensamento iluminou-se intensamente em minha consciência. Já havia visto pessoas discutirem sobre reações, mas até aquele momento não compreendia o quanto eu reagia.

Eu reagia a emoções, comportamentos, problemas e pensamentos de outras pessoas. Reagia ao que elas *talvez* estivessem sentindo, pensando ou fazendo. Reagia a meus pensamentos, problemas e emoções. Meu ponto forte parecia ser reagir a crises – e achava que quase tudo era crise. Eu reagia demais. O pânico oculto (que beirava a histeria) fervia dentro de mim a maior parte do tempo. Às vezes, eu reagia de menos. Se o problema era muito grande eu quase sempre usava a arma da negação. Reagia a quase tudo que aparecesse em minha consciência e meu ambiente. Minha vida inteira tinha sido uma reação às vidas, aos desejos, aos problemas, aos fracassos, aos sucessos e às personalidades de outras pessoas. Até minha baixa autoestima, que carregava comigo como um saco de lixo imundo, era uma reação. Eu era como uma marionete, com as cordas penduradas, convidando e permitindo a qualquer um que as manobrasse.

A maioria dos codependentes é reacionária. Reagimos com raiva, culpa, vergonha, ódio de nós mesmos, preocupação, mágoa, gestos controladores, cuidado, depressão, desespero e fúria. *Reagimos com medo e ansiedade.* Alguns de nós reagimos tanto que chega a ser doloroso estar perto de alguém, e torturante estar em grandes grupos de pessoas. É normal reagir e responder ao nosso ambiente. Reagir faz parte da vida. Faz parte de interagir, de estarmos vivos e sermos humanos. Mas nos permitimos ficar aborrecidos *demais*, distraídos *demais*. Coisas pequenas, coisas grandes - qualquer coisa - têm o poder de tirar-nos dos trilhos. E a maneira que ficamos depois que reagimos geralmente não é boa para nós.

Podemos ter começado reagindo e contestando rápida e compulsivamente de maneira a nos ferir. Apenas *sentir* rápida e compulsivamente já é o bastante para nos ferir. Mantemo-nos sempre em estado de crise - a adrenalina flui e os músculos se retesam, prontos para reagir a emergências que geralmente não são emergências. Se alguém faz algo, devemos fazer algo de volta. Se alguém diz algo, precisamos dizer algo de volta. Se alguém se sente de certa maneira, precisamos sentir-nos de certa maneira. SALTAMOS SOBRE A PRIMEIRA SENSAÇÃO QUE DESPONTA EM NOSSO CAMINHO E DEPOIS MERGULHAMOS NELA. Pensamos a primeira coisa que nos vem à mente e depois ficamos a elaborá-la. Dizemos as primeiras palavras que se formam em nossa língua e às vezes nos arrependemos. Fazemos a primeira coisa que nos vem à cabeça, geralmente sem pensar. Esse é o problema: reagimos sem pensar honestamente sobre o que precisamos fazer e como queremos lidar com a situação. Nossas emoções e nosso comportamento estão sendo controlados - e disparados - por todos e tudo à nossa volta. Estamos permitindo indiretamente que os outros nos digam o que fazer. Isso significa que perdemos o controle. Estamos sendo controlados.

Quando reagimos, abrimos mão de nosso poder pessoal, dado por Deus, de pensar, de sentir, de nos comportar *em nosso melhor interesse.* Permitimos que outros determinem quando ficaremos felizes; quando ficaremos em paz; quando nos aborreceremos; o que diremos, faremos, pensaremos e sentiremos. Abrimos mão de nosso direito de nos sentir em paz em nossos ambientes. Ficamos como uma folha numa tempestade: ao sabor de qualquer vento.

Aqui está um dos muitos exemplos de como eu costumo reagir: eu trabalho em casa e tenho dois filhos pequenos. Quando estou trabalhando em meu escritório, eles às vezes começam a gritar em outros cômodos da casa – lutam, correm, fazem bagunça, comem e bebem tudo que há na cozinha. Minha primeira e instintiva reação é gritar: "Parem com isso!" Minha segunda reação é gritar mais ainda. Isso acontece naturalmente. Reagir assim parece ser mais fácil do que sair do escritório, passar pela cozinha e ir lá em cima. Também parece mais fácil do que parar para pensar como desejo controlar essa situação. O problema é que gritar e berrar não funciona. Não é realmente mais fácil. Faz a garganta doer e ensina às crianças como me manter sentada e berrando em meu escritório.

Reagir geralmente não funciona. Reagimos rápido demais, com intensidade e pressa demais. Nesse estado de espírito, raramente podemos fazer nosso melhor quanto a qualquer coisa. A ironia é que não temos de fazer nada nesse estado de espírito. Há poucas coisas em nossa vida que não possamos fazer melhor quando estamos calmos. Pouquíssimas situações – não importa o quanto pareçam exigir – podem ser melhoradas quando ficamos frenéticos.

Por que então fazemos isso?

Reagimos porque estamos ansiosos e com medo do que aconteceu, do que pode acontecer e do que está acontecendo.

Muitos de nós reagimos como se tudo fosse uma crise, porque convivemos com tantas crises durante tanto tempo que essa reação se tornou um hábito.

Reagimos porque achamos que as coisas *não deviam* estar acontecendo da forma como estão.

Reagimos porque não nos sentimos bem quanto a nós mesmos.

Reagimos porque a maioria das pessoas reage.

Reagimos porque achamos que devemos.

Não temos de reagir.

Não precisamos ter tanto medo das pessoas. Elas são apenas pessoas como nós.

Não temos de abrir mão de nossa paz. Isso não ajuda nada. Os mesmos fatos e os mesmos recursos estarão disponíveis se estivermos em paz ou neuróticos e desesperados. Na realidade, temos mais recursos disponíveis quando nossas mentes e nossas emoções estão livres para funcionar num nível mais alto.

Não temos de abrir mão de nosso poder de pensar e sentir por ninguém ou por nada. Isso também não é necessário.

Não temos de levar as coisas tão a sério (a nós mesmos, aos acontecimentos e a outras pessoas). Colocamos tudo fora de proporção – nossos sentimentos, pensamentos, ações e erros. Fazemos o mesmo com os sentimentos, pensamentos e ações de outras pessoas. Dizemos a nós mesmos que as coisas são horríveis, terríveis, uma tragédia – o fim do mundo. Muitas coisas podem ser tristes, lastimáveis e desagradáveis, mas a única que é o fim do mundo é o fim do mundo. As emoções são importantes, mas são apenas emoções. Pensamentos são importantes, mas são apenas pensamentos – e todos nós pensamos de formas diferentes, e nossos pensamentos estão sujeitos a mudanças. O que podemos dizer e fazer é importante, o que os outros dizem e fazem é importante, mas o mundo não depende de nenhum discurso ou de nenhuma ação especial. Se for particularmente importante que alguma coisa seja feita ou dita, não se preocupe, isso acontecerá. Anime-se. Dê a si e aos outros espaço para se movimentar, para fazer, para ser quem são – para ser humanos. Dê à vida chance de acontecer. Dê a si mesmo a oportunidade de desfrutar disso.

Não temos de considerar o comportamento de outras pessoas como reflexos de nosso valor próprio. Não temos de nos envergonhar se alguém que amamos escolhe comportar-se indevidamente. É normal reagir dessa forma, mas não temos de continuar a nos sentir envergonhados e *inferiores* se esse alguém continuar a se comportar impropriamente. Cada pessoa é responsável por seu próprio comportamento. Se alguém se comportar mal, deixe que se envergonhe por si mesmo. Se você não fez nada para se sentir envergonhado, não se sinta envergonhado. Sei que é difícil, mas pode ser feito.

Não temos de considerar a rejeição como um reflexo de nosso valor próprio. Se alguém que você julga importante (ou mesmo não tão importante) rejeita você ou suas escolhas, você ainda existe, e é tão importante quanto antes de ser rejeitado. Sinta as emoções que acompanham a rejeição; converse sobre seus pensamentos, mas não abra mão do amor-próprio, de quem você é ou do que tenha feito devido a uma desaprovação ou rejeição por parte de alguém. Mesmo se a pessoa mais importante do mundo o rejeitar, continue a existir e continue bem. Se fez algo errado, precisa resolver algum problema ou mudar seu comportamento, então tome as medidas apropriadas para cuidar de si mesmo. Mas não se rejeite e não dê tanto poder à rejeição de outras pessoas. Isso não é necessário.

Não temos de levar tudo para o lado pessoal. Levamos a sério coisas que não deveríamos. Por exemplo, dizer "se você me amasse, você não beberia" a um alcoólico faz tanto sentido quanto dizer "se você me amasse, você não tossiria" a alguém com pneumonia. As vítimas de pneumonia tossirão até conseguirem curar-se da doença. Os alcoólicos beberão até que o mesmo aconteça. Quando as pessoas com algum distúrbio compulsivo fazem o que são compelidas a fazer, elas não estão dizendo que não amam você – estão dizendo que não amam a si mesmas.

Não temos, tampouco, de tomar as pequenas coisas como afrontas pessoais. Se alguém tem um dia ruim ou fica com raiva, não assuma logo que isso tenha algo a ver com você. Talvez tenha – ou não tenha. Se tiver, você logo descobrirá. Em geral, tudo tem muito menos a ver conosco do que pensamos.

Uma interrupção, o mau humor de alguém, palavras ásperas, um dia ruim, pensamentos negativos, problemas ou alcoolismo ativo não devem controlar ou arruinar nossa vida, nosso dia, nem mesmo uma horinha dele. Se as pessoas não querem estar conosco ou agir saudavelmente, isso não é um reflexo de *nosso* valor próprio. É apenas um reflexo de como *elas* se sentem naquele momento. Praticando o desligamento, podemos reduzir nossas reações destrutivas ao mundo a nossa volta. Separe a si próprio de tudo. Fique em paz, deixe as pessoas serem quem são. Quem é você para dizer que uma interrupção, um mau humor, uma palavra, um dia ruim, um pensamento ou um problema não são parte importante e necessária da vida? Quem é você para saber se, no fim das contas, esse problema não poderá ser benéfico para você ou para alguém?

Não temos de reagir. Temos nossas opções. Essa é a alegria da recuperação da codependência. E cada vez que exercitamos nosso direito de escolher como desejamos agir, pensar, sentir e nos comportar, nos sentimos melhor e mais fortes.

"Mas", você poderia protestar, "por que eu não reagiria? Por que não deveria dizer nada de volta? Por que não deveria estar aborrecido? Ele ou ela merece o tranco da minha reação." Pode ser, mas você, não. Estamos falando aqui sobre sua falta de paz, sua falta de serenidade, de seus momentos desperdiçados. Como Ralph Edwards costumava dizer: "Esta é a sua vida." Como quer vivê-la? Você não estará desligando-se por ele ou por ela. Estará desligando-se por você mesmo. E é bem provável que todos se beneficiem com isso.

Somos como cantores num grande coro. Se o sujeito ao nosso lado desafinar, devemos desafinar também? Não ajudaria mais, a ele e a nós, tentarmos continuar afinados? Podemos aprender a fazer a nossa parte.

Não precisamos eliminar todas as reações às pessoas e aos problemas. As reações podem ser úteis. Ajudam-nos a identificar o que gostamos e o que nos faz sentir bem. Ajudam-nos a identificar problemas dentro e volta à nossa. Mas a maioria de nós reage demais. Muitas das coisas às quais reagimos não passam de bobagens. Não são tão importantes assim, não merecem o tempo e a atenção que lhes damos. Uma das coisas às quais reagimos é a reação de outras pessoas a nós (estou com raiva porque ele ficou com raiva; ele ficou com raiva porque eu estava com raiva; eu fiquei com raiva porque achei que ele estivesse com raiva de mim; ele não estava com raiva, estava magoado porque...).

Nossas reações podem ser uma cadeia de reações onde frequentemente todos acabam aborrecidos e ninguém sabe por quê. Simplesmente ficam aborrecidos. Depois, cada um se descontrola e fica sendo controlado. Às vezes, as pessoas se comportam de certas maneiras para provocar certas reações nossas. Se pararmos de reagir, tiraremos toda a diversão delas. Se nos afastarmos de seu controle, retiramos seu poder sobre nós.

Às vezes, nossas reações levam as pessoas a reagirem de certas formas. Assim, nós as ajudamos a justificarem determinados comportamentos (e não precisamos mais disso, precisamos?). Reagir pode limitar tanto a nossa visão que ficamos presos em reagir a sintomas de problemas. Podemos ficar tão ocupados reagindo que nunca teremos tempo ou energia para identificar o verdadeiro problema, muito menos para descobrir como resolvê-lo. Podemos passar anos reagindo a casos de reincidência de bebida e às crises resultantes, deixando completamente de reconhecer que o verdadeiro problema é o alcoolismo! Aprenda a parar de reagir de formas desnecessárias e que não funcionam. Elimine as reações que o magoam.

Seguem-se algumas sugestões para ajudá-lo a se desligar das pessoas e de suas reações destrutivas perante elas. São apenas sugestões. Não existe fórmula exata para o desligamento. Você precisa descobrir sua própria maneira, a que funcionará para você.

1. Aprenda a reconhecer quando está reagindo, quando está permitindo que alguém ou algo irrite você. Geralmente, quando começar a se sentir ansioso, amedrontado, indignado, irado, rejeitado, com pena de si mesmo, envergonhado, preocupado ou confuso, haverá algo irritando-o. Não estou dizendo que é errado sentir essas emoções. Provavelmente qualquer um se sente assim. A diferença é que estamos aprendendo a decidir por quanto tempo queremos deixar-mo-nos dominar por elas e o que desejamos fazer a esse respeito. Usar as palavras "ele, ela ou aquilo *me fez sentir*" geralmente indica que estamos reagindo. Perder nossa calma e serenidade é provavelmente a maior indicação de que fomos assaltados por algum tipo de reação.

2. Fique à vontade. Quando reconhecer que está no meio de uma reação caótica, diga ou faça o menos possível até que possa voltar a seu nível de calma e serenidade. Faça o que for necessário (a intenção é não ser destrutivo) para relaxar. Respire fundo. Dê um passeio. Assista a um programa de televisão. Arrume a casa. Vá ao banheiro. Vá visitar um amigo ou amiga. Vá a uma reunião do Al-Anon. Leia um livro. Encontre uma forma de se separar emocional, mental e (se necessário) fisicamente do motivo ou da pessoa à qual está reagindo. Encontre uma forma de acalmar sua ansiedade. Não beba ou dirija a 100 quilômetros por hora. Faça algo seguro que ajude a restaurar seu equilíbrio.

3. Examine o que aconteceu. Se for um pequeno incidente, você mesmo pode ser capaz de analisá-lo. Se o problema for sério ou estiver aborrecendo-o seriamente, talvez queira discuti-lo com amigos para ajudar a esclarecer seus pensamentos e emoções. Problemas e emoções ficam violentos quando tentamos mantê-los presos dentro de nós. Converse sobre suas emoções. Assuma a responsabilidade sobre elas. Sinta as emoções que tiver que sentir. Ninguém fez você senti-las. Alguém pode ter contribuído para que se sentisse de determinada forma, mas você sentiu tudo sozinho. Lide com isso. Enfrente isso. Depois, diga a si mesmo a verdade sobre o que aconteceu.[1] Alguém estava tentando irritá-lo? (Quando estou em dúvida entre interpretar algo como um insulto ou uma rejeição, prefiro acreditar que aquilo não teve nada a ver comigo. Isso economiza meu tempo e ajuda a me sentir bem comigo mesma.) Estava tentando controlar alguém ou alguma coisa? Quão sério é o problema ou o caso? Está assumindo a responsabilidade de alguém mais? Está com raiva porque alguém não adivinhou o que realmente queria ou estava tentando dizer? Está levando seu comportamento de forma demasiadamente pessoal? Alguém detonou sua culpa ou sua insegurança? É realmente o fim do mundo ou é apenas triste e decepcionante?

4. Descubra o que precisa fazer para cuidar de si mesmo. Tome suas decisões baseando-se na realidade, e quando estiver calmo. Precisa desculpar-se? Precisa libertar-se? Precisa ter uma conversa de coração aberto com alguém? Precisa tomar algum outro tipo de decisão para cuidar de si mesmo? Quando tomar sua decisão, tenha em mente quais são suas responsabilidades. Você não é responsável por fazer com que outras pessoas "vejam a luz" e não precisa "colocá-las na linha". Você é responsável por ajudar a si mesmo a ver a luz e a se colocar na linha. Se não conseguir ficar calmo para tomar uma decisão, relaxe. Ainda não é hora de tomá-la. Espere até que sua mente esteja clara e suas emoções estejam calmas.

Reduza a velocidade. Não precisa ficar tão assustado. Não precisa ficar tão furioso. Mantenha as coisas em perspectiva. Torne a vida mais fácil para si mesmo.

Atividade

1. Está passando tempo demais reagindo a alguém ou a algo em seu ambiente? A quem ou a quê? Como está reagindo? É assim que se comportaria ou sentiria se tivesse escolha?
2. Reveja os passos anteriores e se desligue do que ou de quem o esteja aborrecendo. Se precisar conversar com alguém, escolha um amigo em quem confie. Se for necessário, procure ajuda profissional.
3. Que atividades o ajudam a sentir-se calmo e confortável? (Uma reunião dos Doze Passos, um banho quente, um bom filme ou dançar são as minhas favoritas.)

7
Liberte-se

Deixe estar e dê sossego a Deus.

– Slogan do programa dos Doze Passos

Dizem que os codependentes são controladores.

Irritamos; damos lição; gritamos; berramos; choramos; imploramos; subornamos; coagimos; rodeamos; protegemos; acusamos; caçamos; fugimos; tentamos convencer; tentamos desconvencer; tentamos pôr a culpa; seduzimos; preparamos armadilhas; vigiamos; demonstramos como estamos magoados; magoamos de volta para que saibam o quanto dói; ameaçamos magoar a nós mesmos; damos ultimatos; fazemos coisas; recusamo-nos a fazer coisas; saímos porta afora; nos vingamos; ficamos quites; choramingamos; ficamos furiosos; fingimos ser indefesos; sofremos em "silêncio"; tentamos agradar; mentimos; fazemos pequeninas coisas às escondidas; fazemos coisas grandes às escondidas; batemos no peito e ameaçamos morrer; arrancamos os cabelos e ameaçamos ficar loucos; batemos no peito e ameaçamos matar; pedimos ajuda a amigos; medimos as palavras demais; dormimos com alguém; recusamo-nos a dormir com alguém; temos filhos com alguém; barganhamos; arrastamos alguém para a ajuda profissional; arrastamos alguém para fora da ajuda profissional; falamos sério sobre o assunto; insultamos; condenamos; rezamos por milagres; pagamos por milagres; vamos a lugares aonde não queremos ir; não vamos a lugar nenhum; supervisionamos; ditamos; comandamos;

reclamamos; escrevemos cartas para alguém; escrevemos cartas sobre alguém; ficamos em casa e esperamos; saímos e procuramos; pedimos a todos para procurar; andamos à noite por becos escuros esperando encontrar; andamos por becos escuros à noite esperando pegar; corremos à noite em becos escuros fugindo de alguém; trazemo-la de volta para casa; trancamo-la em casa; trancamo-la fora de casa; mudamo-nos para longe; mudamos para viver com ela; repreendemos; impressionamos; aconselhamos; ensinamos lições; deixamos claro; insistimos; desistimos; aplacamos; provocamos; tentamos causar ciúmes; tentamos causar medo; lembramos; inquirimos; adivinhamos; procuramos nos bolsos; procuramos nas carteiras; procuramos nas gavetas; no porta-luvas; na descarga do banheiro; tentamos prever o futuro; procuramos enxergar o passado; ligamos para parentes; argumentamos; acabamos com aquele assunto de uma vez por todas; e de novo; punimos; recompensamos; quase desistimos; depois tentamos mais ainda; e uma lista de outras manobras de que me esqueci ou ainda não tentei.

Não somos o tipo de pessoa que "faz as coisas acontecerem". Codependentes são pessoas que, consistentemente, e, com grande esforço e energia, tentam forçar as coisas a acontecerem.

Controlamos em nome do amor.

Fazemos isso porque estamos "apenas tentando ajudar".

Porque sabemos melhor como as coisas devem ser e como as pessoas devem comportar-se.

Porque estamos certos e eles estão errados.

Porque temos medo de não fazer isso.

Porque não sabemos mais o que fazer.

Para parar a dor.

Controlamos porque achamos que temos de controlar.

Controlamos porque não pensamos.

Controlamos porque é só nisso que pensamos.

Finalmente, controlamos porque é assim que sempre fizemos as coisas.

Tirânicos e dominadores, alguns controlam com mão de ferro, sentados em trono designado por si mesmos. São poderosos. Sabem tudo. E, queira ou não queira, tal coisa será feita de tal maneira. Eles farão com que seja assim.

Já outros fazem seus trabalhinhos sujos às escondidas. Escondem-se atrás da doçura e da bondade, e vão cuidando secretamente das coisas – DAS COISAS DOS OUTROS.

Outros, suspirando e chorando, alegam incapacidade, proclamam sua dependência, anunciam total submissão e, por meio da fraqueza, controlam com sucesso. São *tão* indefesos. Precisam *tanto* de cooperação. Não podem viver sem isso. Às vezes, os fracos são os mais poderosos manipuladores e controladores.[1] Eles aprenderam a ir a reboque da culpa e da piedade do mundo.

Muitos codependentes também combinam táticas, usando uma variedade de métodos. Tudo que funcionar! (ou, mais exatamente, tudo que não funciona, embora continuemos a desejar que sim).

Apesar das táticas, os objetivos são os mesmos. Fazer com que as pessoas façam o que você quer que façam. Fazê-las comportarem-se como você acha que devam. Não deixá-las comportarem-se como acha que não devam, mas como provavelmente se comportariam sem sua "assistência". Forçar os acontecimentos da vida a se desemaranharem e se desenrolarem da maneira e na hora que você designar. Não deixar que o que esteja acontecendo, ou possa acontecer, aconteça. Agarrar firme e não soltar. Nós escrevemos e dirigimos a peça para que os atores se comportem e as cenas se desenvolvam exatamente como decidimos que devam. Não importa se continuamos a resistir à realidade. Se continuarmos atacando com suficiente insistência, poderemos (acreditamos) parar o fluxo da vida, transformar as pessoas e mudar as coisas à nossa maneira.

Estamos enganando a nós mesmos.

Deixe-me contar-lhe sobre Maria. Ela se casou com um homem que se transformou em alcoólico. Alcoólico de grandes bebedeiras esporádicas. Não bebia todos os dias, todos os fins de semana ou todos os meses, mas quando bebia... era pra valer. Ficava bêbado durante dias, às vezes semanas. Começava bebendo às 8 horas e bebia até perder os sentidos. Vomitava para todo lado, esbanjava as finanças da família, perdia empregos e criava um caos insuportável. Entre as bebedeiras, a vida tampouco era perfeita. A sensação de desgraça e ressentimentos não resolvidos pairava no ar. Outros problemas não resolvidos, resíduos das bebedeiras, amontoavam-se descontroladamente em suas vidas. Não conseguiam nunca ficar à frente dos desastres. Estavam sempre recomeçando com um monte de problemas. Mas, para Maria e seus três filhos, era melhor quando o marido não estava bebendo. Havia esperança de que daquela vez fosse tudo diferente.

Nunca era diferente. Durante anos, cada vez que Maria virava as costas, o marido embebedava-se. Quando ela viajava num fim de semana, quando ia para o hospital ter bebê, quando ele viajava ou estava longe do controle dela por alguma razão, ele bebia.

Quando Maria voltava ou o impedia de beber o que estivesse bebendo, ele imediatamente deixava de beber. Maria descobriu que a chave da sobriedade do marido era a sua presença. Ela conseguia controlar a bebida dele (e toda a dor que isso causava) ficando perto de casa e vigiando-o. Porque aprendeu esse método de controle, e, por causa da vergonha, do constrangimento, da ansiedade e do trauma que acompanhavam a codependência, Maria se tornou uma reclusa. Recusava oportunidades de viajar, recusava-se a ir às conferências da igreja que frequentava. Até deixar a casa por algo mais além de ir ao supermercado, começava a ameaçar o equilíbrio que ela havia criado – ou pensava que havia criado. Apesar de seus esforços determinados e desesperados, seu marido ainda encontrava oportunidades para beber. Encontrava formas de beber em casa sem ela saber, e bebia quando ela tinha de passar a noite fora.

Depois de uma bebedeira particularmente destrutiva, o marido de Maria informou-lhe que a desastrosa situação financeira em que se encontravam era o motivo por que bebia. (Ele deixou de mencionar que suas bebedeiras haviam causado a desastrosa situação financeira.) Disse que, se ela arranjasse um emprego e ajudasse financeiramente, ele não teria motivo para beber. A pressão relaxaria. Maria pensou, depois relutantemente concordou. Tinha medo de deixar a casa e se preocupava em poder arranjar alguém responsável para tomar conta das crianças. Não se sentia emocional ou mentalmente capaz de trabalhar. E, principalmente, se ressentia por ter de trabalhar para ganhar um dinheiro extra, quando o marido era tão irresponsável. Mas valia a pena tentar. Tudo para manter aquele homem sóbrio!

Pouco tempo depois, Maria arranjou um emprego de secretária num escritório de advocacia. Ela se saiu bem - melhor do que imaginara. Codependentes são ótimos empregados. Não se queixam; fazem mais do que devem; fazem tudo que lhes pedem; agradam as pessoas; tentam fazer seu trabalho perfeitamente - pelo menos por um tempo, até se tornarem raivosos e ressentidos.

Maria começou a sentir-se um pouco melhor quanto a si mesma. Gostava do contato com as pessoas - algo que sentira falta por toda sua vida. Gostava da sensação de ganhar o próprio dinheiro (embora ainda se ressentisse de irresponsabilidade financeira do marido). E seus patrões gostavam dela. Deram-lhe mais responsabilidades e estavam a ponto de promovê-la para uma posição de estabilidade, mas Maria começou a sentir aquela conhecida ansiedade - o sinal de que o marido estava para beber de novo.

Essa sensação durou dias. Então, um dia, pegou-a com força total. Maria telefonou para o marido. Ele não estava no trabalho, onde devia estar. O patrão dele não sabia onde estava. Ela deu mais alguns telefonemas. Ninguém sabia onde ele estava. Ela passou o dia roendo as unhas, dando telefonemas desesperados, mas esperando que os colegas não enxergassem através de sua máscara de "tudo está bem - não há problemas". Naquela noite, quando chegou em casa, descobriu que o marido não estava lá e não tinha pegado as crianças na creche, como deveria. As coisas estavam novamente fora de controle. Ele estava bebendo de novo. Na manhã seguinte, ela largou o emprego - saiu sem dizer nada. Às 10 horas, estava de volta em casa - vigiando o marido.

Anos depois ela contou: "Eu achava que tinha de fazer aquilo. Tinha de manter as coisas sob controle - MEU CONTROLE."

Maria aprendeu que não estava controlando o marido ou sua bebida. Ele e seu alcoolismo é que a estavam controlando.

Esse ponto ficou mais claro para mim numa noite em que fui a coordenadora de um grupo familiar num centro de tratamento. (Muitos dos meus clientes são espertos – mais espertos do que eu. Aprendi demais ouvindo-os.) Durante a reunião, a esposa de um alcoólico disse abertamente a seu marido – um sujeito que tinha passado muitos anos de seu casamento bebendo, desempregado ou preso:

– Você me acusa de tentar controlá-lo, e acho que está certo – disse ela. – Já fui com você a bares para que não bebesse tanto. Deixei-o vir para casa quando estava bêbado e violento, para que não bebesse mais ou ferisse a si mesmo. Já medi suas bebidas, bebi com você (e odeio beber), escondi suas garrafas e levei-o às reuniões dos Alcoólicos Anônimos. Mas a verdade – acrescentou – é que você sempre me controlou. Com todas aquelas cartas da prisão dizendo o que eu queria ouvir. Com todas aquelas promessas, todas aquelas palavras. Cada vez que estou prestes a deixá-lo, a ir embora para sempre, você faz coisas ou diz as palavras certas para que eu não vá. Sabe muito bem o que desejo ouvir e diz tudo direitinho. Mas você nunca muda. E nunca teve intenção de mudar. Só quer me controlar.

Ele deu um meio-sorriso e concordou.

– Sim, tenho tentado controlar você. E tenho feito um bom trabalho quanto a isso – disse ele.

Quando tentamos controlar as pessoas e as coisas que não nos compete controlar, nós somos controlados. Abrimos mão de nosso poder de pensar, de sentir e de agir da melhor forma. Frequentemente perdemos o controle de nós mesmos. Em geral, estamos sendo controlados não apenas pelas pessoas, mas por doenças como o alcoolismo, distúrbios alimentares e de jogar compulsivamente. O alcoolismo e outras desordens destrutivas são forças poderosas. Nunca se esqueça de que os alcoólicos e outras pessoas que sofreu de distúrbios são especialistas em controlar. Enfrentamos nosso maior inimigo quando tentamos controlar a eles ou à sua doença. Perdemos as batalhas. Perdemos as guerras. Perdemos a nós mesmos – as nossas vidas. Tomando um pouquinho emprestado de Al-Anon: você não causou isso; não pode controlar isso; e não pode curar isso.

Então pare de tentar! Ficamos totalmente frustrados quando tentamos fazer o impossível. E geralmente evitamos que o possível aconteça. Acredito que me agarrar a uma pessoa ou a uma coisa, ou forçar meu desejo em dada situação, elimina a possibilidade de que meu Poder Superior faça qualquer coisa construtiva quanto a uma situação, a uma pessoa ou a mim. Meu controle bloqueia o poder de Deus. Bloqueia a capacidade de outras pessoas crescerem. Evita que tudo aconteça naturalmente. Evita que se desfrute das pessoas ou das coisas.

Controlar é uma ilusão. Não funciona. Não podemos controlar o alcoolismo. Não podemos controlar os comportamentos compulsivos de ninguém – comer demais, desvios sexuais, jogar – ou qualquer de seus comportamentos. Não podemos (e não compete a nós) controlar as emoções, a mente ou as escolhas de ninguém. Não podemos controlar o desfecho dos acontecimentos. Não podemos controlar a vida. Alguns mal podem controlar a si mesmos.

No final, as pessoas fazem o que desejam. Sentem o que desejam sentir (ou como estão se sentindo); acham o que querem achar; fazem as coisas que acham que precisam fazer; e só mudarão quando estiverem prontas. Não importa se elas estão erradas e nós, certos. Não importa se estão prejudicando a si mesmas. Não importa se poderíamos ajudá-las se elas nos ouvissem e cooperassem conosco. NÃO IMPORTA, NÃO IMPORTA, NÃO IMPORTA, NÃO IMPORTA.

Não podemos mudar as pessoas. Quaisquer tentativas de controlá-las são ilusão e desilusão. Elas ou resistirão ou redobrarão os esforços para provar que não podemos controlá-las. Talvez se adaptem temporariamente às nossas demandas, mas no momento em que virarmos as costas voltarão ao seu estado natural. E, além disso, nos punirão por levá-las a fazer algo que não querem fazer, ou por serem alguém que não desejam. Nenhum controle conseguirá uma mudança permanente ou desejável em outra pessoa. Às vezes, podemos fazer coisas que aumentem a probabilidade de que elas queiram mudar, mas não podemos nem mesmo garantir ou controlar isso.

Essa é a verdade. Que lástima. Às vezes, é difícil aceitar, principalmente quando a pessoa que você ama está prejudicando a si mesma – e a você. Mas é assim que as coisas são. A única pessoa que você pode ajudar a mudar ou conseguir mudar é você mesmo. A única pessoa que é seu problema controlar é você mesmo.

Desligue-se. Desista. Às vezes, quando se faz isso, o resultado que esperamos e desejamos acontece rapidamente, quase milagrosamente. Às vezes, não. Às vezes, nunca acontece. Mas você se beneficiará. Você não precisa deixar de se importar ou de amar. Não tem de tolerar abusos. Não tem de abandonar métodos construtivos de resolver problemas, como uma intervenção profissional. Só precisa colocar suas mãos emocionais, mentais, espirituais e físicas de volta em seus bolsos e deixar as coisas e as pessoas em paz. Deixe-as sossegadas. Tome as decisões que precise tomar para cuidar de si mesmo, mas não para controlar outras pessoas. Comece tomando conta de si mesmo!

– Mas isso é tão importante para mim – protestam muitas pessoas. – Não posso me desligar.

Se é tão importante para você, então é mais uma razão para se desligar.

Uma grande sabedoria sobre desligamento aprendi com as crianças – meus filhos. Às vezes, meu filho mais novo, Shane, quando me abraça, me aperta demais e por muito tempo. Ele começa a cair sobre mim. Perco o equilíbrio e fico impaciente para que me solte. Começo a resistir a ele. Talvez ele faça isso para manter-se perto de mim mais um pouco. Talvez seja uma forma de me controlar. Não sei. Uma noite, quando ele fez isso, minha filha nos olhava, até que ficou irritada e impaciente.

– Shane – disse ela – há uma hora em que se deve soltar.

Para cada um de nós, há uma hora para se soltar. Você saberá quando ela chegar. Quando tiver feito tudo o que pode, será hora de desligar. Examine seus sentimentos. Enfrente o medo de perder o controle. Assuma o controle de si mesmo e de suas responsabilidades. Deixe os outros livres para que sejam quem são. Fazendo isso, você também se libertará.

Atividade

1. Há algum acontecimento ou pessoa em sua vida que você esteja tentando controlar? Por quê? Escreva alguns parágrafos sobre isso.
2. De que forma (mental, física, emocional etc.) você está sendo controlado por alguma coisa ou por alguém que *você* esteja tentando controlar?
3. O que aconteceria (a você e à pessoa) se você se desligasse dessa situação ou dessa pessoa? O que poderia acontecer de qualquer maneira, apesar de suas tentativas de controlar? Como você se beneficia ao tentar controlar a situação? Como a outra pessoa se beneficia com suas tentativas de controle? Quão eficientes são suas tentativas de controlar os acontecimentos?

8
Acabe com a vítima

Somos muito cuidadosos para que ninguém fique magoado.
Isto é, ninguém, menos nós mesmos.

– Frequentador do Al-Anon

Quando já estava havia mais ou menos um ano recuperando-me da codependência, descobri que ainda fazia repetidamente algo que me afligia. Desconfiava que esse comportamento tinha algo a ver com a razão pela qual meus relacionamentos nunca davam certo. Mas eu não conseguia descobrir o que eu estava fazendo, por isso não podia deixar de fazê-lo.

Um belo dia, enquanto caminhava com meu amigo Scott, vireime para ele e perguntei:

– O que os codependentes fazem sempre? O que fazemos para continuar a nos sentir tão mal?

Ele pensou um instante antes de responder:

– Os codependentes são tomadores de conta, são salvadores. Eles salvam, depois perseguem, depois terminam sendo vítimas. Estude o Triângulo de Dramas de Karpman – disse ele.

O Triângulo de Dramas de Karpman e os correspondentes papéis de salvador, perseguidor e vítima são trabalho e pesquisa de Stephen B. Karpman.[1]

O que Scott disse não fazia sentido, mas fui para casa, peguei alguns livros de terapia que juntavam poeira nas estantes e estudei-os.[2] Depois de algum tempo, uma luz se acendeu em minha mente. Consegui enxergar. Compreendi. E senti-me como se tivesse descoberto o fogo.

Então era isso. Assim era o meu comportamento. Assim é o *nosso* comportamento. É isso que repetidamente fazemos com amigos, parentes, conhecidos, clientes ou qualquer um à nossa volta. Como codependentes podemos fazer muitas coisas, mas esse padrão corresponde ao que fazemos melhor e com mais frequência. É a nossa reação favorita.

Nós somos os salvadores, os capacitadores. Somos os bisavós ou padrinhos do mundo inteiro, como diz Earnie Larsen. Não somente satisfazemos às necessidades das pessoas; nós as adivinhamos. Nós consertamos, educamos e nos preocupamos com os outros. Nós fazemos melhor, resolvemos e atendemos. E fazemos tudo isso muito bem. "Seu desejo é uma ordem", é nosso lema. "Seu problema é meu problema", é nosso ditado. Nós somos aqueles que tomam conta.

O QUE É UM SALVAMENTO?

Salvar e *tomar conta* significam quase o que parecem dizer. Salvamos as pessoas de suas responsabilidades. Tomamos conta das responsabilidades delas. Depois ficamos com raiva *delas* pelo que *nós* fizemos. Então nos sentimos usados e com pena de nós mesmos. Esse é o padrão, o triângulo.

Salvar e tomar conta são sinônimos. Suas definições estão estreitamente ligadas a capacitar. *Capacitar* é um jargão terapêutico que significa uma forma destrutiva de ajuda. Quaisquer atos que contribuam para que o alcoólico continue a beber, para evitar que o alcoólico sofra consequências, ou para de alguma forma fazer com que seja mais fácil para ele continuar a beber são considerados comportamentos capacitadores.

Segundo o terapeuta Scott Egleston, salvamos sempre que assumimos a responsabilidade por outro ser humano – pelos seus pensamentos, emoções, decisões, comportamento, crescimento, bem-estar, problemas ou destino. Constitui salvar ou tomar conta:

- Fazer algo que realmente não queremos fazer.
- Dizer sim quando queremos dizer não.
- Fazer algo para alguém, embora essa pessoa seja capaz e devesse estar fazendo isso por si mesma.
- Atender às necessidades das pessoas sem que isso nos tenha sido solicitado antes ou que tenhamos concordado em fazê-lo.
- Fazer mais do que nos foi solicitado.
- Dar substancialmente mais do que recebemos numa determinada situação.
- Consertar os sentimentos das pessoas.
- Pensar por outras pessoas.
- Falar por outras pessoas.
- Sofrer as consequências por outras pessoas.
- Resolver os problemas de outras pessoas.
- Numa atividade em conjunto, dedicar mais interesse e esforço que outra pessoa.
- Não pedir o que precisamos ou desejamos.

Sempre que tomamos conta de outra pessoa estamos salvando.

Quando estamos salvando ou tomando conta, experimentamos uma ou mais dessas sensações: desconforto e nervosismo pelo dilema de outra pessoa; necessidade de fazer algo; pena; culpa; santidade; ansiedade; extrema responsabilidade *por* aquela pessoa ou problema; medo; sensação de estar sendo forçado ou compelido a fazer algo; leve ou acentuada relutância em fazer qualquer coisa; crença de sermos mais competentes do que a pessoa a quem estamos "ajudando"; ou ressentimento ocasional por termos sido colocados nessa posição. Também achamos que a pessoa de quem estamos tomando conta está desamparada e incapaz de fazer o que estamos fazendo por ela. Sentimos que temporariamente necessitam de nós.

Não estou me referindo a atos de amor, bondade, compaixão e verdadeira ajuda – situações onde nossa assistência é legitimamente desejada e necessitada, e quando queremos dá-la. Esses atos são as coisas boas da vida. Salvar ou tomar conta, não.

Tomar conta assemelha-se a um ato mais amistoso do que é na realidade. Requer incompetência por parte da pessoa da qual estamos cuidando. Salvamos "vítimas" – pessoas que não são capazes de ser responsáveis por si mesmas. As vítimas na verdade são capazes de tomar conta de si mesmas, embora nós e elas não admitamos isso. Nossas vítimas em geral estão apenas penduradas naquela ponta do triângulo, esperando que pulemos para o triângulo com elas.

Depois que salvamos, inevitavelmente passaremos para a ponta seguinte do triângulo: a perseguição. Ficamos ressentidos e irados com a pessoa que tão generosamente "ajudamos". Fizemos algo que não queríamos fazer, fizemos algo que não era nossa responsabilidade de fazer, ignoramos nossas próprias necessidades e desejos e depois sentimos raiva. Para complicar as coisas, a vítima, essa pobre pessoa que salvamos, não é grata por nossa ajuda. Não reconhece suficientemente o sacrifício que fizemos. A vítima não está se comportando da maneira que deveria. Não está nem mesmo aceitando nossos conselhos, que oferecemos tão prestimosamente. Não está nos deixando fixar esse sentimento. Algo não está funcionando direito ou parece não estar certo, então jogamos fora nossa auréola de santos e empunhamos o forcado.

As pessoas, às vezes, não notam ou preferem não notar nosso mau humor. Às vezes, fazemos o possível para escondê-lo. Às vezes, o deixamos solto com a força total de nossa fúria; fazemos isso principalmente com nossos familiares. Há algo com a família que tende a expor nosso *verdadeiro ego*. Quer demonstremos, escondamos total ou parcialmente a irritação e o ressentimento, NÓS SABEMOS o que está acontecendo.

Na maioria das vezes, as pessoas que salvamos sentem de imediato nossa mudança de temperamento. Elas a veem chegar. É apenas a desculpa que precisavam para se voltar contra nós. É a vez de *elas* ocuparem a ponta da perseguição. Isso pode anteceder, acontecer ao mesmo tempo ou acompanhar nossa raiva. Às vezes, as vítimas reagem à nossa raiva. Geralmente, é uma reação por assumirmos responsabilidade por aquela pessoa, o que direta ou indiretamente diz a ela o quanto a julgamos incompetente. E ela ressente-se conosco por adicionarmos insulto à injúria, quando ficamos com raiva dela depois de lhe revelar sua incompetência.

Então é chegada a hora de nosso movimento final. Vamos diretamente para nosso lugar favorito: a ponta da vítima, *lá embaixo do triângulo*. É o resultado previsível e inevitável do salvamento. Os sentimentos de desespero, mágoa, tristeza, vergonha e autocompaixão abundam. Fomos usados – de novo. Não fomos reconhecidos – de novo. Tentamos tanto ajudar as pessoas, ser boas para elas. Gememos: "Por quê? Por que isso SEMPRE acontece comigo?" A outra pessoa nos esmagou, nos pisou. Pensamos: seremos sempre vítimas? Provavelmente, se não pararmos de salvar ou de tomar conta.

Muitos codependentes, em alguma época de suas vidas, *foram* verdadeiras vítimas – de abuso, negligência, abandono, alcoolismo ou qualquer outra situação que possa prejudicar as pessoas. Fomos, em alguma época, realmente incapazes de assegurar nossa proteção ou de resolver nossos problemas. Algo surgiu em nosso caminho, algo que não pedimos e que nos magoou terrivelmente. Isso é triste, realmente triste. Mas o mais triste é o fato de que muitos começamos a nos ver como vítimas. Nossa dolorosa história se repete. Como tomadores de conta, permitimos que as pessoas nos transformem em vítimas, e participamos de nossa transformação em vítimas quando salvarmos as pessoas perpetuamente. Salvar ou tomar conta não é um ato de amor. O Triângulo de Dramas é um triângulo de ódio. Ele encoraja e mantém o auto-ódio e prejudica nossos sentimentos por outras pessoas.

O triângulo e as mudanças de papéis do salvador, perseguidor e vítima são um processo visível que atravessamos. O papel muda e as mudanças emocionais ocorrem conosco tão intensa e seguramente como se estivéssemos lendo um roteiro. Podemos completar o processo em segundos, sentindo apenas leves emoções quando trocamos de papéis. Ou podemos levar anos para completar o triângulo e realmente chegar ao ponto de uma grande explosão. Podemos salvar umas vinte vezes por dia, e muitos fazem isso.

Deixe-me ilustrar um salvamento. Uma amiga era casada com um alcoólico. Quando ele bebia, ela dirigia pela cidade inteira, pedindo ajuda a amigos, e procurava o marido até encontrá-lo. Ela geralmente se sentia caridosa, preocupada e com pena dele – sinais de que um salvamento estava prestes a acontecer – até que o levava para casa e o punha na cama – ficando responsável por ele e por sua sobriedade. Quando a cabeça dele encostava no travesseiro, as coisas mudavam. Ela se colocava na posição de perseguidor. Não queria aquele homem em sua casa. Esperava que ele choramingasse durante dias sobre o quanto estava doente. Ele era incapaz de assumir suas responsabilidades perante a família e geralmente agia lamentavelmente. Tinha feito isso tantas vezes! Então ela voltaria a persegui-lo de novo, começando com pequenas farpas e terminando com uma explosão de raiva. Ele toleraria sua perseguição por algum tempo, antes de passar de vítima desamparada para perseguidor vingativo. Ela então entraria no papel de vítima. Autocompaixão, sensação de desamparo, vergonha e desespero estabeleciam-se. Essa era a história de sua vida, choramingava ela. Depois de tudo que tinha feito por ele, como ele podia tratá-la dessa maneira? Por que isso sempre acontecia com ela? Ela se sentia vítima das circunstâncias, vítima do comportamento inominável do marido, vítima da vida. Nunca lhe ocorreu que era também vítima de si mesma e de seu próprio comportamento.

Aqui está outro exemplo de salvamento. Num verão, uma amiga quis que eu a levasse a uma fazenda de maçãs. A princípio eu queria ir, e marcamos uma data. Entretanto, quando o dia se aproximou, eu estava extremamente ocupada. Telefonei para ela e, em vez de dizer-lhe que não queria ir, pedi-lhe para adiar o passeio. Senti-me culpada e responsável por seus sentimentos – outro salvamento a caminho. Não podia desapontá-la porque achava que ela não conseguiria aceitar isso ou ser responsável por seus sentimentos. Não queria dizer a verdade porque achei que ela poderia ficar com raiva de mim – mais responsabilidade emocional –, como se a raiva de alguém fosse problema meu. O outro fim de semana chegou e encaixei a viagem no meio da minha agenda cada vez mais cheia. Mas não queria ir. Nem mesmo precisava de maçãs; tinha duas gavetas na geladeira cheias delas. Antes de parar o carro diante da casa dela eu já tinha assumido o papel de perseguidora. Enchi-me de pensamentos tensos e ressentidos enquanto nos dirigíamos para a fazenda de maçãs. Quando chegamos ao pomar e começamos a colher e a provar as maçãs, tornou-se evidente que nenhuma de nós estava se divertindo. Depois de alguns minutos, minha amiga virou-se para mim e disse:

– Eu realmente não quero nenhuma maçã. Comprei maçãs na semana passada. Só vim porque achei que você quisesse vir e não quis ferir seus sentimentos.

Esse exemplo é somente um dos milhares de salvamentos aos quais me dediquei na vida. Quando comecei a compreender esse processo, vi que passei a maior parte de meus momentos de vigília saltitando nas pontas desse triângulo, assumindo responsabilidade por tudo e por todos, além de mim. Às vezes, conseguia grandes salvamentos; às vezes, pequenos. Minhas amizades começavam, prosseguiam e finalmente interrompiam-se de acordo com a progressão do salvamento. Salvar imiscuía-se em minhas relações com parentes e clientes. Mantinha-me tonta a maior parte do tempo.

Dois codependentes num relacionamento podem realmente pregar peças um ao outro. Imagine duas pessoas que gostem de agradar tendo um relacionamento. Agora, imagine-as quando ambas querem terminar o relacionamento. Como diz Earnie Larsen, elas farão coisas horríveis. Quase destruirão uma à outra e a si mesmas antes de parar de salvar e dizer: "Quero terminar."

Como codependentes, passamos muito de nosso tempo salvando. Tentamos provar que podemos dar mais do que Deus. Geralmente, posso identificar um codependente com apenas cinco minutos de conversa. Ele me oferecerá conselho não solicitado ou continuará conversando, embora obviamente esteja sem jeito e deseje interromper a conversa. A pessoa inicia o relacionamento assumindo responsabilidade pelo outro e não por si mesma

Alguns de nós nos cansamos tanto dessa enorme carga – responsabilidade total por todos os seres humanos – que passamos por cima dos sentimentos de piedade e preocupação, que acompanham o ato de salvar, e assumimos logo a raiva. Ficamos com raiva o tempo todo;

ficamos com raiva e ressentimento da vítima em potencial. Alguém com uma necessidade ou problema nos faz sentir que temos de fazer alguma coisa por ela ou nos sentir culpados. Depois de um salvamento, não fazemos mistério sobre nossa hostilidade quanto a essa situação desconfortável. Tenho visto frequentemente isso acontecer com pessoas em profissões de ajuda. Depois de muitos anos de salvamentos – dando muito e recebendo pouco em troca –, muitos especialistas em ajuda adotam uma atitude hostil em relação a seus clientes. Podem continuar a "ajudá-los", mas segundo alguns psicólogos, geralmente abandonam a profissão sentindo-se terrivelmente vitimizados.

Tomar conta não ajuda; causa problemas. Quando tomamos conta de pessoas e fazemos coisas que não queremos fazer, ignoramos nossos próprios desejos, necessidades e sentimentos. *Nos* colocamos de lado. Às vezes, ficamos tão ocupados tomando conta das pessoas que colocamos toda nossa vida em suspenso. Muitos tomadores de conta são ocupados e comprometidos demais e não gostam de nada do que fazem. Os tomadores de conta parecem muito responsáveis, mas não somos. Não assumimos responsabilidade por nossa maior responsabilidade: nós mesmos.

Sempre damos muito mais do que recebemos, e depois nos sentimos explorados e negligenciados. Não conseguimos imaginar por que – se sempre antecipamos as necessidades dos outros – ninguém repara nas *nossas* necessidades. Podemos ficar seriamente deprimidos por não conseguir satisfazer as nossas necessidades. Mas, mesmo assim, um bom tomador de conta se sente mais seguro quando dá; sentimo-nos culpados e desconfortáveis quando alguém nos dá algo ou quando fazemos algo para atender às nossas necessidades. Os codependentes podem às vezes tornar-se tão fechados no papel de tomadores de conta que ficamos inconsoláveis e nos sentimos rejeitados quando não podemos tomar conta ou salvar alguém – quando alguém se recusa a ser "ajudado".

O pior aspecto de tomar conta é quando nos tornamos vítimas. Acredito que muitos comportamentos autodestrutivos sérios – dependência química, distúrbios alimentares, desvios sexuais – são desenvolvidos por causa desse papel de vítima. Como vítimas, atraímos pessoas perversas. Achamos que precisamos de alguém para tomar conta de nós porque nos sentimos desamparados. Alguns tomadores de conta finalmente procuram alguém ou alguma instituição para serem cuidados mental, física, financeira ou emocionalmente.

Por que – você pode perguntar – pessoas aparentemente racionais se dedicam a esse salvamento? Por muitas razões. A maioria não está consciente do que faz. A maioria de nós realmente acredita que está ajudando. Alguns acreditam que têm de salvar. Temos ideias confusas sobre o que constitui ajuda. Muitos de nós estamos convencidos de que salvar é um ato caridoso. Podemos até achar cruel e impiedoso fazer algo tão insensível como permitir que uma pessoa tenha ou enfrente um sentimento legítimo, sofra uma consequência, fique desapontada por ouvir "não", seja solicitada a atender aos nossos desejos e necessidades e seja totalmente responsável por si própria neste mundo. Não importa se certamente terão de pagar um preço por nossa "ajuda" – um preço tão ou mais cruel do que qualquer sentimento que possam estar enfrentando.

Muitos de nós não sabemos direito pelo que ou não somos responsáveis. Podemos achar que temos de entrar em parafuso quando alguém tem um problema, porque isso é nossa responsabilidade. Às vezes ficamos tão doentes por nos sentir responsáveis por tantas coisas que rejeitamos toda responsabilidade e nos tornamos completamente irresponsáveis.

Contudo, lá no fundo da maioria dos salvadores há um demônio: a autoestima baixa. Salvamos porque não nos sentimos bem com nós mesmos. Tomar conta nos proporciona uma sensação temporária de bem-estar, de valor próprio e de poder, embora seja um sentimento transitório e artificial. Assim como um gole ajuda o alcoólico a sentir-se por um instante melhor, um salvamento nos distrai momentaneamente da dor de ser quem somos. Não nos sentimos merecedores de amor, então nos conformamos em sermos necessitados pelos outros. Não nos sentimos bem sobre nós mesmos, então nos compelimos a fazer algo para *provar* que somos bons.

Salvamos porque também não nos sentimos bem quanto às outras pessoas. Às vezes, justificadamente ou não, decidimos que certas pessoas simplesmente não podem ser responsáveis por si mesmas. Embora isso possa parecer verdade, não corresponde ao fato. A menos que tenha um dano cerebral, um sério defeito físico ou seja uma criança, todos podem ser responsáveis por si mesmos.

Às vezes, salvamos porque é mais fácil do que lidar com o aborrecimento e a dificuldade de ver os problemas dos outros sem resolvê-los. Não aprendemos a dizer:

– Que pena que você esteja com um problema. Em que posso ajudar?

Aprendemos a dizer:

– Deixe-me resolver isso *por* você.

Alguns de nós aprendemos a ser tomadores de conta quando éramos crianças. Talvez tenhamos sido quase forçados a isso como resultado de viver com um pai ou uma mãe alcoólicos ou com outro problema de família. Podemos ter começado a tomar conta mais tarde, como resultado de um relacionamento com um alcoólico ou outra pessoa que se recusava ou parecia incapaz de cuidar de si mesma. Decidimos viver – ou sobreviver – da melhor forma possível, "pagando o pato" e assumindo as responsabilidades de outras pessoas.

Muitos codependentes aprenderam outras formas de tomar conta. Talvez alguém nos tenha ensinado as seguintes mentiras, e acreditamos nelas: não seja egoísta, seja sempre bom e ajude as pessoas, nunca fira os sentimentos alheios, nunca diga não, não é educado mencionar seus desejos e suas necessidades pessoais.

Podemos ter sido ensinados a ser responsáveis por outras pessoas, mas não por nós mesmos. A algumas mulheres foi ensinado que esposas e mães ideais são as que tomam conta. Esperava-se e exigia-se delas que tomassem conta. Era seu dever. Alguns homens acreditam que bons maridos e pais tomam conta – super-heróis responsáveis por satisfazer cada necessidade de cada membro da família.

Às vezes, estabelece-se um estado que parece codependência quando tomamos conta de bebês ou de crianças. Tomar conta de bebês exige que a pessoa abra mão de suas necessidades, que faça coisas que não quer fazer, que esconda seus sentimentos e desejos (dar mamadeira às 4 horas da madrugada geralmente só satisfaz a necessidade da pessoa alimentada) e assuma total responsabilidade por outro ser humano. Tomar conta de criança não é salvar. É uma responsabilidade verdadeira, não é disso que estou falando. Mas se a pessoa não toma conta de si própria, pode começar a sentir a depressão da codependência.

Outros podem ter interpretado crenças religiosas como mandamentos para tomar conta. Sejam doadores alegres, disseram-nos. Façam mais do que é preciso. Ame o próximo. E nós tentamos. Tentamos muito. Tentamos demais. Depois, imaginamos o que está errado conosco porque nossas crenças cristãs não estão funcionando. Nossas vidas tampouco estão funcionando.

As crenças cristãs funcionam muito bem. Sua vida pode funcionar muito bem. É o salvamento que não funciona. "É como tentar pegar borboletas com uma vassoura", observou um amigo. Salvar nos deixa sempre confusos e aturdidos. É uma reação autodestrutiva, outra maneira de os codependentes se ligarem às pessoas e se desligarem deles mesmos. É outra maneira de tentar controlar, mas em vez disso nos tornamos controlados pelas pessoas. Tomar conta é um relacionamento não saudável de pai-filho – às vezes entre dois adultos, às vezes entre um adulto e uma criança.

Tomar conta gera raiva. Os tomadores de conta se tornam pais raivosos, amigos raivosos, amantes raivosos. Tornamo-nos cristãos insatisfeitos, frustrados e confusos. As pessoas a quem ajudamos são ou se tornam vítimas desamparadas e raivosas. Os tomadores de conta se tornam vítimas.

A maioria de nós conhece a parábola da Bíblia sobre Maria e Marta. Enquanto Maria se sentava a conversar com Jesus e Seus amigos, Marta limpava e cozinhava. Logo, conta a história, Marta começou a bater as panelas, acusando Maria de ser preguiçosa. Marta reclamava que tinha de fazer tudo enquanto Maria relaxava e se distraía. Isso não parece familiar? Jesus não deixou passar. Pediu a Marta para se calar. Maria sabe o que é importante, disse Ele. Maria tomou a decisão certa.

Sua mensagem pode ser a de que Maria fez a escolha certa porque é mais importante desfrutar das pessoas do que cozinhar e limpar. Mas também acredito que há aqui uma mensagem sobre sermos responsáveis por nossas escolhas, fazendo o que *queremos* fazer, e sobre nos conscientizarmos do quanto ficamos zangados quando não o fazemos. Talvez a escolha de Maria estivesse certa porque ela agiu como queria. Jesus ajudou a muitas pessoas, mas Ele era honesto e franco quanto a isso. Ele não perseguia as pessoas depois de ajudá-las. E *perguntava* o que elas queriam Dele. Às vezes, também perguntava por quê. Ele fazia com que as pessoas fossem responsáveis por seus comportamentos.

Acho que os tomadores de conta distorcem as mensagens bíblicas sobre dar, amar e ajudar. Em nenhum lugar da Bíblia somos instruídos a fazer algo por alguém e depois furar seus olhos. Em nenhum lugar nos disseram para acompanhar alguém numa caminhada e depois pegar a bengala dessa pessoa e bater na cabeça dela. Importar-se e dar são qualidades desejáveis – algo que precisamos fazer –, mas muitos codependentes interpretaram mal as sugestões de "dar até doer". Continuamos dando muito depois que dói, geralmente até nos dobrarmos de dor. É bom dar alguma coisa, mas não temos de dar tudo. Podemos deixar algo para nós mesmos.

Acredito que Deus queira que ajudemos as pessoas e compartilhemos nosso tempo, talento e dinheiro. Mas também acredito que Ele deseje que façamos isso com autoestima. Acredito que atos de bondade só sejam bons quando nos sentimos bem com nós mesmos, com o que estamos fazendo e com a pessoa para quem fazemos. Acho que Deus está em cada um de nós e conversa com cada um de nós. Se não nos sentimos muito bem sobre algo que estejamos fazendo, então não devemos fazê-lo – não importa o quão caridoso isso pareça. Também não podemos fazer pelos outros o que eles devem e são capazes de fazer por si mesmos. Eles não são incapazes. Nem nós.

– Deus nos disse para perdemos nossas vidas. Disse para darmos às pessoas – comentou o reverendo Daniel Johns, pastor da Igreja Luterana da Trindade em Stillwater, Minnesota. – Mas creio que Ele jamais pretendeu que as pessoas usassem as escrituras para se comportar de maneiras não saudáveis.

Dar e fazer coisas para e com as pessoas são partes essenciais de uma vida e de relacionamentos saudáveis. Mas aprender quando não dar, quando não se entregar e quando não fazer coisas para e com pessoas é também parte essencial de viver uma vida e de relacionamentos saudáveis. Não é bom cuidar de pessoas que tiram proveito de nós para fugir às suas responsabilidades. Magoa a elas e a nós. Há um tênue limite entre ajudar e ferir, entre o dar benéfico e o dar destrutivo. Podemos aprender a fazer essa distinção.

Tomar conta é uma ação e uma atitude. Para alguns de nós torna-se um papel, uma forma de apresentação para a vida inteira e para todas as pessoas à nossa volta. Acredito que tomar conta esteja muito associado ao martírio (um estado em que os codependentes frequentemente são acusados de estar), e à necessidade de agradar (outra acusação a nós). Segundo Earnie Larsen, os mártires "estragam as coisas". Temos necessidade de continuar a sacrificar nossa felicidade e a de outras pessoas para o bem de alguma causa desconhecida que não exige sacrifícios. As pessoas que gostam de agradar, segundo Earnie Larsen, não são confiáveis. Nós mentimos. E, como tomadores de conta, não tomamos conta de nós mesmos.

O mais excitante sobre tomar conta é aprender a compreender o que isso é e quando fazemos isso, para que possamos parar de fazê-lo.

Podemos aprender a reconhecer um salvamento. *Recuse-se a salvar. Recuse-se a deixar que as pessoas nos salvem.* Vamos assumir nossas responsabilidades e deixar que os outros façam o mesmo. Quando mudamos nossa atitude, nossas situações, nosso comportamento ou nossa mente, a coisa mais bondosa que podemos fazer é acabar com as vítimas – nós mesmos.

Atividade

1. Isso pode levar algum tempo, mas pode ser uma experiência importante para você, se o "tomar conta" estiver lhe causando problemas. Num pedaço de papel, faça uma lista de todas as coisas que considera suas responsabilidades. Inclua as atividades do trabalho, com os filhos, amigos, cônjuge ou amante. Agora faça outra lista detalhada das responsabilidades da outra pessoa em sua vida. Se qualquer responsabilidade for compartilhada,

estipule a percentagem que considera apropriada para cada um. Por exemplo, se seu cônjuge trabalha e você prefere ser dona de casa e trabalhar em meio expediente, indique a percentagem de responsabilidade financeira que você assume, e a percentagem de tarefa doméstica que ele ou ela assume. Você pode se surpreender pela grande quantidade de responsabilidade que você assumiu indevidamente, e como permitiu que ele ou ela assumisse tão poucas. Pode também descobrir que tem estado tão ocupado com os problemas de outras pessoas que vem negligenciando algumas de suas verdadeiras responsabilidades.

2. Conheça o Triângulo de Dramas de Karpman e como você atravessa esse processo em sua vida. Quando se vir salvando, preste atenção no papel e nas mudanças de humor. Quando observar que está se ressentindo ou que está sendo usado, procure lembrar-se de como você salvou. Pratique comportamentos não salvadores. Diga não quando quiser dizer não. Faça as coisas que quer fazer. Recuse-se a adivinhar o que as pessoas querem ou desejam; em vez disso, insista para que lhe peçam diretamente o que desejam ou querem de você. Comece pedindo diretamente o que você quer e precisa. Recuse-se a assumir responsabilidades alheias. Quando começar a parar de tomar conta das pessoas que estão acostumadas a que você tome conta delas, elas poderão ficar frustradas ou com raiva. Você mudou o sistema, afundou o barco. Significa mais trabalho para elas, e elas não poderão mais usar você. Explique o que está fazendo e permita que sejam responsáveis por seus próprios sentimentos. Elas poderão um dia lhe agradecer. Poderão até surpreendê-lo – às vezes as pessoas que julgamos menos capazes de tomarem conta de si mesmas são capazes de fazê-lo – quando deixamos de tomar conta delas.

9
Des-dependência

"O que está havendo comigo?", perguntou ela.
"Será que preciso de um peso morto estendido em minha cama para me sentir bem comigo mesma?"

– Alice B., codependente que foi casada por duas vezes com alcoólicos

"Sou independente de verdade – enquanto estiver em um relacionamento", disse uma policial, depois de se envolver várias vezes com homens emocionalmente desajustados.

"Meu marido fica deitado no sofá o tempo todo, bêbado, e há dez anos não traz um tostão para casa. Quem precisa disso?", perguntou a diretora de uma grande organização de serviços humanos. "Eu preciso", acrescentou ela, respondendo à própria pergunta. "Mas por quê? E para quê?"

Certa tarde, recebi o telefonema de uma mulher que entrara recentemente para o Al-Anon. Era casada, trabalhava em meio expediente como enfermeira, assumira toda a responsabilidade de criar os dois filhos e fazia todo o trabalho de casa, incluindo reparos e finanças. "Quero separar-me de meu marido", soluçou ela. "Não o aguento mais, nem a seus abusos. Mas diga-me, por favor, diga-me: acha que sou capaz de cuidar de mim mesma?"

As palavras variam, mas o sentimento é o mesmo. "Não estou feliz vivendo com essa pessoa, mas não creio que possa viver *sem* ela. Não consigo, por alguma razão, encontrar forças para enfrentar e lidar com o que todo ser humano deve enfrentar ou continuar a fugir: a solidão de ser total e unicamente responsável por tomar conta de si mesmo. Não acredito que eu *seja capaz* de tomar conta de mim mesmo. Não estou seguro de que *queira* fazê-lo. Preciso de uma pessoa, qualquer pessoa, para amortecer o choque dessa condição solitária. Não importa a que preço."

Colette Dowling descreveu esse tipo de pensamento em *O complexo de Cinderela*. Penelope Russiannoff discutiu isso em *Why do I Think I'm Nothing Without a Man?* [Por que acho que não sou nada sem um homem?] Eu mesma disse isso muitas vezes.

Embora os codependentes pareçam frágeis e desamparados ou fortes e poderosos, a maioria de nós está assustada, carente; crianças vulneráveis que sofrem e se desesperam para serem amadas e cuidadas.

Essa criança dentro de nós acha que não somos merecedores de amor e que nunca encontraremos o carinho que procuramos; às vezes, essa criança vulnerável se torna desesperada demais. Certas pessoas nos abandonaram, emocional e fisicamente. Certas pessoas nos rejeitaram. Certas pessoas abusaram de nós, decepcionaram-nos. Certas pessoas nunca estavam presentes para nós; elas não viram, ouviram ou atenderam às nossas necessidades. Podemos chegar a acreditar que ninguém nunca estará presente para nós. Para muitos de nós, até Deus parece ter ido embora.

Temos estado presentes para muitas pessoas. A maioria de nós deseja desesperadamente alguém que finalmente esteja presente para nós. Precisamos de alguém, de qualquer um, para nos resgatar da completa solidão, da alienação e da dor. Queremos algo bom, e isso não está em nós. A dor está em nós. Sentimo-nos desesperados e incertos. E os outros parecem poderosos e seguros. Concluímos que a mágica deve estar neles.

Então nos tornamos dependentes dessas pessoas. Tornamo-nos dependentes dos cônjuges, amantes, amigos, pais ou filhos. Tornamo-nos dependentes de sua aprovação. Tornamo-nos dependentes de sua presença. Tornamo-nos dependentes de sua necessidade por nós. Tornamo-nos dependentes de seu amor, embora acreditemos que nunca poderemos recebê-lo; achamos que não merecemos amor e que ninguém nunca nos amou de maneira que satisfizesse nossas necessidades.

Não estou dizendo que os codependentes são seres peculiares porque desejam e precisam de amor e aprovação. A maioria das pessoas deseja ter um relacionamento amoroso, quer ter uma pessoa especial em sua vida. A maioria das pessoas precisa e quer ter amigos. Elas querem que as pessoas em suas vidas as amem e apreciem. Esses desejos são naturais e saudáveis. Uma certa dependência emocional está presente na maioria dos relacionamentos, incluindo os mais saudáveis.[1] Mas muitos homens e mulheres não apenas querem e desejam as pessoas – nós *precisamos* delas. E podemos tornar-nos manipulados e controlados por essa necessidade.

Precisar demais das pessoas pode causar problemas. As pessoas se transformam na chave de nossa felicidade. Acredito que concentrar-nos em outros, o pôr nossas vidas na órbita de outras pessoas, esteja ligado à codependência e deriva-se de nossa insegurança emocional. Creio que essa incessante procura de aprovação a que nos entregamos também derive da insegurança. Achamos que a mágica está nos outros e não em nós. Os bons sentimentos estão neles, não em nós. Quanto menos coisas boas encontramos em nós mesmos, mais procuramos nos outros. *Eles* têm tudo; nós não temos nada. *Nossa* existência não é importante. Fomos tão abandonados e negligenciados que também abandonamos a nós mesmos.

Precisar tanto das pessoas, mas acreditar em que não somos merecedores de amor e em que as pessoas nunca estarão presentes para nós, pode transformar-se numa crença profundamente arraigada. Às vezes, achamos que as pessoas não estão presentes para nós quando na verdade elas estão. Nossa necessidade pode bloquear-nos a visão, impedir que vejamos o amor que existe para nós.

Às vezes, nenhum ser humano pode estar presente da maneira que precisamos – para nos absorver, nos cuidar e nos fazer sentir bem, completos e seguros.

Muitos de nós desejam e necessitam tanto de outras pessoas que não se preocupam muito em escolher. Podemos tornar-nos dependentes de pessoas perturbadas – alcoólicos e outras pessoas com problemas. Podemos tornar-nos dependentes de pessoas que na verdade nem amamos ou de quem não gostamos. Às vezes, precisamos tanto de alguém que nos conformamos com qualquer um. Podemos precisar de pessoas que não satisfazem nossas necessidades. De novo, podemos nos sentir em situações em que precisamos de alguém que esteja presente para nós, mas a pessoa que escolhemos não pode ou não fará isso.

Podemos até nos convencer de que não podemos viver sem alguém e que murcharemos e morreremos se aquela pessoa não estiver em nossa vida. Se essa pessoa for um alcoólico ou um ser profundamente perturbado, podemos tolerar seus abusos e insanidade para mantê-la em nossas vidas, para proteger nossa fonte de segurança emocional. Nossa necessidade se torna tão grande que nos conformamos com muito pouco. Nossas expectativas caem abaixo do normal, abaixo do que devemos esperar de nossos relacionamentos. Então, ficamos presos, amarrados.

"...já não é mais Camelot. Já não é nem mais pessoa-a-pessoa", escreveu Janet Geringer Woititz num artigo do livro *Co-Dependency, An Emerging Issue* [Codependência: uma questão tão relevante]. "A distorção é estranha. Eu fico porque... ele não me bate... ela não me trai... ele não perdeu o emprego." Imagine ter crédito por comportamentos que são normais para a maioria dos mortais. Mesmo se o pior for verdade; se ele bater em você; se ela o trair; se ele não trabalhar mais. Mesmo com tudo isso, você ainda dirá: "Mas eu o(a) amo!" Quando pergunto, "diga-me, o que essa pessoa tem de tão amável?", não há resposta. A resposta não vem, mas a força de se estar emocionalmente preso é muito maior do que o poder da razão.[2]

Não estou sugerindo que todos os relacionamentos íntimos sejam baseados em insegurança ou dependência. Obviamente o poder do amor sobrepõe-se ao bom-senso, e talvez seja assim que deva ser. Claro, se amamos um alcoólico e queremos ficar com ele ou ela, devemos continuar amando essa pessoa. Mas a força da insegurança emocional também pode tornar-se muito maior do que o poder do amor ou da razão. Se nos concentrarmos em nós mesmos e não nos sentirmos emocionalmente seguros, poderemos cair numa armadilha.[3] Podemos ficar com medo de terminar relacionamentos que já estão mortos e são destrutivos. Podemos permitir que as pessoas nos magoem e abusem de nós, e isso nunca é melhor.

As pessoas que se sentem presas procuram saídas. Codependentes que ficam presos num relacionamento podem começar a planejar escapar. Às vezes, nossa rota de fuga é positiva e saudável; começamos a dar passos para nos tornar in-dependentes, financeira e emocionalmente. "Des-dependência" é um termo que Penelope Russianoff usa em seu livro para descrever esse equilíbrio desejável, onde reconhecemos e satisfazemos nossas necessidades saudáveis e naturais de pessoas e de amor, mas não nos tornamos dependentes delas de forma exagerada ou artificial.

Podemos voltar à escola, arranjar um emprego ou estabelecer outros objetivos que nos trarão liberdade. E geralmente começamos a estabelecer esses objetivos quando ficamos cansados demais de estar presos. Alguns codependentes, entretanto, planejam saídas destrutivas. Podemos tentar escapar à nossa prisão usando álcool ou drogas. Ou nos tornando viciados em trabalho. Podemos procurar escapar tornando-nos emocionalmente dependentes de alguém igual à pessoa de quem estamos tentando escapar – outro alcoólico, por exemplo. Muitos codependentes começam a pensar em suicídio. Para alguns, pôr fim à vida parece ser a única saída dessa situação terrivelmente dolorosa.

A dependência emocional e a sensação de prisão também podem causar problemas em relacionamentos que merecem ser preservados. Se temos um relacionamento que ainda é bom, podemos estar inseguros demais para nos desligar e começar a tomar conta de nós mesmos. Podemos sufocar a nós mesmos e asfixiar ou afastar a outra pessoa. Essa necessidade premente se torna óbvia para os outros. Ela pode ser sentida, percebida.

Além disso, dependência em excesso pode matar o amor. Os relacionamentos baseados em carências e insegurança emocional, em vez de amor, podem tornar-se autodestrutíveis. Eles não funcionam. Necessidade demais afasta as pessoas e asfixia o amor. Espanta. Atrai o tipo errado de pessoas. E nossas necessidades reais não são satisfeitas. Nossas necessidades reais se tornam maiores, assim como nosso desespero. Podemos centralizar nossa vida em alguém, tentando proteger nossa fonte de segurança e felicidade. Podemos abrir mão da nossa vida para fazer isso. Ficamos com raiva dessa pessoa. Estamos sendo controlados por ela. Somos dependentes dela. Acabamos ficando com raiva e ressentidos com a pessoa que nos controla e de quem somos dependentes, porque demos a ela nosso poder e nossos direitos.[4]

Sentir-nos carentes ou dependentes também pode nos expor a outros riscos. Se deixamos nosso lado carente escolher, podemos colocar-nos inconscientemente em situações que nos deixam expostos a doenças sexualmente transmissíveis, como herpes ou Aids. Não é seguro sentirmo-nos tão carentes de relacionamentos íntimos.

Às vezes, podemos trapacear a nós mesmos para disfarçar nossa dependência. Algumas dessas trapaças, de acordo com Colette Dowling, são: transformar alguém em mais do que ele ou ela é ("Ele é um gênio; é por isso que fico com ele."); tornar alguém menos do que é ("Os homens são como bebês; não conseguem tomar conta de si mesmos."); e – uma trapaça favorita dos codependentes – tomar conta. Colette demonstra essas características em *O complexo de Cinderela*, no qual conta a história de Madeleine, uma mulher que estava se libertando de um relacionamento destrutivo com Manny, seu marido alcoólico.

> Essa é a última trapaça da personalidade dependente – acreditar que você é responsável por "tomar conta" do outro. Madeleine sempre se sentira mais responsável pela sobrevivência de Manny do que pela sua própria. Enquanto estava concentrada em Manny – a passividade *dele*, a indecisão *dele*, o problema *dele* com o álcool –, ela concentrava toda a energia em encontrar soluções para ele, ou para "eles", e nunca tinha de olhar para dentro de si mesma. Por isso levou vinte e dois anos para compreender o fato de que, se as coisas continuassem como sempre tinham sido, ela iria acabar sendo prejudicada. *Ela iria acabar jamais tendo vivido a vida.*
>
> Desde os dezoito até os quarenta anos – anos em que as pessoas devem amadurecer, crescer e experimentar o mundo –, Madeleine Boroff esteve amarrada, fingindo para si mesma que a vida não era o que era, que seu marido se aprumaria dali a pouco e que um dia ela ficaria livre para viver a própria vida – sossegadamente, criativamente.

Por vinte e dois anos, ela não foi capaz de enfrentar as mentiras e, então, bem-intencionada, mas amedrontada demais para viver de forma autêntica, ela virou as costas à verdade.

Isso pode parecer dramático em seus detalhes superficiais, mas em sua dinâmica a história de Madeleine não é tão incomum. A qualidade de "ir-com-os-outros" que ela demonstrou, e a aparente incapacidade de sair de um relacionamento extremamente desgastante – esses sinais de impotência são característicos de mulheres psicologicamente dependentes.[5]

Por que fazemos isso com nós mesmos? Por que nos sentimos tão inseguros e vulneráveis que não podemos dar conta da tarefa de viver nossas vidas? Por que – quando já provamos que somos fortes e capazes pelo simples fato de muitos de nós termos suportado e sobrevivido a tanto – não conseguimos acreditar em nós mesmos? Por que, mesmo sendo especialistas em tomar conta de todo mundo a nossa volta, duvidamos de nossa capacidade de tomar conta de nós mesmos? O que há conosco?

Muitos de nós aprendemos essas coisas porque quando éramos crianças alguém muito importante para nós foi incapaz de nos dar o amor, a aprovação e a segurança emocional de que precisávamos. Então prosseguimos com nossas vidas da melhor maneira que podemos, ainda procurando, vaga ou desesperadamente, algo que nunca tivemos. Alguns de nós ainda estamos batendo com a cabeça contra o cimento, tentando conseguir esse amor de pessoas que, como mamãe ou papai, são incapazes de dar o que precisamos. O ciclo se repete até que seja interrompido. Chama-se assunto interminado.

Talvez nos tenham ensinado a não confiarmos em nós mesmos. Isso acontece quando sentimos algo e nos dizem que isso é errado ou impróprio. Ou quando identificamos uma mentira ou uma inconsistência e nos dizem que estamos loucos. Perdemos a fé naquela parte profunda e importante de nós mesmos que tem sensações apropriadas, percebe a verdade e confia em sua capacidade de lidar com as situações da vida. Podemos logo passar a acreditar no que nos disseram a nosso respeito – que não sabemos nada, que somos crianças irresponsáveis, que não merecemos confiança. Olhamos as pessoas ao nosso redor – às vezes doentes, perturbadas, sem controle – e pensamos "elas estão bem. Devem estar. Elas me disseram isso. Então devo ser eu. Deve haver algo fundamentalmente errado comigo". Abandonamos a nós mesmos e perdemos a fé em nossa capacidade de cuidar de nós mesmos.

Algumas mulheres foram ensinadas a ser dependentes. Aprenderam a centralizar suas vidas ao redor de outras pessoas e a ser cuidadas. Mesmo depois do movimento de liberação feminina, muitas mulheres, intimamente, temem ficar sós.[6] Muitas pessoas, não apenas mulheres, têm medo de ficar sozinhas e de tomar conta de si mesmas. Isso faz parte do ser humano.

Alguns de nós podem ter entrado num relacionamento adulto com a segurança emocional intacta, apenas para descobrir que se relacionavam com um alcoólico. Nada destruirá nossa segurança emocional mais rapidamente do que amar um alcoólico ou alguém com qualquer outro distúrbio compulsivo. As doenças demandam que centralizemos nossas vidas em torno delas. Reina a confusão, o caos, o desespero. Mesmo os mais saudáveis de nós podem começar a duvidar de si mesmos depois de viver com um alcoólico. As necessidades ficam insatisfeitas. O amor desaparece. As necessidades se tornam maiores e a insegurança também. O alcoolismo cria pessoas emocionalmente inseguras. Ele nos transforma em vítimas – quem bebe e quem não bebe – e duvidamos da nossa capacidade de tomar conta de nós mesmos.

Se concluímos, por qualquer razão, que não podemos tomar conta de nós mesmos, tenho boas notícias. O tema deste livro é o *encorajamento* para começarmos a fazer isso. O propósito deste capítulo é dizer que *podemos* tomar conta de nós mesmos. Não somos incapazes. Sermos nós mesmos e sermos responsáveis por nós mesmos não precisa ser tão doloroso e amedrontador. Podemos cuidar de tudo, de qualquer coisa que a vida colocar em nosso caminho. Não temos de ser tão dependentes das pessoas a nossa volta. Não somos como irmãos siameses, podemos viver sem qualquer ser humano em particular. Como disse uma mulher: "Durante anos disse a mim mesma que não podia viver sem um determinado homem. Eu estava errada. Tive quatro maridos. Todos eles estão mortos e eu continuo vivendo." Saber que podemos viver sem alguém não significa que *temos* de viver sem aquela pessoa, mas pode libertar-nos para amar e viver da forma que funcionam.

Agora, deixe-me dar o que chamarei de "resto" das notícias. Para se tornar independente, não há uma maneira mágica, fácil ou que funcione da noite para o dia.

A segurança emocional e nosso nível de insegurança são fatores importantes que devemos manter em mente ao tomarmos nossas decisões. Às vezes, nos tornamos financeira e emocionalmente dependentes de alguém, e então temos de enfrentar essas preocupações reais – duas preocupações que podem ou não estar relacionadas entre si.[7] As duas devem ser levadas a sério; cada uma exige consideração. Minhas palavras ou nossas esperanças não modificarão a realidade. Se somos financeira ou emocionalmente dependentes, isso é um fato, e os fatos devem ser aceitos e levados em consideração. Mas acredito que podemos nos empenhar em tornarmos menos dependentes. E sei que podemos nos tornar independentes, se quisermos.

Aqui vão algumas ideias que podem ajudar:

1. Termine com os assuntos de sua infância o melhor que puder. Chore. Coloque alguma perspectiva. Verifique de que forma os acontecimentos da infância estão afetando o que faz agora.

Uma cliente que teve relacionamentos amorosos com dois alcoólicos contou-me a história que se segue: o pai dela abandonou-a quando ela tinha 5 anos. Ele estivera quase sempre bêbado durante todo o tempo que passou com ela. Embora vivessem na mesma cidade, ela raramente viu o pai depois que ele se mudou. Ele a visitou algumas vezes depois do divórcio, mas não havia consistência no relacionamento deles. À medida que crescia, ela telefonava para o pai de tempos em tempos para contar-lhe as coisas importantes de sua vida: a formatura do ginásio, o casamento, o nascimento do primeiro filho, o divórcio, o segundo casamento, a segunda gravidez. Cada vez que ligava, conversavam durante uns cinco minutos, nos quais ele prometia vê-la em breve; e desligavam. Ela disse que não sentia mágoa ou raiva; esperava isso dele. Ele nunca tinha estado presente. E nunca estaria. Não participava do relacionamento. Não havia nada, nem mesmo amor, vindo dele. Isso era um fato da vida e não a aborrecia muito. Ela realmente achava que se resignara e lidara com o alcoolismo do pai. Esse relacionamento continuou durante anos. Os relacionamentos dela com alcoólicos continuaram durante anos.

Uma noite, quando estava no meio de seu mais recente divórcio, o telefone tocou. Era o pai. Era a primeira vez que ele lhe telefonava. Seu coração quase pulou para fora do peito, contou ela mais tarde. Ele perguntou como ela e sua família estavam – uma pergunta que geralmente evitava. Enquanto pensava se deveria contar a ele sobre o divórcio (algo que ela queria fazer; sempre desejara chorar e ser confortada pelo pai), ele começou a resmungar sobre como tinha sido trancado num hospital psiquiátrico, que não tinha direitos, que isso não era justo; será que ela poderia fazer algo para ajudá-lo? Ela rapidamente encerrou a conversa, desligou o telefone, sentou-se no chão, chorou e gritou.

– Lembro-me de sentar no chão e gritar: "Você nunca esteve presente para mim. Nunca. E eu agora preciso de você. Me permiti precisar de você uma só vez e você não estava presente para mim. Em vez disso, queria que *eu* tomasse conta de *você*." Quando parei de chorar, senti-me estranhamente em paz. Acho que foi a primeira vez que me deixei atormentar ou ficar com raiva ele. Nas semanas seguintes, comecei a compreender, a realmente compreender. Claro que ele nunca estava presente para mim. Ele era um alcoólico! Ele nunca estava lá para ninguém, nem mesmo para mim. Também comecei a descobrir que, sob minha sofisticada casca, sentia que não merecia ser amada. Nem um pouco. Em algum lugar escondido dentro de mim, mantinha a fantasia de que tinha um pai adorável que queria ficar longe de mim, que me rejeitara porque eu não era boa o bastante. Que havia algo de errado comigo. Agora, descobrira a verdade. Não era que eu não merecesse amor. Não era por eu ter problemas, embora soubesse que tinha problemas. Era ele.

E ela concluiu:

– Algo aconteceu depois disso. Eu não *precisava* mais que um alcoólico me amasse. A verdade me libertou.”

Não estou sugerindo que todos os problemas dela tenham sido resolvidos no momento em que ela acabou de chorar ou por um lampejo de conscientização. Ela pode ter mais aflição para sentir; ainda precisa lidar com suas características de codependência. Mas acho que o que aconteceu ajudou-a.

2. Cuide e afague essa criança assustada, vulnerável e carente que há dentro de você. A criança talvez jamais desapareça completamente, não importa o quão autossuficientes nos tornemos. As pressões podem fazer a criança chorar. Sem ser provocada, a criança pode sair e exigir atenção quando menos se espera.

Tive um sonho que acredito ilustrar esse ponto. Nele, uma menina de uns 9 anos tinha sido deixada sozinha, abandonada pela mãe durante vários dias e noites. Sem supervisão, a criança andava pela vizinhança tarde da noite. Ela não causava nenhum problema sério. Parecia procurar algo para preencher suas horas vazias. *A criança não queria ficar em casa sozinha quando escurecia.* A solidão era muito assustadora. Quando a mãe finalmente voltou, os vizinhos a abordaram e reclamaram sobre a criança andando sozinha por toda a vizinhança. A mãe ficou com raiva e começou a brigar com a filha pelo seu comportamento: “Eu lhe disse para ficar em casa enquanto estivesse fora. Disse para não causar problemas, não disse?”, gritava a mãe. A criança não respondeu, nem mesmo chorou. Apenas ficou ali, de cabeça baixa, e disse baixinho: “Meu estômago está doendo.”

Não brigue com essa criança vulnerável quando ela não quiser ficar sozinha no escuro, quando ficar assustada. Não precisamos deixar que a criança faça as escolhas por nós, mas não podemos ignorá-la. Ouça-a. Deixe-a chorar, se ela precisar. Conforte-a. Descubra do que ela necessita.

3. Pare de buscar a felicidade em outras pessoas. Nossa fonte de felicidade e bem-estar não está nos outros; está em nós mesmos. Aprenda a centralizar-se em si mesmo.

Deixe de centralizar-se e fixar-se em outras pessoas. Instale-se em si próprio, dentro de si mesmo. Deixe de procurar a aprovação dos outros. Não precisamos da aprovação de todos ou de alguém. Só precisamos de *nossa* aprovação. Nós temos dentro de nós as mesmas fontes de felicidade e possibilidades de fazer escolhas que os outros têm. Encontre e desenvolva seu próprio suprimento interno de paz, bem-estar e autoestima. Os relacionamentos ajudam, mas não podem ser nossa fonte. Desenvolva um núcleo pessoal de segurança emocional dentro de si próprio.

4. Você pode aprender a depender de si próprio. Talvez outras pessoas não tenham estado presentes para nós, mas podemos começar a estar presentes para nós mesmos.

Pare de abandonar a si mesmo, suas necessidades, seus desejos, sentimentos, sua vida e tudo que o abrange. Comprometa-se a estar sempre presente para você mesmo. Podemos confiar em nós mesmos. Podemos enfrentar e lidar com os acontecimentos, problemas e sentimentos que a vida coloca em nosso caminho. Podemos confiar em nossos sentimentos e em nossos julgamentos. Podemos resolver nossos problemas. Também podemos aprender a conviver com nossos problemas não resolvidos. Devemos confiar na pessoa de quem estamos aprendendo a depender – nós mesmos.

5. Você pode também depender de Deus. Ele está lá, Ele se importa. Nossas crenças espirituais podem dar-nos um forte sentimento de segurança emocional.

Deixe-me ilustrar essa ideia. Quando vivia num bairro perigoso, certa noite tive de caminhar pelo beco atrás da minha casa para chegar ao carro. Pedi a meu marido para ficar me olhando da janela do segundo andar para ter certeza de que nada me aconteceria. Ele concordou. Enquanto atravessava o quintal, longe da segurança de minha casa e na escuridão da noite, comecei a sentir medo. Virei-me e procurei meu marido na janela. Ele estava lá. Imediatamente o medo desapareceu e me senti confortada e segura. Ocorreu-me que acredito em Deus e que posso encontrar a mesma sensação de conforto e segurança em saber que Ele está sempre lá olhando pela minha vida. Empenho-me em buscar essa segurança.

Alguns codependentes começam a achar que Deus os abandonou. Passamos por tanta dor. Tantas necessidades ficam sem ser satisfeitas, às vezes por tanto tempo, que nos dá vontade de gritar: "Para onde foi Deus? Por que Ele foi embora? Por que Ele deixou isso acontecer? Por que Ele não me ajuda? Por que Ele me abandonou?"

Deus não nos abandonou. Nós nos abandonamos. Ele está lá, e Ele se importa. Mas Ele espera que cooperemos, que cuidemos de nós mesmos.

6. Empenhe-se na des-dependência. Comece a examinar as formas em que somos dependentes, emocional e financeiramente, das pessoas a nossa volta.

Comece tomando conta de si mesmo, quer esteja num relacionamento em que tenha a intenção de continuar, quer esteja tentando sair dele. Em *O complexo de Cinderela*, Colette Dowling sugere que isso seja feito numa atitude de "corajosa vulnerabilidade".[8] Isso quer dizer: você sente medo mas, de qualquer maneira, faz.

Podemos sentir nossas emoções, falar sobre nossos medos, aceitar a nós mesmos e às nossas condições atuais, e depois começar a caminhar em direção à des-dependência. Podemos fazer isso. Não temos de sentir-nos fortes o tempo todo para estarmos des-dependentes e tomarmos conta de nós mesmos. Podemos e provavelmente iremos sentir medo, fraqueza e até desamparo. Isso é normal e até saudável. A verdadeira força aparece não por fingirmos ser fortes o tempo todo, mas por reconhecermos nossas fraquezas e vulnerabilidades quando nos sentimos assim.

Muitos de nós temos noites sombrias. Muitos de nós temos incertezas, solidão e sentimos as pontadas de desejos e necessidades que imploram ser satisfeitos, mas que passam aparentemente despercebidos. Às vezes, o caminho é nebuloso e escorregadio, e não temos esperança. Tudo que conseguimos sentir é medo. Tudo que conseguimos ver é o escuro. Certa noite, eu estava dirigindo num tempo fechado. Não gosto de dirigir, principalmente com tempo ruim. Eu estava tensa e assustada ao volante. Não conseguia enxergar nada; os faróis iluminavam somente alguns metros da estrada. Estava quase cega. Comecei a entrar em pânico. Qualquer coisa podia acontecer! Então um pensamento calmo entrou em minha mente. O caminho estava iluminado apenas ao longo de alguns metros, mas à medida que eu os percorria, outros tantos iam sendo iluminados. Não importava que eu não pudesse ver lá adiante. Se me acalmasse, poderia ver o que precisava ver naquele momento. Não era uma situação maravilhosa, mas podia atravessá-la se ficasse calma e usasse o que estava disponível.

Você também pode atravessar situações adversas. Pode cuidar e confiar em si mesmo. Confie em Deus. Vá o mais longe que puder e, quando chegar lá, será capaz de enxergar mais adiante.

Isso chama-se *um dia de cada vez.*

Atividade

1. Examine as seguintes características e decida se está num relacionamento dependente (viciado) ou saudável (amoroso):

Característica

Amor (sistema aberto)	Vício (sistema fechado)
Espaço para crescer, expandir-se, desejo que o outro cresça.	Dependente, baseado na segurança e no conforto; usa a intensidade da carência e da paixão como prova de amor (pode na realidade ser medo, insegurança, solidão).
Interesses distintos; outros amigos; manutenção de outras amizades significativas.	Total envolvimento; vida social limitada; negligenciamos antigos amigos e interesses.
Encorajamento de cada um para o crescimento do outro; segurança quanto ao próprio valor.	Preocupação com o comportamento do outro; dependência da aprovação do outro para estabelecer a própria identidade e o próprio valor.
Confiança; abertura.	Ciúme, possessividade, medo de competição, "suprimentos de proteção".
Integridade mútua preservada.	As necessidades de um são suprimidas em função das do outro; autoprivação.
Desejo de arriscar e ser real.	Busca da invulnerabilidade total — elimina possíveis riscos.
Espaço para a exploração de sentimentos dentro do relacionamento.	Reafirmação através de atividades repetidas e ritualizadas.
Capacidade de gostar de estar sozinho.	Intolerância — incapaz de suportar separações (mesmo quando em conflito); aprende-se cada vez mais. Carências — perda de apetite, insônia, agonia letárgica e desorientada.

Término de relacionamentos

Aceita o fim de um relacionamento sem sentir perda da própria adequação e do valor próprio.	Sente inadequação, falta de valor; a decisão é geralmente unilateral.
Deseja o melhor para o outro, mesmo quando distantes; podem tornar-se amigos.	Término violento — quase sempre odeiam um ao outro; tentam magoar-se; manipulam para ter o outro de volta.

Vício de um só lado

	Negação, fantasia; superestima do compromisso do outro.
	Procura soluções fora de si — drogas, álcool, novo amante, mudança de situação.[9]

10
Viva sua própria vida

Viva e deixe viver.

– Slogan do programa dos Doze Passos

Se eu conseguir demonstrar alguma coisa com este livro, espero que seja: *a melhor maneira de enlouquecermos é envolver-nos com os problemas dos outros, e a maneira mais rápida de nos tornarmos sãos e felizes é cuidar de nossos próprios problemas.*

Tenho discutido conceitos e ideias referentes a essa filosofia. Examinamos as reações típicas da codependência. Discutimos as maneiras de aprender a reagir de forma diferente pelo desligamento. Mas, depois de nos desligarmos e nos soltarmos das pessoas a nossa volta, o que restará? Restaremos nós mesmos.

Lembro-me do dia em que enfrentei essa realidade. Por muito tempo, atribuí a culpa de meus infortúnios a outras pessoas. "A culpa é sua por eu estar do jeito que estou!", gritava eu. "Olhe o que você me fez fazer – com meus minutos, minhas horas, minha vida." Depois que me desliguei e assumi a responsabilidade por mim mesma, pensei: talvez a razão de eu não ter vivido minha vida não esteja em outras pessoas; talvez elas tenham sido apenas a desculpa de que eu precisava. Meu destino – meus hojes e amanhãs – parecia bastante sombrio.

Viver nossa vida pode não ser um projeto excitante para alguns de nós. Talvez tenhamos estado tão envolvidos com outras pessoas que esquecemos como viver e gozar nossa vida.

Podemos estar em tamanha angústia emocional que achamos que não temos vida; que tudo que temos é nossa dor. Isso não é verdade. Somos mais do que nossos problemas. Podemos ser mais do que nossos problemas. Seremos mais do que nossos problemas.[1] Só porque a vida tem sido tão dolorosa até agora não significa que tenha de continuar assim. A vida não tem de magoar tanto, e não o fará – se começarmos a mudar. Talvez nem tudo venha a ser um mar de rosas daqui para a frente, mas tampouco terá de ser um mar de espinhos. Precisamos e podemos melhorar nossas vidas. Como me disse um amigo: "Cuide da sua vida."

Alguns codependentes acham que uma vida sem futuro, sem propósito, sem grandes sacudidelas e sem grandes oportunidades não vale a pena ser vivida. Isso tampouco é verdade. Acredito que Deus tem coisas excitantes e interessantes preparadas para cada um de nós. Acredito que existe um objetivo alegre e compensador – que não inclui tomar conta e ser o apêndice de alguém – para cada um de nós. Acho que podemos assumir essa atitude tomando conta de nós mesmos. Comecemos a cooperar. Vamos nos abrir à bondade e à riqueza que há em nós e para nós.[2]

Ao longo de todo este livro usei a expressão *cuidar de nós mesmos*. Tenho visto o uso e abuso dessa expressão. Tenho visto pessoas usando-a para controlar, forçar ou impor suas vontades a outras pessoas. (Cheguei sem ser convidado, com meus cinco filhos e meu gato. Vamos ficar uma semana. Estou apenas cuidando de mim!) Tenho ouvido pessoas usarem a expressão para justificar, para perseguir e punir outras pessoas, em vez de lidarem apropriadamente com sentimentos de raiva. (Vou gritar e berrar com você o dia todo porque você não fez o que eu queria. Mas não fique zangado. Estou só me cuidando!) Ouvi pessoas usarem essas palavras para evitar responsabilidade. (Sei que meu filho está lá em cima no quarto injetando-se heroína, mas o problema é dele. Não vou me preocupar. Vou pegar meu cartão de crédito e gastar 500 dólares, e não quero nem saber como pagar isso. Estou apenas cuidando de mim mesmo.)

Esses comportamentos *não* são exemplos do que quero dizer sobre cuidar de nós mesmos. O cuidado próprio é uma atitude em relação a nós mesmos e à nossa vida que diz: sou responsável por mim mesmo. Sou responsável por viver bem ou viver mal a minha vida. Sou responsável por cuidar de meu bem-estar espiritual, emocional, físico e financeiro. Sou responsável por identificar e satisfazer minhas necessidades. Sou responsável por resolver meus problemas ou por aprender a conviver com os problemas que não posso resolver. Sou responsável por minhas escolhas. Sou responsável pelo que dou e recebo. Sou também responsável por estabelecer e alcançar meus objetivos. Sou responsável por quanto eu gosto de viver, pelo prazer que encontro no meu dia a dia. Sou responsável por quem amo e pela forma que escolho para expressar esse amor. Sou responsável pelo que faço a outros e pelo que permito que outros façam a mim. Sou responsável por meus desejos e necessidades. Tudo de mim, cada aspecto de meu ser, é importante. Eu tenho valor. Eu sou importante. Meus sentimentos podem ser confiáveis. Meu pensamento é apropriado. Dou valor a meus desejos e necessidades. Não mereço e não tolerarei abusos ou maus-tratos. Tenho direitos, e é minha responsabilidade assegurar-me desses direitos. As decisões que tomo e a forma com que conduzo a mim mesmo refletirá minha autoestima. Minhas decisões levarão em conta minhas responsabilidades para comigo mesmo.

Minhas decisões também levarão em conta minhas responsabilidades quanto a outras pessoas – meu cônjuge, meus filhos, meus parentes, meus amigos. Examinarei e decidirei exatamente quais são essas responsabilidades, enquanto tomo minhas decisões. Também considerarei os direitos daqueles a minha volta – o direito de viver suas vidas como desejam. Não tenho o direito de me impor sobre os direitos dos outros para tomar conta deles, e eles não têm o direito de impor-se sobre os meus.

O cuidado próprio é uma atitude de respeito mútuo. Significa aprender a viver nossas vidas responsavelmente. Significa permitir que os outros vivam suas vidas como quiserem, contanto que não interfiram em nossas decisões de viver como queremos. Tomar conta de nós mesmos não é uma atitude tão egoística como algumas pessoas consideram que seja, mas tampouco é altruística como alguns codependentes acham que deva ser.

Nos capítulos que se seguem discutiremos algumas maneiras específicas de cuidar de nós mesmos: estabelecer objetivos, lidar com sentimentos, trabalhar o programa dos Doze Passos e outras coisas. Acredito que tomar conta de nós mesmos seja uma arte, e essa arte envolve uma ideia fundamental que para muitos é estranha: dar a nós mesmos o que precisamos.

No princípio, isso pode ser um choque para nós e para nossos sistemas familiares. A maioria dos codependentes não pede o que necessita. Muitos não sabem ou não pensam muito sobre o que querem ou necessitam. (Neste livro usei e usarei os termos *necessidades* e *desejos* alternadamente. Considero desejos e necessidades importantes, e tratarei ambos os termos com igual respeito.)

Muitos de nós temos acreditado erroneamente que nossas necessidades não são importantes e que não devemos mencioná-las. Alguns começam até a acreditar que nossas necessidades são más ou erradas, por isso aprendem a reprimi-las e expulsá-las da consciência. Não aprendemos a identificar o que necessitamos, ou a ouvir o que precisamos, porque, de qualquer maneira, isso não importava – nossas necessidades não iam mesmo ser satisfeitas. Alguns de nós não aprendemos como satisfazer apropriadamente nossas necessidades.

Dar a nós mesmos o que necessitamos não é difícil. Acho que podemos aprender isso rapidamente. A fórmula é simples: em qualquer situação, pare um pouco e pergunte-se: "O que preciso fazer para cuidar de mim mesmo?"

Depois, precisamos escutar a nós e ao nosso Poder Superior. Respeite o que ouvir. Esse insano negócio de punir a nós mesmos pelo que pensamos, sentimos e queremos – essa bobagem de não dar ouvidos ao que somos e ao que nosso íntimo está lutando para nos dizer – deve parar. Como você acha que Deus trabalha conosco? Como eu disse antes, não é à toa que achamos que Deus nos abandonou; nós nos abandonamos. Devemos ser gentis e aceitar a nós mesmos. Não somos apenas ou meramente humanos, fomos criados para sermos humanos. E podemos ter compaixão por nós mesmos. Depois, talvez, poderemos desenvolver a verdadeira compaixão pelos outros.[3] Ouça o que nosso precioso ser está nos dizendo sobre o que necessitamos.

Talvez precisemos apressar-nos para atender a um compromisso. Talvez precisemos descansar e faltar ao trabalho um dia. Talvez precisemos fazer exercícios ou tirar uma soneca. Podemos precisar ficar sozinhos. Podemos querer estar com amigos. Talvez precisemos de um emprego. Talvez precisemos trabalhar menos. Talvez precisemos de um abraço, um beijo ou uma massagem nas costas.

Às vezes, dar a nós mesmos o que precisamos significa dar a nós mesmos alguma coisa divertida: um trato, um novo penteado, um novo vestido, um par de sapatos, um novo brinquedo, ir ao teatro, uma viagem. Às vezes, dar a nós mesmos o que precisamos dá trabalho. Precisamos eliminar ou desenvolver certa característica; precisamos melhorar um relacionamento; ou precisamos lidar com nossas responsabilidades para com outras pessoas ou para com nós mesmos. Dar-nos o que necessitamos não significa somente dar-nos presentes; significa fazer o que for necessário para viver de forma responsável – mas sem excessos.

Nossas necessidades são diferentes e variam de momento a momento e de dia a dia. Estamos sentindo a louca ansiedade que acompanha a codependência? Talvez precisemos ir a uma reunião da Al-Anon. Nossos pensamentos estão negativos e desesperados? Talvez necessitemos ler um livro de meditação ou de inspiração. Estamos preocupados com um problema físico? Talvez precisemos ir ao médico. As crianças estão insuportáveis? Talvez precisemos estabelecer um plano familiar quanto à disciplina. Estão desrespeitando nossos direitos? Estabeleça alguns limites. O estômago está revirando-se de emoções? Lide com os sentimentos. Talvez precisemos nos desligar, ir mais devagar, consertar alguma coisa, intervir em algo, iniciar uma relação ou pedir o divórcio. Nós é quem sabemos. O que achamos que devemos fazer?

Além de nos dar o que precisamos, começamos a falar com as pessoas sobre o que necessitamos e desejamos delas, porque isso faz parte de cuidar de nós mesmos e de ser um ser humano responsável.

Segundo o reverendo Phil L. Hansen, dar a nós mesmos o que necessitamos significa nos tornarmos nosso confidente, conselheiro pessoal, conselheiro espiritual, sócio, melhor amigo e tomador de conta, nessa nova e excitante aventura que iniciamos - viver nossa própria vida. O reverendo Hansen é famoso nos Estados Unidos pela sua experiência em lidar com viciados. Baseamos todas as nossas decisões na realidade, e as tomamos para o nosso melhor interesse. Levamos em conta nossas responsabilidades para com outras pessoas, porque é assim que as pessoas responsáveis fazem. Mas também sabemos que nós também contamos. Tentamos eliminar os "deveria" de nossas decisões e aprender a confiar em nós mesmos. Se ouvirmos a nós mesmos e ao nosso Poder Superior, não seremos mal orientados. Dar a nós mesmos o que necessitamos e aprender a viver vidas que nós dirigimos requer fé. Precisamos de bastante fé para tocar nossas vidas, e precisamos fazer pelo menos alguma coisa pequenina a cada dia para começarmos a avançar.

Ao aprendermos a cuidar e a satisfazer nossas necessidades, perdoamos a nós mesmos quando cometemos erros e nos parabenizamos quando fazemos algo bem. Podemos também não nos sentir mal em fazer algo não muito bem e outra coisa de forma medíocre, porque isso também faz parte da vida. Aprendemos a rir de nós mesmos e de nossa humanidade, mas não rimos quando precisamos chorar. Levamo-nos a sério, mas não a sério demais.

No final das contas podemos até descobrir essa espantosa verdade, poucas situações na vida melhoram quando não cuidamos de nós mesmos e não damos a nós mesmos o que necessitamos. Na verdade aprendemos que a maioria das situações melhora quando cuidamos de nós mesmos e atendemos às nossas necessidades.

Estou aprendendo a descobrir como cuidar de mim mesma. Conheço muitas pessoas que aprenderam ou estão aprendendo a fazer isso também. Acredito que todos os codependentes podem conseguir isso.

ATIVIDADE

1. Ao longo dos próximos dias, pare e pergunte a si mesmo o que precisa fazer para cuidar de si mesmo. Faça isso com tanta frequência quanto necessitar, mas pelo menos uma vez por dia. Se estiver passando por uma crise, talvez seja preciso fazer isso a cada hora. Depois, dê a si mesmo o que necessita.
2. O que você precisa das pessoas a sua volta? Numa hora apropriada, sente-se com elas e discuta o que precisa delas.

11
Tenha um caso de amor consigo mesmo

E, acima de tudo:
a ti próprio sê verdadeiro,
e assim deverás prosseguir, como a noite o dia, e
não poderás, então, ser falso com mais ninguém.

– William Shakespeare

"Ame o próximo como a si mesmo." O problema de muitos codependentes é exatamente esse. O que é pior, muitos de nós não sonharíamos amar ou tratar outras pessoas da forma que tratamos a nós mesmos. Não nos atreveríamos, e os outros provavelmente não nos permitiriam.

A maioria dos codependentes sofre dessa aflição vaga mas penetrante, a baixa autoestima. Não nos sentimos bem conosco, não gostamos de nós mesmos e não pensamos em amar a nós mesmos. Para alguns de nós, baixa autoestima é apelido; não apenas não gostamos de nós mesmos – nós nos detestamos![1]

Não gostamos da nossa aparência. Não suportamos nosso físico. Achamo-nos estúpidos, incompetentes, sem talento e, em muitos casos, achamos que ninguém seria capaz de nos amar.[2] Achamos nossos pensamentos errados e impróprios. Acreditamos que não somos importantes e, mesmo que nossos sentimentos não sejam errados, achamos que eles *não importam*. Estamos convencidos de que nossas necessidades não são importantes. E envergonhamos os desejos ou planos de mais alguém. Achamos que somos inferiores e diferentes do resto do mundo – não especiais, mas estranha e impropriamente diferentes.

Nunca chegamos a um acordo com nós mesmos, e nos enxergamos não através de cristais coloridos, mas de um filme embaçado.

Podemos ter aprendido a esconder nossos verdadeiros sentimentos quanto a nós mesmos vestindo-nos e penteando nossos cabelos corretamente, vivendo na casa certa e trabalhando no emprego certo. Podemos gabar-nos de nossas realizações, mas sob tudo isso existe um calabouço onde secretamente nos punimos e torturamos sem parar. Às vezes podemos punir-nos abertamente, perante o mundo inteiro, dizendo coisas negativas sobre nós mesmos. Às vezes até convidamos outros para nos ajudar a nos odiar, como quando permitimos que certas pessoas ou costumes religiosos nos ajudem a nos sentir culpados, ou quando permitimos que nos maltratem. Mas nossas piores surras são levadas secretamente, dentro de nossas mentes.

Implicamos com nós mesmos sem parar, amontoando pilhas de "deveria" em nossa consciência e criando montanhas imprestáveis e fedorentas de culpa. Não confunda isso com a culpa verdadeira e autêntica, que motiva a mudança, ensina valiosas lições e nos permite um relacionamento mais próximo conosco com os outros e com nosso Poder Superior. Constantemente nos colocamos em situações impossíveis, em que não temos escolha a não ser nos sentirmos mal com nós mesmos. Pensamos algo, depois nos dizemos que não devemos pensar assim. Sentimos algo, depois dizemos a nós mesmos que não devemos nos sentir assim. Tomamos uma decisão, depois achamos que não devíamos ter agido assim. Nessas situações não há nada a ser corrigido, nenhuma emenda a ser feita; não fizemos nada de errado. Estamos engajados numa forma de punição destinada a nos manter ansiosos, irritados e sufocados. Prendemos a nós mesmos numa armadilha.

Uma de minhas autotorturas favoritas é o dilema entre duas coisas que devo fazer. Primeiro, decido fazer uma delas. Assim que decido, penso "mas deveria estar fazendo a outra". Então troco de marcha, começo a fazer a outra coisa e penso de novo: "Realmente não deveria estar fazendo isso. Deveria fazer o que estava fazendo antes." Outra favorita é essa: penteio meu cabelo, coloco a maquiagem, olho-me no espelho e penso: "Nossa, como estou estranha. Não deveria estar com essa cara."

Alguns de nós achamos que cometemos tantos erros que não podemos nem de leve esperar que nos desculpem. Alguns de nós achamos que nossa vida é um equívoco. Muitos de nós achamos que tudo que fizemos foi um erro. Alguns de nós achamos que não conseguimos fazer nada certo, mas ao mesmo tempo exigimos perfeição de nós mesmos. Colocamo-nos em situações impossíveis, depois não entendemos por que não conseguimos sair delas.

Depois terminamos o trabalho envergonhando-nos. Não gostamos do que fazemos, não gostamos de quem somos. Fundamentalmente, não somos bons o bastante. Por alguma razão, Deus criou em nós uma pessoa totalmente imprópria para a vida.

Na codependência, como em muitas outras áreas da vida, tudo está ligado a tudo e uma coisa leva a outra. Nesse caso, nossa autoestima baixa frequentemente está bastante ligada a muito do que fazemos ou do que não fazemos, e isso conduz a muitos de nossos problemas.

Como codependentes, frequentemente nos detestamos tanto que achamos errado nos levar em consideração ou, em outras palavras, parecer egoístas. Colocarmo-nos em primeiro lugar é algo fora de questão. Geralmente achamos que só temos valor se fizermos alguma coisa para alguém ou se tomarmos conta, por isso nunca dizemos não. Alguém tão insignificante quanto nós deve fazer um esforço extra para que gostem de nós. Ninguém em seu juízo perfeito poderia gostar de nós e querer estar conosco. Achamos que temos de fazer algo pelas pessoas para conseguir e manter sua amizade. Muito da defensiva que tenho visto em codependentes decorre não de acharmos que estamos acima da crítica, mas porque temos tão pouca autoestima que qualquer ameaça de ataque pode nos aniquilar. Sentimo-nos tão mal quanto a nós mesmos e temos tal necessidade de sermos perfeitos e evitar a vergonha, que não podemos permitir que ninguém nos diga que fizemos algo errado. Uma razão pela qual alguns de nós irritam e criticam outras pessoas é porque é isso que fazemos com nós mesmos.

Acredito, assim como Earnie Larsen e outros especialistas, que nossa autoestima baixa ou auto-ódio esteja ligado a todos os aspectos de nossa codependência: martírio, recusa de desfrutar a vida; *workaholism*, permanecendo tão ocupados que não conseguimos gozar a vida; perfeccionismo, não permitindo a nós mesmos aproveitar ou nos sentir bem com aquilo que fazemos; procrastinação, amontoando pilhas de culpa e incerteza em nós mesmos; evitar intimidade com as pessoas, tanto fugindo de relacionamentos como evitando compromisso ou permanecendo em relacionamentos destrutivos; iniciando relacionamentos com pessoas que não são boas para nós, e evitando pessoas que são boas para nós.

Podemos encontrar infindáveis meios de nos torturar; comer demais, negligenciar nossas necessidades, comparar-nos a outras pessoas, ficarmos obcecados, lidar com lembranças dolorosas ou imaginar futuras cenas dolorosas. Pensamos: e se ela, ou ele, voltar a beber? E se ela, ou ele, tiver um caso? E se uma tromba-d'água desabar em cima da casa? Essa atitude de "se" é sempre boa para uma forte dose de medo. Amedrontamos a nós mesmos, depois ficamos querendo descobrir por que sentimos medo.

Não gostamos de nós mesmos, e não vamos deixar que algo de bom nos aconteça porque achamos que não merecemos.

Como codependentes, temos a tendência de envolver-nos em relacionamentos totalmente antagônicos a nós mesmos.[3] Alguns de nós aprendemos esse comportamento de auto-ódio em nossa família, talvez com a ajuda de um pai ou mãe alcoólicos. Alguns de nós reforçaram seu autodesprezo casando-se com um alcoólico depois de deixar um pai ou mãe alcoólicos. Talvez nos tenhamos envolvido em relacionamentos adultos com uma frágil autoestima e depois descobrimos que o amor-próprio que nos restava desintegrou-se. Alguns de nós podem ter tido uma autoestima totalmente intacta até conhecer *ele* ou *ela*, ou até aparecer *aquele problema*; de repente, ou gradualmente, passamos a odiar a nós mesmos. Alcoolismo e outros distúrbios compulsivos destroem a autoestima dos alcoólicos e dos codependentes. Lembre-se, o alcoolismo e outros distúrbios compulsivos são autodestrutivos. Alguns de nós podemos nem mesmo estar conscientes de nossa autoestima baixa e do nosso auto-ódio porque passamos a vida comparando-nos a alcoólicos e a outras pessoas loucas em nossas vidas; em comparação, estamos lá em cima. A autoestima baixa pode penetrar em nós a qualquer momento em que o permitamos.

Na verdade, não importa quando começamos a nos torturar. Mas agora devemos parar. Agora podemos dar a nós mesmos um grande abraço emocional e mental. Somos pessoas boas. É maravilhoso ser quem somos. Nossos pensamentos são bons. Nossos sentimentos são apropriados. Estamos exatamente onde devemos estar, hoje, neste momento. Não há nada errado conosco. Não há nada fundamentalmente errado conosco. Se fizemos coisas erradas, tudo bem; agora estamos fazendo o melhor que podemos.

Em toda nossa codependência, com todos os nossos problemas de controlar e salvar, nossos variados defeitos de caráter, somos pessoas legais. Somos exatamente o que devemos ser. Falei um bocado sobre problemas e coisas que devemos mudar – são objetivos, coisas que faremos para melhorar nossa vida. Está certo ser quem somos neste exato momento. Na verdade, os codependentes são as pessoas mais carinhosas, generosas, de bom coração e preocupadas que conheço. Nós apenas permitimos a nós mesmos ser envolvidos em coisas que nos magoam; e agora vamos aprender como deixar de fazer isso. Mas essas coisas são nossos problemas; elas não nos definem. Se temos um defeito de caráter repulsivo, é dessa forma que odiamos e implicamos com nós mesmos. Isso simplesmente não é mais tolerável nem aceitável. Podemos parar de implicar conosco por ficarmos implicando conosco.[4] Esse hábito também não é nossa *culpa*, mas é nossa *responsabilidade* aprender a deixar de fazer isso.

Podemos apreciar a nós mesmos e a nossa vida. Podemos cuidar de nós mesmos e nos amar. Podemos aceitar nossos seres maravilhosos, com todos os nossos erros, defeitos, pontos fortes, pontos fracos, emoções e tudo o mais. É a melhor coisa que possuímos. E somos quem devemos ser. Isso não é um erro. Somos a melhor coisa que jamais acontecerá conosco. Acredite nisso. Torna a vida muito mais fácil.

A única diferença entre codependentes e o resto do mundo é que as outras pessoas não implicam com elas mesmas por serem quem são. Todas as pessoas têm pensamentos similares e uma série de sentimentos. Todas as pessoas cometem erros e fazem algumas coisas certas. Por isso podemos nos deixar em paz.

Não somos cidadãos de segunda classe. Não merecemos viver vidas de segunda mão. E não merecemos relacionamentos medíocres! Somos dignos de ser amados, e vale a pena que nos conheçam. As pessoas que nos amam e que gostam de nós não são tolas ou inferiores por isso. Temos o direito de ser felizes.[5] Merecemos coisas boas.

As pessoas que parecem mais bonitas são iguais a nós. A única diferença é que estão dizendo a si mesmas que são bonitas, e estão deixando seu brilho próprio reluzir. As pessoas que dizem as coisas mais profundas, inteligentes e interessantes são iguais a nós. Elas se destacam por se deixarem ser quem são. As pessoas que parecem ser mais confiantes e tranquilas não são diferentes de nós. Elas superaram a si mesmas em situações difíceis e disseram a si mesmas que conseguiriam ultrapassá-las. Pessoas bem-sucedidas são iguais a nós. Elas seguiram em frente e desenvolveram seus dotes e seus talentos, e estabeleceram objetivos para si mesmas. Somos também iguais às pessoas famosas: nossos heróis, nossos ídolos. Estamos todos trabalhando com o mesmo material: a humanidade. Como nos sentimos sobre nós mesmos é que faz a diferença. *O que dizemos a nós mesmos é que faz a diferença.*

Nós somos bons. Somos suficientemente bons. Somos apropriados para a vida. Acredito que muito de nosso medo e de nossa ansiedade venha de repetirmos constantemente a nós mesmos que não estamos prontos para enfrentar o mundo e todas as suas situações. Nathaniel Branden chamou isso de "uma inominável sensação de ser inadequado para a realidade".[6] Estou aqui para dizer que somos adequados para a realidade. Relaxe. Aonde quer que precisemos ir e o que quer que precisemos fazer, somos apropriados para qualquer situação. Nos sairemos muito bem. Relaxe. Está certo ser quem somos. Quem ou o que mais podemos ser? Apenas façamos o melhor que pudermos. O que mais se pode fazer? Às vezes, não conseguimos fazer o nosso melhor; tudo bem. Podemos ter emoções, pensamentos, medos e vulnerabilidades quando passamos pela vida, mas todos nós temos. Precisamos parar de nos dizer que somos diferentes por fazer e sentir o que todo mundo faz e sente.

Precisamos ser bons com nós mesmos. Precisamos ser carinhosos e bondosos com nós mesmos. Como poderemos cuidar de nós apropriadamente se nos odiamos?

Precisamos nos recusar a entrar num relacionamento antagônico com nós mesmos. Deixemos de nos culpar e de nos fazer de vítimas; vamos ser responsáveis e acabar com a vítima. Fechemos os ouvidos à voz da culpa. Vergonha e culpa não servem a longo prazo. São úteis apenas momentaneamente, para indicar quando violamos nossos próprios códigos morais. Culpa e vergonha não são úteis como modo de vida. Vamos abandonar os "deveria". Vamos conscientizar-nos de quando nos estivermos punindo e torturando, e então concentremo-nos em enviar a nós próprios mensagens positivas. Se devemos fazer algo, façamos. Se estivermos torturando a nós mesmos, vamos parar. Fica mais fácil. Podemos rir de nós mesmos, dizer-nos que não seremos trapaceados, dar um abraço em nós mesmos, depois tocar em frente e viver como escolhermos. Se a culpa é mesmo nossa, lidemos com ela. Deus nos perdoa. Ele sabe que fizemos o nosso melhor, mesmo se foi o pior. Não temos de nos punir com a culpa para provar a Deus ou a qualquer pessoa o quanto nos importamos.[7] Precisamos perdoar-nos. Leia o Quarto e o Quinto Passos (veja o capítulo sobre como seguir o programa dos Doze Passos); converse com um religioso; converse com Deus; peça desculpas; depois acabe com isso.

Precisamos parar de nos envergonhar. A vergonha, como a culpa, não serve absolutamente a nenhum objetivo a longo prazo. Se as pessoas nos dizem, direta ou indiretamente, que deveríamos nos envergonhar, não temos de acreditar nisso. Odiar ou ter vergonha de nós mesmos não ajuda, exceto no momento. Indique uma circunstância que possa ser melhorada se continuarmos a sentir culpa ou vergonha. Aponte uma ocasião em que isso tenha resolvido o problema. Como isso pode ajudar? Na maioria das vezes, a culpa e a vergonha nos mantêm tão aflitos que não podemos fazer o nosso melhor. A culpa torna *tudo* mais difícil.

Precisamos dar valor a nós mesmos, e tomar decisões e fazer escolhas que aumentem nossa autoestima.

"Cada vez que você aprende a agir como se tivesse muito valor, sem desespero, da próxima vez fica mais fácil", aconselha Toby Rice Drew em *Getting Them Sober* [Deixando-os sóbrios].[8]

Podemos ser gentis, carinhosos, atenciosos e bons com nós mesmos, nossos sentimentos, pensamentos, necessidades, desejos e tudo de que somos feitos. Desenvolvamos nossos dotes e nossos talentos. Confiemos em nós. Aceitemo-nos. Podemos ser confiáveis. Respeitemo-nos. Sejamos verdadeiros. Honremos a nós mesmos, porque é aí que está a nossa mágica. Essa é a nossa chave do mundo.

Transcrevo abaixo um trecho extraído de *Honoring the Self* [Honrando o Self], um excelente livro sobre autoestima escrito por Nathaniel Branden. Leia com atenção o que ele escreve:

> De todos os julgamentos pelos quais passamos na vida, nenhum é mais importante do que o que fazemos de nós mesmos, porque esse julgamento toca o centro de nossa existência.
>
> Nenhum aspecto significativo de nosso pensamento, motivação, sentimento ou comportamento deixa de ser afetado pela nossa autoavaliação.
>
> O primeiro ato de honrar a nós mesmos é a afirmação do consciente: a escolha de pensar, de estar consciente, de direcionar a luz da busca da consciência para fora, em direção ao mundo, e para dentro, em direção ao próprio ser. Não fazer esse esforço é errar no nível mais profundo de nós mesmos.

Honrar a si mesmo é estar disposto a pensar independentemente, viver de acordo com a própria mente e ter a coragem de assumir as próprias percepções e julgamentos.

Honrar a si mesmo é estar disposto a saber não somente o que pensamos, mas também o que sentimos, queremos, precisamos, desejamos, nos faz sofrer, do que temos medo ou raiva – e a aceitar o direito de viver essas emoções. O oposto dessa atitude é a negação, a rejeição, a repressão – o autorrepúdio.

Honrar a si mesmo é preservar uma atitude de autoaceitação – o que significa aceitar quem somos, sem opressão ou castigo próprio, sem nenhuma pretensão sobre a verdade de nosso ser, pretensão destinada a enganar aos outros e a nós mesmos.

Honrar a si mesmo é viver autenticamente, é falar e agir a partir de nossas mais profundas emoções e convicções.

Honrar a si mesmo é recusar a aceitar culpas não merecidas, e a fazer nosso melhor para corrigir as culpas em que possamos ter incorrido.

Honrar a si mesmo é comprometer-se com nosso direito de existir que se origina do conhecimento de que nossa vida não pertence a mais ninguém, e de que não estamos aqui na terra para viver segundo as expectativas de outras pessoas. Para muitas pessoas, esta é uma responsabilidade assustadora.

Honrar a si mesmo é estar apaixonado pela própria vida, apaixonado pelas possibilidades de crescer e sentir alegria, apaixonado pelo processo de descobrir e explorar nossas potencialidades humanas.

Por isso podemos começar a ver que honrar a si mesmo é praticar o *egoísmo* no sentido mais elevado, mais nobre e menos compreendido dessa palavra. E isso, devo dizer, exige enorme independência, coragem e integridade.[9]

Precisamos amar a nós mesmos e comprometermo-nos conosco. Precisamos dedicar a nós mesmos algumas das lealdades ilimitadas que tantos codependentes desejam dedicar a outros. Da alta autoestima virão os verdadeiros atos de bondade e caridade, não egoísticos.

O amor que damos e recebemos será engrandecido pelo amor que damos a nós mesmos.

Atividade

1. Como você se sente sobre si mesmo? Escreva sobre isso. Inclua as coisas de que gosta ou não gosta em você. Releia o que escreveu.

12
Aprenda a arte da aceitação

Gostaria de propor que enfrentássemos a realidade.

– Bob Newhart, do programa de TV *Bob Newhart Show*

A aceitação da realidade é desejável e incentivada pela maioria das pessoas sãs. É o objetivo de muitas terapias, como deveria ser. Enfrentar e chegar a um acordo com *o que é* é um ato benéfico. A aceitação traz paz. E frequentemente é a virada para a mudança. É também muito mais fácil dizer do que fazer.

As pessoas – não apenas os codependentes – enfrentam a cada dia a perspectiva de aceitar ou rejeitar a realidade daquele dia em particular e de suas circunstâncias presentes. Temos muitas coisas para aceitar no curso normal da vida, desde o momento em que abrimos os olhos, de manhã, até fechá-los, à noite. Nossas circunstâncias presentes incluem quem somos, onde moramos, com quem moramos ou não moramos, onde trabalhamos, nosso meio de transporte, quanto dinheiro temos, quais são nossas responsabilidades, o que faremos para nos divertir e qualquer problema que surgir. Em certos dias é fácil aceitar essas circunstâncias. Acontece naturalmente. Nosso cabelo está jeitoso, nossos filhos se comportam bem, o chefe está de bom humor, estamos bem de dinheiro, a casa está limpa, o carro funciona e gostamos de nosso cônjuge ou amante. Sabemos o que esperar, e o que esperamos é aceitável. Tudo bem. Em outros dias, contudo as coisas podem não correr tão bem. O freio do carro dá defeito, o teto pinga, as crianças enchem a paciência, quebramos um braço, perdemos o emprego, nosso cônjuge ou amante diz que não nos ama mais.

Algo aconteceu. Temos um problema. Está todo diferente. Nós estamos perdendo algo. Nossas presentes circunstâncias já não são tão confortáveis como eram. As circunstâncias foram alteradas, e temos que aceitar uma nova situação. Podemos inicialmente reagir negando ou resistindo à mudança, ao problema ou à perda. Queremos que as coisas fiquem do jeito que estavam. Queremos que o problema seja resolvido rapidamente. Queremos sentir-nos confortáveis de novo. Queremos saber o que esperar. Não estamos em paz com a realidade. É desconcertante. Perdemos nosso equilíbrio temporariamente.

Os codependentes nunca sabem o que esperar, principalmente se temos um relacionamento íntimo com um alcoólico, um viciado em drogas, um criminoso, um jogador, ou qualquer outra pessoa com um problema sério ou um distúrbio compulsivo. Somos bombardeados com problemas, perdas e mudanças. Deparamo-nos com janelas quebradas, encontros não cumpridos, promessas falsas e mentiras deslavadas. Perdemos a segurança financeira, a segurança emocional, a fé nas pessoas que amamos, a fé em Deus, a fé em nós mesmos. Podemos perder nosso bem-estar físico, nossos bens materiais, nossa capacidade de desfrutar de sexo, nossa reputação, nossa vida social, nossa carreira, nosso autocontrole, nossa autoestima e a nós mesmos.

Alguns de nós perdemos o respeito e a confiança nas pessoas que amamos. Às vezes, perdemos até o amor e o compromisso com a pessoa que antes amávamos. Isso é comum. É uma consequência natural e normal da *doença*. O folheto *Um guia para a família do alcoólico* discute isso:

"O amor não pode existir sem a dimensão da justiça. O amor também deve ter compaixão, o que significa aguentar ou sofrer com a pessoa. A compaixão não significa sofrer por causa da injustiça de alguém. Mas a injustiça quase sempre é sofrida repetidamente pelas famílias de alcoólicos."[1]

Embora essa injustiça seja comum, nem por isso é menos dolorosa. A traição pode ser esmagadora quando alguém que amamos faz coisas que nos ferem profundamente.

Talvez a perda mais dolorosa que muitos de nós codependentes enfrentamos é a perda de nossos sonhos, de nossa esperança e, às vezes, das expectativas idealistas para o futuro que a maioria das pessoas tem. Essa perda pode ser a mais difícil de aceitar. Quando vimos nosso bebê pela primeira vez, tínhamos certas esperanças para ele ou ela. Essas esperanças não incluíam qualquer problema com álcool ou outras drogas. Nossos sonhos não incluíam isso. Quando nos casamos, nós sonhamos. O futuro com nosso(a) amado(a) estava cheio de maravilhas e promessas. Era o começo de algo grande, algo adorável, algo que há muito tempo esperávamos. Os sonhos e as promessas podem ter sido ou não expressos em palavras, mas para a maioria de nós estavam lá.

"Para cada casal o começo é diferente", escreveu Janet Woititz num artigo do livro *Co-Dependency, An Emerging Issue* [Codependência: uma questão relevante]. "Mesmo assim, o processo que ocorre no relacionamento matrimonial quimicamente dependente é essencialmente o mesmo. Vamos examinar o ponto de partida, os votos matrimoniais. A maioria das cerimônias de casamento inclui as seguintes declarações: Para o melhor ou pior – na riqueza ou na pobreza – na doença e na saúde – até que a morte nos separe. Talvez seja aí que o problema comece. Você realmente quis dizer isso quando o disse? Se eu soubesse então que iria ter não o melhor mas o pior, não a saúde mas a doença, não a riqueza mas a pobreza, o amor que sentia compensaria tudo isso? Você pode dizer que sim, mas eu duvido. Se fosse mais realista do que romântico, você poderia ter interpretado os votos para significar: através do mal assim como do bem, presumindo que os maus tempos seriam transitórios e os bons permanentes. O contrato foi feito de boa-fé. Não há o benefício da compreensão tardia."[2]

Os sonhos estavam ali. Muitos de nós nos agarramos por muito tempo neles, levando-os através de perdas e decepções, uma após a outra. Voamos diante da realidade, acenando com esses sonhos para a verdade, recusando-nos a acreditar ou a aceitar outra coisa. Mas um dia a verdade nos prendeu e não quis mais aceitar a negação. Não foi isso o que desejamos, planejamos, pedimos ou esperamos. Nunca seria. O sonho estava morto e nunca voltaria a viver.

Alguns de nós podemos ter tido nossos sonhos e esperanças esmagados. Alguns de nós podemos estar enfrentando o fracasso de algo extremamente importante como um casamento ou outro relacionamento importante. Sei que há muita dor na perspectiva de perder um amor ou perder os sonhos que tínhamos. Não há nada que possamos fazer para tornar isso menos doloroso ou diminuir nossa dor. Fere-nos profundamente ter nossos sonhos destruídos pelo alcoolismo ou qualquer outro problema. A doença é mortal. Mata tudo, incluindo nossos sonhos mais nobres. "A dependência química destrói vagarosa, mas completamente", conclui Janet Woititz.[3] Que verdade. Que triste verdade. E nada morre mais lentamente ou mais dolorosamente do que um sonho.

Até mesmo a recuperação traz perdas, mais mudanças que devemos lutar para aceitar.[4] Quando o cônjuge alcoólico fica sóbrio, as coisas mudam. Os padrões de relacionamento mudam. Nossas características de codependentes, as formas com que fomos afetados, são perdas de autoimagem que devemos enfrentar. Embora sejam mudanças boas, ainda são perdas – perdas de coisas que podem não ter sido desejáveis, mas que talvez se tenham tornado estranhamente confortáveis. Esses padrões se tornam um fato de nossas circunstâncias atuais. Pelo menos sabíamos o que esperar, mesmo que isso significasse não esperar nada.

As perdas que muitos codependentes devem enfrentar e aceitar diariamente são enormes e contínuas. Não são os problemas comuns e as perdas que a maioria das pessoas enfrenta na vida normal. São perdas e problemas causados por pessoas que amamos. Embora os problemas sejam resultado direto de uma doença, de uma condição ou um distúrbio compulsivo, eles podem aparecer como atos deliberados e maliciosos. Estamos sofrendo nas mãos de alguém que amamos e em quem confiamos.

Estamos continuamente desequilibrados, lutando para aceitar mudanças e problemas. Não sabemos o que esperar, nem sabemos quando esperar. Nossas circunstâncias estão sempre em estado de mudança. Podemos ter perdas ou mudanças em todas as áreas. Sentimo-nos loucos; nossos filhos estão aborrecidos; nosso cônjuge ou amante está agindo como louco; o carro foi retomado; ninguém trabalha há semanas; a casa está uma bagunça; o dinheiro acabou. As perdas podem despencar sobre nós de uma só vez ou podem ocorrer gradualmente. As coisas poderão estabilizar-se por um curto período, até que mais uma vez percamos o carro, o emprego, a casa, o dinheiro e as amizades de pessoas queridas. Ousamos ter tido esperanças, somente para ter nossos sonhos esmagados de novo. Não importa que nossas esperanças tenham sido falsamente baseadas em desejos irreais de que o problema desaparecesse magicamente. Esperanças esmagadas são esperanças esmagadas. Decepções são decepções. Sonhos perdidos são sonhos perdidos, e todos eles trazem dor.

Aceitar a realidade? Como, se na metade do tempo nem mesmo sabemos o que é realidade? Mentimos para os outros; mentimos para nós mesmos, e nossa cabeça está rodopiando. Na outra metade do tempo, enfrentar a realidade é simplesmente mais do que podemos suportar, mais do que qualquer um pode suportar. Por que deve ser tão misterioso que a negação seja uma parte integral do alcoolismo ou de algum problema sério que causa perdas contínuas? Temos coisas demais para aceitar; nossa situação é esmagadora. Quase sempre estamos tão envolvidos em crises e caos, tentando resolver os problemas de outros, que nos ocupamos demais para nos preocupar em aceitar qualquer outra coisa. Mesmo assim, às vezes devemos enfrentar *o que é*. Para que as coisas possam mudar, devemos aceitar a realidade. Para que algum dia consigamos substituir nossos sonhos perdidos por novos sonhos e nos sentir sãos e em paz de novo, devemos aceitar a realidade.

Por favor, entenda que aceitação não significa adaptação. Não significa resignação à maneira triste e miserável como as coisas são. *Não significa aceitar ou tolerar nenhum tipo de abuso.* Significa, no momento presente, receber e aceitar nossas circunstâncias, incluindo a nós mesmos e as pessoas em nossas vidas, do jeito que somos e como elas são. Somente a partir desse ponto teremos a paz e a capacidade de avaliar a situação presente, efetuar mudanças apropriadas e resolver nossos problemas. Quem é vítima de abuso não tomará as decisões necessárias para parar esse abuso até que o reconheça como tal. Quando o fizer, deve parar de fingir que o abuso terminará magicamente, parar de fingir que ele não existe ou parar de pedir desculpas por sua existência. Num estado de aceitação, somos capazes de responder responsavelmente ao nosso ambiente. Nesse estado, recebemos o poder de mudar as coisas que podemos. Os alcoólicos não podem deixar de beber até que aceitem sua impotência sobre o álcool, sobre seu alcoolismo. As pessoas com distúrbios alimentares não podem resolver seus problemas com a comida até que aceitem sua impotência sobre ela. Nós codependentes não podemos mudar enquanto não aceitarmos nossas características codependentes – nossa impotência sobre as pessoas, sobre o alcoolismo e sobre outras circunstâncias que temos tão desesperadamente tentado controlar. A aceitação é o paradoxo definitivo: não podemos mudar quem somos até que nos aceitemos do jeito que somos.

Aqui está um trecho de *Honoring the Self* [Honrando o Self] sobre autoaceitação:

> ...Se eu puder aceitar quem sou, o que sinto, as coisas que fiz – se aceitar isso gostando ou não de tudo –, então posso aceitar a mim mesmo. Posso aceitar minhas falhas, minhas dúvidas, a falta de autoestima. E quando aceitar isso tudo, colocar-me-ei de frente para a realidade em vez de relutar em aceitá-la. Não estou mais revirando minha consciência para manter as desilusões sobre minha situação atual. E, assim, limpo a estrada para os primeiros passos do fortalecimento de minha autoestima...
>
> Enquanto não pudermos aceitar o fato de que estamos em algum determinado momento de nossa existência, enquanto não conseguirmos permitir a nós mesmos estar totalmente conscientes da natureza de nossas escolhas e ações, enquanto não pudermos admitir a verdade em nossa consciência, não conseguiremos mudar.[5]

Pela minha experiência, também acredito que meu Poder Superior parece relutante em intervir em minha situação até que eu aceite o que Ele já me deu. Essa aceitação não é para sempre. É somente para o presente momento. Mas deve ser sincera e vir de dentro.

Como podemos conquistar esse estado de paz? Como podemos encarar toda essa realidade sem piscar os olhos, ou sem cobri-los? Como podemos aceitar todas as perdas, as mudanças e os problemas que a vida e as pessoas arremessam sobre nós?

Não sem gritar e espernear um pouco. Aceitamos tudo através de um processo de cinco passos. Elisabeth Kübler-Ross foi quem primeiro identificou os estágios e esse processo como a forma com que as pessoas desenganadas aceitam a morte, a perda definitiva.[6] Ela chamou isso de processo de tristeza. Desde então, os profissionais de saúde mental têm observado as pessoas atravessarem esses estágios sempre que enfrentam qualquer perda. Pode ser uma perda pequena – uma nota de cinco dólares, não receber uma carta esperada – ou pode ser significante – a perda de um cônjuge por divórcio ou por morte, ou a perda de um emprego. Até as mudanças positivas trazem perda – quando compramos uma nova casa e nos mudamos da antiga – e exigem uma progressão através dos cinco estágios seguintes:[7]

1. Negação

O primeiro estágio é a negação. É um estado de choque, dormência, pânico, a recusa geral de aceitar ou reconhecer a realidade. Fazemos tudo para colocar as coisas de volta ao lugar ou fingir que a situação não está acontecendo. Há muita ansiedade e medo nesse estágio. As reações típicas de negação incluem: recusar-se a acreditar na realidade ("Não, não pode ser!"); negar ou minimizar a importância da perda ("Não é grande coisa."); negar quaisquer emoções sobre a perda ("Não me importo."); ou a fuga mental (dormindo, tendo ideias fixas, comportamentos compulsivos, mantendo-se ocupado).[8] Podemos sentir-nos um pouco desligados de nós mesmos, e nossas respostas emocionais podem ser simplórias, não existentes ou mesmo impróprias (rir quando se deveria chorar; chorar quando se deveria estar feliz).

Estou convencida de que temos a maioria de nossos comportamentos codependentes nesse estágio – manias, perseguições, repressão de emoções. Também acredito que muitos de nossos sentimentos de "loucura" sejam ligados a esse estado. Sentimo-nos loucos porque estamos mentindo para nós mesmos. Porque acreditamos nas mentiras de outras pessoas. Nada fará com que nos sintamos loucos mais depressa do que a mentira. Acreditar em mentiras desintegra o centro de nosso ser. Nossa parte mais profunda, instintiva, sabe a verdade, mas estamos empurrando-a para fora, dizendo: "Você está errado. Cale-se." De acordo com o terapeuta Scott Egleston, é então que, por suspeitarmos, decidimos que há algo fundamentalmente errado conosco e chamamos a nós mesmos, ao nosso ser interior intuitivo, de desconfiados.

Não negamos seja lá o que estivermos negando porque somos estúpidos, teimosos ou deficientes. Não estamos nem mesmo mentindo conscientemente para nós mesmos. Assim, explica o psicólogo Noel Larsen: "Negação não é mentir; é não permitir a si mesmo saber qual é a realidade."

A negação é o bicho-papão da vida. É como dormir. Não estamos conscientes de nossas ações até que as assumamos. Em algum nível realmente acreditamos nas mentiras que *nós* dizemos *a nós mesmos*. Também há uma razão para isso.

"Em períodos de grande tensão trancamos nossa consciência emocionalmente, às vezes intelectualmente e de vez em quando fisicamente", explica Claudia L. Jewett em *Helping Children Cope with Separation and Loss* [Ajudando crianças a lidar com separação e perda]. "Um mecanismo interno opera para filtrar informações devastadoras e para impedir que fiquemos sobrecarregados. Os psicólogos dizem que a negação é uma defesa consciente ou inconsciente que todos nós usamos para negar, reduzir ou evitar ansiedade quando estamos ameaçados. Utilizamos isso para fechar nossa consciência a coisas que seriam perturbadoras demais para se saber."[9]

A negação é o amortecedor da alma. É um instinto e uma reação natural à dor, à perda e à mudança. Ela nos protege. Guarda-nos dos reveses da vida até que possamos juntar nossos outros recursos para lidar com isso.

2. Raiva

Quando deixamos de negar nossa dor, passamos para o estágio seguinte: a raiva. Nossa raiva pode ser razoável ou irracional. Podemos justificar a distribuição de nossa raiva ou podemos jogar nossa fúria irracionalmente em qualquer coisa ou qualquer pessoa. Podemos culpar a nós mesmos, a Deus e a todos à nossa volta pelo que perdemos. Dependendo da natureza da perda, podemos ficar um pouco irritados, zangados, furiosos ou tomados por uma raiva de sacudir a alma.

É por isso que, quando somos honestos, mostramos a luz a alguém ou nos confrontamos com um sério problema, as coisas geralmente não correm como esperamos. Se estamos negando uma situação, não chegamos diretamente à aceitação da realidade – sentimos raiva. É por isso que precisamos ter cuidado com confrontos importantes.

"A vocação de sermos honestos com as pessoas, de arrancarmos suas máscaras, de forçá-las a enfrentar a verdade redimida é altamente perigosa e destrutiva", escreveu John Powell em *Por que tenho medo de lhe dizer quem sou?* "Ele não consegue viver com a compreensão. De uma maneira ou de outra, ele mantém suas peças psicológicas intactas mediante alguma forma de autodecepção. Se as peças psicológicas se soltam, quem juntará e montará o pobre Ser Humano João Teimoso de novo?"[10]

Tenho presenciado cenas violentas e assustadoras quando as pessoas finalmente se deparam com verdades negadas havia muito tempo. Se pretendemos intervir, precisamos procurar ajuda profissional.

3. Negociação

Depois de nos acalmarmos, tentamos fazer uma negociação com a vida, com nós mesmos, com outra pessoa ou com Deus. Se fizermos tal e tal coisa ou se alguém fizer isso ou aquilo, não teremos de sofrer a perda. Não estamos tentando adiar o inevitável; estamos tentando evitá-lo. Às vezes as negociações que fazemos são razoáveis e produtivas: "Se meu marido e eu procurarmos terapia, então não teremos de terminar nosso relacionamento." Às vezes, nossas negociações são absurdas: "Eu costumava achar que, se conseguisse manter a casa arrumada ou se limpasse a geladeira direitinho, meu marido não beberia mais", lembra-se a esposa de um alcoólico.

4. Depressão

Quando nos damos conta de que nossa negociação não funcionou, quando finalmente ficamos exaustos com nossos esforços para nos defender da realidade e quando decidimos reconhecer o que a vida nos reservou, ficamos tristes, às vezes terrivelmente deprimidos. Essa é a essência da tristeza: lamentar ao máximo. É isso o que temos tentado evitar a qualquer custo. É hora de chorar, e isso machuca. Esse estágio do processo começa quando modestamente nos entregamos, diz Esther Olson, terapeuta familiar especializada em tristeza, ou, como ela chama, quando começa o "processo do perdão". Isso só desaparecerá, diz ela, quando todo o processo for completado.

5. Aceitação

É isso. Depois de fechar os olhos, gritar, espernear e negociar, finalmente sentimos a dor e chegamos ao estado de aceitação. Elisabeth Küber-Ross escreveu:

"Não é uma sensação resignada e desesperançosa de 'desistir', de pensar 'qual o propósito?' ou 'não aguento mais lutar', embora também ouçamos essas colocações. Elas também indicam o começo do fim da luta, mas não representam indicações de aceitação. A aceitação não deve ser confundida com um estágio feliz. É quase uma ausência de emoções. É como se a dor tivesse passado, a luta tivesse acabado."[11]

Ficamos em paz com as coisas como são. Estamos livres para ficar; livres para ir; livres para tomar quaisquer decisões que precisemos. Estamos livres! Aceitamos nossa perda, por menor ou maior que seja. Tornou-se uma parte aceitável de nossas circunstâncias. Sentimo-nos confortáveis com tudo isso e com nossas vidas. Nos ajustamos e nos reorganizamos. Mais uma vez, estamos nos sentindo confortáveis com nossas vidas e com nós mesmos.

Não somente estamos nos sentindo confortáveis com nossas circunstâncias e com as transformações pelas quais passamos, como acreditamos que de alguma forma nos beneficiamos de nossa perda ou de nossa transformação, mesmo se não podemos compreender totalmente como ou por quê. Temos fé em que tudo esteja bem, e crescemos com a nossa experiência. Acreditamos profundamente que nossas circunstâncias – cada detalhe delas – são naquele momento exatamente como deveriam ser. Apesar de nossos receios, emoções, lutas e confusões, compreendemos que tudo está bem, mesmo se nos falta o instinto. Aceitamos pelo que é. Nos acomodamos. Paramos de correr, de nos esquivar, de controlar e de nos esconder. E sabemos que somente a partir desse ponto podemos ir em frente.

É assim que as pessoas aceitam as coisas. É o chamado processo da tristeza que a conselheira Esther Olso chama também de processo do perdão, de processo da cura, e de "a maneira como Deus trabalha conosco". Não é muito confortável. Na verdade, é incômodo e às vezes doloroso. Podemos sentir-nos como se nos estivéssemos despedaçando. Quando o processo começa, geralmente sentimos choque e pânico. Ao atravessarmos os estágios, geralmente nos sentimos confusos, vulneráveis, sós e isolados. Uma sensação de perda de controle geralmente está presente, assim como a esperança, que às vezes não é realista.

Provavelmente passamos por esse processo quando há em nossa vida um fato que não aceitamos. Uma pessoa codependente ou uma pessoa quimicamente dependente pode estar em muitos estágios do processo de tristeza por diversas perdas, todas ao mesmo tempo. A negação, a depressão, a negociação e a raiva podem acontecer todas juntas. Podemos não saber o que estamos tentando aceitar. Talvez nem mesmo nos damos conta de que estamos lutando para aceitar uma situação. Podemos simplesmente achar que ficamos loucos.

Não ficamos. Familiarize-se com esse processo. Todo o processo pode ocorrer em trinta segundos quando for uma perda pequena; pode durar anos ou a vida inteira quando a perda é significante. Como isso é um padrão, podemos não atravessar os estágios exatamente como os delineamos. Podemos ir da frente para trás e de trás para a frente; da raiva à negação, da negação à negociação, da negociação de volta à negação. Não importa a velocidade ou a direção com que atravessamos esses estágios, sempre precisamos atravessá-los. Elisabeth Kübler-Ross diz que não é somente um processo normal, é um processo necessário, e cada estágio é necessário. Podemos proteger-nos dos golpes da vida com a negação até estarmos mais bem preparados para lidar com eles. Devemos sentir culpa e raiva até eliminá-las de nosso sistema. Devemos tentar negociar e devemos chorar. Não temos necessariamente de deixar que os estágios ditem nosso comportamento, mas cada um de nós, para nosso bem-estar e nossa aceitação definitiva, precisa passar em cada estágio o tempo individualmente apropriado. Judi Hollis cita Fritz Perls, o pai da terapia gestalt: "A única maneira de sair é atravessando."[12]

Somos seres resistentes. Porém, somos frágeis de muitas maneiras. Podemos aceitar a mudança e a perda, mas isso se dá em nosso próprio ritmo e à nossa própria maneira. E somente nós e Deus podemos determinar esse espaço de tempo.

O pastor e psicólogo Donald L. Anderson escreveu em *Better Than Blessed* [Mais que abençoado]: "Saudáveis são os que sentem tristeza. Apenas muito recentemente começamos a descobrir que negar a tristeza é negar uma função da natureza humana e que tal negação às vezes produz consequências diretas. A tristeza, como qualquer emoção verdadeira, é acompanhada por certas mudanças físicas e pela libertação de certa energia psíquica. Se essa energia não for liberada no processo normal de tristeza, torna-se destrutiva dentro da pessoa. Até uma doença física pode se desenvolver por causa de uma tristeza não resolvida. Qualquer fato, qualquer conscientização que contenha uma sensação de perda podem, e devem, ser sentidos. Isso não significa uma vida de incessante tristeza. Significa estarmos dispostos a admitir uma emoção honesta, em vez de sempre ter de rir da dor. Admitir a tristeza que acompanha qualquer perda não é apenas permissível – é uma opção saudável."[13]

Podemos permitir-nos atravessar esse processo quando enfrentamos uma perda ou mudança, mesmo as menores. Sejamos carinhosos com nós mesmos. Esse processo é exigente e cansativo. Pode sugar nossa energia e balançar nosso equilíbrio. Observemos como atravessamos os estágios e sintamos o que precisamos sentir. Conversemos com as pessoas, pessoas que estão a salvo e que nos poderão dar o conforto, o apoio e a compreensão de que necessitamos. Bote para fora, fale tudo que precisar. Uma coisa que me ajuda é agradecer a Deus pela perda - nas minhas presentes circunstâncias - não importa como eu me sinta ou o que ache dela. Outra coisa que ajuda a muitas pessoas é a Oração da Serenidade. Não temos de agir ou de nos comportar impropriamente, mas precisamos passar por isso. Outras pessoas também passam por isso. Compreender esse processo ajuda-nos a ser mais compreensivos com outras pessoas, e nos dá força para decidir como desejamos nos comportar e o que fazer para cuidarmos de nós mesmos quando passarmos por isso.

Aprenda a arte da aceitação. É um bocado de dor.

Atividade

1. Você ou alguém em sua vida está atravessando esse processo de tristeza por uma perda importante? Em que estágio acha que você ou essa pessoa estejam?
2. Revise sua vida e reflita sobre as perdas principais que você atravessou. Relembre suas experiências e o processo de dor. Escreva sobre suas emoções da forma como se lembra delas.

13
Sinta suas próprias emoções

Quando reprimo minhas emoções, meu estômago sente...[1]

– John Powell

"Eu costumava orientar grupos para ajudar pessoas a lidar com suas emoções", diz a mulher de um alcoólico. "Costumava expressar abertamente minhas emoções. Agora, depois de oito anos nesse relacionamento, não seria capaz de dizer o que sinto, nem se minha vida dependesse disso."

Como codependentes, frequentemente perdemos contato com a parte emocional de nós mesmos. Às vezes, recolhemo-nos emocionalmente para evitar sermos esmagados. Ser emocionalmente vulnerável é perigoso. Dor acumula-se sobre dor, e ninguém parece incomodar-se. É mais seguro afastar-se. Ficamos sobrecarregados de dor, então fechamos o circuito para nos proteger.

Podemos afastar-nos emocionalmente de certas pessoas – pessoas que achamos que podem nos machucar. Não confiamos nelas, então escondemos nossa parte emocional quando estamos perto delas.

Às vezes, sentimo-nos forçados a retirar nossas emoções. As famílias que sofrem os efeitos do alcoolismo e de outros distúrbios rejeitam a honestidade emocional e às vezes parecem precisar de desonestidade. Imagine a tentativa de dizer a um bêbado como *nós* nos sentimos por ele ter batido com o carro, estragado nossa festa de aniversário ou vomitado em nossa cama. Nossas emoções podem provocar em outros reações desagradáveis, como a raiva. Expressar nossas emoções pode ser até perigoso para nossa segurança pessoal, porque elas afundam o barco familiar.

Até as famílias sem história de alcoolismo rejeitam as emoções. "Não sinta isso. Essa emoção não é apropriada. Na verdade, nem sinta nada", pode ser a mensagem que ouvimos. Rapidamente aprendemos a mentira de que nossas emoções não contam, de que nossas emoções, por alguma razão, são erradas. Nossas emoções não são levadas em conta, então nós também deixamos de lhes dar atenção.

Às vezes, pode parecer mais fácil não sentir. Temos tanta responsabilidade porque assumimos muita responsabilidade pelas pessoas à nossa volta. Devemos fazer o que for necessário de qualquer maneira. Para que gastar tempo para sentir? O que isso mudaria?

Às vezes, tentamos fazer nossas emoções desaparecerem porque temos receio delas. Reconhecer como realmente nos sentimos exigiria uma decisão – uma ação ou uma mudança – de nossa parte.[2] Colocar-nos-ia frente a frente com a realidade. Tornar-nos-ia conscientes do que estamos pensando, do que queremos e do que precisamos fazer. E ainda não estamos prontos para isso.

Codependentes são oprimidos, deprimidos e reprimidos. Muitos de nós podemos rapidamente dizer o que alguém está sentindo, por que está sentindo, há quanto tempo se sente assim e o que aquela pessoa provavelmente está passando por causa daquela emoção. Muitos de nós passamos a vida preocupados com as emoções dos outros. Tentamos consertar as emoções das pessoas. Tentamos controlar as emoções delas. Não queremos feri-las, não queremos aborrecê-las, não queremos ofendê-las. Sentimo-nos tão responsáveis pelas emoções dos outros, mas não sabemos o que estamos sentindo. Se sabemos, não sabemos o que fazer para consertar o que sentimos. Muitos de nós ou abandonamos ou nunca assumimos a responsabilidade por nossos próprios *eus* emocionais.

O quanto são importantes as emoções, afinal de contas? Antes de responder a essa pergunta, deixe-me contar sobre quando estive em tratamento por dependência química no Hospital Estadual de Willmar, em Minnesota, em 1973. Eu enfrentava um vício de dez anos em álcool, heroína, morfina, metadona, cocaína, barbitúricos, anfetamina, maconha e outras substâncias que prometessem, mesmo remotamente, mudar a maneira como eu me sentia. Quando perguntei à minha terapeuta, Ruth Anderson, e a outros terapeutas como fazer isso, eles responderam: "Lide com suas emoções." (Eles também sugeriram que eu frequentasse os Alcoólicos Anônimos; depois contarei sobre isso.) Comecei a lidar com minhas emoções. No princípio senti-me horrível. Tinha explosões emocionais que pareciam que iam arrancar o topo de minha cabeça. Mas persisti. Experimentei meus primeiros dias e meses de sobriedade. Depois, chegou a hora de deixar o tratamento. Enfrentei a perspectiva improvável de tentar me entrosar na sociedade. Eu não tinha um *curriculum*; pode ser difícil para uma viciada em heroína conseguir e manter um emprego lucrativo. Tive de terminar meus relacionamentos com todas as pessoas que eu sabia que usavam drogas, e isso incluía todo mundo que eu conhecia. Minha família estava descrente da minha recuperação e ainda compreensivelmente magoada com algumas das coisas que eu tinha feito. Eu geralmente deixava uma trilha de destruição e caos atrás de mim. Minha vida se arrastava diante de mim e prometia muito pouco. Ao mesmo tempo, minha terapeuta me dizia para seguir adiante e começar a viver. Mais uma vez, perguntei a ela como exatamente deveria fazer isso. Mais uma vez ela e outros responderam: "Continue lidando com suas emoções. Frequente o A.A. e tudo dará certo."

Aquilo me parecia um pouco simplista, mas eu não tinha muita escolha. Por mais incrível que pareça, e graças à ajuda do Poder Superior, até agora está funcionando. E fui fundo em minha codependência quando me achei sofisticada demais para lidar com as emoções. A moral da história é que lidar com as emoções e ir ao A.A. podem ajudar-nos a nos recuperar da dependência química. Mas vai além disso, o que responde à pergunta anterior: "O quanto são importantes nossas emoções?"

Os sentimentos não devem ser o principal nem a finalidade de nossas vidas. Os sentimentos não devem ditar ou controlar nossos comportamentos, mas nós não podemos ignorá-los também. Eles não serão ignorados.

Nossas emoções são muito importantes. Elas contam. Elas importam. Nosso lado emocional é especial. Se fizermos as emoções irem embora, se as expulsarmos, perdemos uma parte importante de nós e de nossa vida. As emoções são nossa fonte de alegria, de tristeza, de medo e de raiva. Nossa parte emocional é a parte em nós que ri e que chora. Nosso lado emocional é o centro de dar e receber o calor ardente do amor. Essa parte de nós permite que nos aproximemos das pessoas. Esse nosso lado permite que desfrutemos de carinhos e outras emoções sensuais.

Nossas emoções também são indicadoras. Quando nos sentimos felizes, confortáveis, satisfeitos e contentes, geralmente sabemos que naquele momento tudo está bem em nosso mundo. Quando nos sentimos desconfortáveis, com raiva, com medo ou tristeza, nossas emoções estão nos dizendo que existe um problema. O problema pode estar dentro de nós – algo que estamos fazendo ou pensando – ou pode ser externo. Mas há algo errado.

As emoções também podem ser motivações positivas. A raiva pode motivar-nos a resolver um problema irritante. O medo nos encoraja a fugir do perigo. Sentir dor física e emocional repetidamente nos diz para nos afastarmos.

Nossas emoções também podem fornecer pistas: de nossos desejos, de nossas necessidades e de nossas ambições. Elas nos ajudam a descobrir a nós mesmos, o que realmente estamos pensando. Nossas emoções também se alimentam dessa profunda parte de nós que procura e conhece a verdade e deseja a autopreservação, o automelhoramento, a segurança e a bondade. Nossas emoções estão ligadas aos processos de pensamento cognitivo do nosso consciente, e àquele misterioso presente chamado instinto ou intuição.

Existe, entretanto, o lado mais escuro delas. A dor emocional dói. Pode doer tanto que achamos que tudo que somos ou seremos é apenas nossa parte emocional. A dor e a tristeza podem perdurar. O medo pode ser um bloqueador; pode fazer com que deixemos de realizar coisas que desejamos e de que necessitamos para viver nossa vida.

Às vezes podemos ficar presos às emoções – presos num poço de sentimentos sombrios – e achamos que nunca mais sairemos dali. A raiva pode descambar em ressentimento e amargura e ameaçar ficar para sempre. A tristeza pode transformar-se em depressão, quase nos asfixiando. Alguns de nós vive com medo por longos períodos de tempo.

Nossas emoções também podem nos enganar. Podem levar-nos a situações onde nossa cabeça nos diz para não ir. Às vezes, as emoções são como algodão-doce; parecem ser mais do que realmente são.

Apesar do lado escuro das emoções – as dolorosas, as que perduram e as traiçoeiras –, há um panorama ainda mais sombrio se escolhermos não nos emocionar. Não sentir nossas emoções, nos recolhermos emocionalmente e rejeitarmos essa parte de nós pode ser algo desagradável, não saudável e autodestrutivo.

Reprimir ou negar emoções pode causar dor de cabeça, distúrbios estomacais e dores nas costas, e debilitar a resistência física em geral, o que pode abrir as portas para muitas doenças. Reprimir as emoções – principalmente se estamos fazendo isso durante o estágio da negação do processo de tristeza – pode levar-nos a comer demais ou de menos, alcoolismo ou uso de outras drogas, comportamentos sexuais compulsivos, gastar compulsivamente, dormir pouco ou dormir demais, obsessão, atitudes controladoras e outros comportamentos compulsivos.[3]

Emoção é energia. As emoções reprimidas bloqueiam nossa energia. Não damos o melhor de nós quando estamos bloqueados.

Outro problema com emoções reprimidas é que elas não vão embora. Elas ficam, às vezes se tornando cada vez mais fortes e nos levando a fazer muitas coisas estranhas. Temos de ficar um passo adiante das emoções, temos de ficar ocupados, temos de fazer *alguma coisa*. Não ousamos ficar quietos e em paz porque podemos sentir essas emoções. E a sensação pode esguichar de qualquer maneira, levando-nos a fazer o que nunca quisemos fazer: gritar com as crianças, chutar o gato, manchar nosso vestido favorito ou chorar numa festa. Ficamos presos às emoções porque estamos tentando reprimi-las e, como um vizinho persistente, elas não vão embora até reconhecermos sua presença.

A maior razão para não reprimirmos as emoções é que reprimi-las faz com que percamos nossas emoções positivas. Perdemos a capacidade de sentir. Às vezes, isso pode ser um alívio bem-vindo se a dor for muito grande ou muito constante, mas esse não é um bom plano de vida. Podemos rejeitar nossas necessidades mais profundas – a necessidade de amar e de sermos amados – quando reprimimos nossas emoções. Podemos perder nossa capacidade de desfrutar de sexo, de carinho. Perdemos a capacidade de nos sentirmos próximos às pessoas, o que é conhecido também como intimidade. Perdemos nossa capacidade de desfrutar das coisas agradáveis da vida.

Perdemos o contato com nós mesmos e com nosso ambiente. Não estamos mais em contato com nossos instintos. Tornamo-nos inconscientes do que nossas emoções estão nos dizendo e de quaisquer problemas em nosso ambiente. Perdemos o poder motivador das emoções. Se não estamos sentindo, provavelmente não examinamos o pensamento que acompanha isso, e não sabemos o que nossos *eus* estão nos dizendo. Se não lidarmos com nossas emoções, não mudamos nem crescemos. Ficamos estagnados.

As emoções podem não ser sempre um baú de alegrias, mas reprimi-las pode ser definitivamente uma desgraça. Então, qual é a solução? O que fazemos com essas incômodas emoções que podem ser tanto uma carga quanto uma delícia?

Nós as sentimos. Nós *podemos* senti-las. É certo sentir emoções. É certo ter emoções – todas elas. É certo até para homens senti-las. Emoções não são erradas. Não são impróprias. Não precisamos sentir-nos culpados por senti-las. Emoções não são atos; sentir raiva homicida é completamente diferente de cometer homicídios. As emoções não devem ser julgadas nem como boas nem como más. Emoções são energias emocionais; não são características de personalidade.

As pessoas dizem que existem centenas de emoções diferentes, indo da irritação à zanga, da exuberância ao encantamento etc. Alguns terapeutas resumem a lista a quatro emoções: raiva, tristeza, alegria e medo. Esses são os quatro grupos básicos de sensações, todo o resto são nuances e variações. Por exemplo, sentir-se sozinho e "para baixo" pode cair na categoria de tristeza; ansiedade e nervosismo são variações do tema de medo; excitação e felicidade são qualificadas como alegria. Você pode chamar todas elas do que quiser; o importante é senti-las.

Isso não quer dizer que temos de estar sempre em guarda para uma emoção ou outra. Não significa que teremos de devotar uma extraordinária quantidade de tempo de nossa vida para chafurdar em sujeira emocional. Na verdade, lidar com nossas emoções significa que podemos cair fora da sujeira emocional. Significa que se uma emoção – energia emocional – aparece em nosso caminho, nós a sentimos. Pensamos por alguns momentos, reconhecemos a sensação e passamos para o próximo passo. Não censuramos. Não bloqueamos. Não fugimos dela. Não dizemos a nós mesmos: "Não sinta isso. Deve ter algo de errado comigo." Não julgamos a nós mesmos por nossas emoções. Nós as sentimos. Permitimos que essa energia passe pelo nosso corpo e a aceitamos como sendo nossa energia emocional, nossa emoção. Dizemos: "Tudo bem."

É então que precisamos daquela coisa mística a que muitas pessoas se referem como "lidar com nossas emoções". Respondemos apropriadamente a ela. Examinamos os pensamentos que a acompanham e os aceitamos sem repressão ou censura.[4]

Depois decidimos se devemos dar mais um passo. É aqui que fazemos nosso julgamento. É aqui que nosso código moral entra em jogo. Mas ainda não julgamos a nós mesmos por sentir a emoção. Decidimos o que queremos fazer a respeito dela e do pensamento que a acompanha, se é que queremos fazer algo. Avaliamos a situação e depois escolhemos uma linha de comportamento de acordo com nosso código moral e nosso novo ideal de autocuidado. Há algum problema que precisamos resolver? Nosso pensamento está equivocado? Podemos precisar corrigir certos padrões de pensamentos orientados ao desastre, como: "Sinto um medo e uma tristeza horríveis porque o carro quebrou; é o fim do mundo." Seria mais certo pensar: "Estou aborrecido porque o carro quebrou." O problema é algo que podemos resolver? Refere-se a outra pessoa? É necessário ou apropriado discutir a emoção com essa pessoa? Caso seja, quando será melhor fazer isso? Talvez seja suficiente apenas sentir a emoção e reconhecer o pensamento. Se estiver em dúvida sobre que atitude tomar, sobre se a emoção é particularmente errada ou se a atitude que decide tomar é radical, sugiro que espere um ou dois dias, até que esteja sossegado e sinta a mente clara. Em outras palavras: desligue-se.

Nossas emoções não precisam nos controlar. Só porque estamos com raiva, não temos de gritar e bater. Só porque estamos tristes ou deprimidos, não temos de ficar na cama o dia inteiro. Só porque estamos com medo, não significa que não devemos nos candidatar àquele emprego. Não estou de forma alguma dizendo ou sugerindo que permitamos que elas controlem nosso comportamento. Na verdade, o que estou dizendo é o oposto: se não sentimos nossas emoções e não lidamos com elas responsavelmente, *elas* nos controlarão. Para lidarmos com nossas emoções responsavelmente, nós as submetemos ao nosso intelecto, à nossa razão e aos nossos códigos de ética comportamental e moral.[5]

Responder apropriadamente às nossas emoções também significa que somos responsáveis por elas. Cada emoção de uma pessoa lhe pertence. Ninguém faz ninguém sentir; ninguém é definitivamente responsável por nossas emoções além de nós, *não importa o quanto insistirmos que são.* As pessoas podem ajudar-nos a sentir, mas elas não nos *fazem* sentir. E tampouco podem mudar a maneira com que nos sentimos. Somente nós podemos fazer isso. Além disso, não somos responsáveis pelas emoções de ninguém, embora sejamos responsáveis por decidir ter consideração pelas emoções das pessoas. Pessoas responsáveis preferem fazer isso, às vezes. Entretanto, a maioria dos codependentes prefere fazer isso sempre. Precisamos ter consideração também com nossas emoções. Elas são reações às circunstâncias da vida. Portanto, a educação dita que, quando discutir uma emoção com alguém, você diga: "Sinto isso e aquilo quando você faz isso e aquilo, porque..." e não: "Você me faz sentir."[6]

Podemos, no entanto, desejar tomar outra decisão sobre como lidar com nossas emoções. Isso é verdade principalmente se costumamos reagir ao comportamento de alguém com grande aflição emocional, e mesmo depois de falar à pessoa sobre nossa aflição ela continue a nos causar dor. Talvez não precisemos de tanta ajuda para sentir. Lembre-se, as emoções são indicadoras e motivadoras. Observe os padrões. Eles nos dizem muito sobre nós mesmos e nossos relacionamentos.

Às vezes, lidar com emoções significa que é preciso uma mudança de pensamento. Muitas terapias reconhecem uma correlação direta entre o que pensamos e o que sentimos.[7] Existe uma conexão. O que pensamos influencia a forma como nos sentimos. Às vezes, padrões de pensamentos incorretos, exagerados ou impróprios provocam nossas emoções ou fazem com que elas permaneçam mais tempo do que o necessário. Se pensamos que algo é horrível, nunca vai melhorar e simplesmente não devia existir, nossas emoções serão intensas. Chamamos a isso de pensamentos desastrosos. Por isso, é importante, depois de sentirmos nossas emoções, examinarmos nosso pensamento. Coloque-o sob a luz. Se for inapropriado, então sabemos que temos de fazer algo para resolver nosso problema, não é verdade?

Há vezes em que podemos precisar discutir nossas emoções e pensamentos com outra pessoa. Não é saudável viver nossa vida em isolamento. Partilhar nosso lado emocional com outras pessoas cria proximidade e intimidade. Além disso, sermos aceitos por alguém por ser quem somos nos ajuda a aceitar a nós mesmos. É sempre uma experiência maravilhosa. Às vezes, podemos desejar dizer certas coisas a um amigo que apenas nos ouvirá, enquanto desabafamos e tentamos descobrir o que está acontecendo. As coisas que trancamos dentro de nós podem ficar grandes e poderosas demais. Soltá-las no ar faz com que fiquem menores. Ganhamos perspectiva. Também é sempre mais divertido compartilhar as sensações agradáveis: as alegrias, os sucessos, as pequenas satisfações. E, se queremos aprofundar uma relação com alguém, precisamos discutir nossas emoções persistentes com ele ou ela. É a chamada honestidade emocional.

Um aviso: as emoções de intensa felicidade podem ser tão perturbadoras e assustadoras quanto as emoções de intensa tristeza, principalmente para os codependentes que não estão acostumados a emoções felizes, de acordo com Scott Egleston. Muitos codependentes acham que as emoções felizes devem ser sempre acompanhadas de emoções tristes, porque era isso que costumava acontecer no passado. Alguns codependentes acreditam que não podemos, não devemos e não merecemos nos sentir felizes. Às vezes, fazem coisas para criar emoções tristes depois de sentirem emoções alegres, ou sempre que haja a possibilidade de que se sintam felizes. Não é errado se sentir feliz. Não é errado se sentir triste. Deixe a energia emocional passar por você e procure a paz e o equilíbrio.

Há vezes em que precisamos de ajuda profissional para lidar com nossas emoções. Se estamos presos a alguma emoção em particular, devemos dar a nós mesmos o que precisamos. Procuremos um psicólogo, um terapeuta, um psicanalista ou um religioso. Tomemos conta de nós mesmos. Nós merecemos isso. Podemos também desejar procurar ajuda profissional se estamos reprimindo sensações por um longo período ou se suspeitamos que o que estamos reprimindo é intenso.

Às vezes é preciso apenas um pouco de prática e consciência para despertar nosso lado emocional. As seguintes atividades ajudam-me a entrar em contato com minhas emoções: o exercício físico, escrever cartas que não pretendo mandar, conversar com pessoas em quem confio e passar algum tempo quieta e meditando. Precisamos fazer da conscientização de nós mesmos um hábito. Precisamos prestar atenção às nossas atitudes de "não deveria me sentir assim"; precisamos prestar atenção ao nosso nível de conforto; precisamos ouvir o que pensamos e dizemos, e devemos estar atentos ao nosso tom de voz; precisamos observar o que estamos fazendo. Assim, encontraremos um caminho para nossas emoções e um modo de atravessá-las; um caminho que funcione para nós.

Precisamos convidar as emoções à nossa vida. E depois comprometer-nos a cuidar delas com carinho. Sentir nossas emoções. Confiar em nossas emoções e em nós mesmos. Somos mais sábios do que pensamos.

Atividade

1. Leia seu diário. Que emoções saíram de mansinho ou jorraram enquanto você escrevia?
2. Vamos jogar o jogo do "se". E se você pudesse sentir qualquer coisa que quisesse neste exato momento, e se sentir isso não fizesse de você uma má pessoa. O que estaria sentindo? Escreva sobre isso.
3. Procure alguém em quem confie, um bom ouvinte que queira ouvir e não corrigir, e comece a discutir honesta e abertamente suas emoções com essa pessoa. Ouça as emoções dessa pessoa sem julgamento ou propósito de tomar conta. É bom, não é? Se não conhecer alguém com quem se sinta seguro em fazer isso, entre para um grupo de apoio.

14
Raiva

– O que há em mim que você odeia tanto? – perguntou o marido à esposa sóbria há seis meses.
– Tudo – respondeu ela, com um olhar penetrante.

– Citação anônima

Durante muitos anos eu raramente senti raiva. Eu chorava. Sentia-me magoada. Mas, raiva? Não, eu não.

Depois de iniciar minha recuperação da codependência, imaginei se algum dia iria *deixar* de sentir raiva.

Janet Woititz descreveu exatamente como eu era nesse trecho de *Marriage on the Rocks* [Dificuldades no casamento]: "Você se torna tensa e desconfiada. A raiva consome você, sem nenhuma válvula de escape. Qualquer pessoa que entre em sua casa pode sentir a vibração da raiva. Não há escapatória. Quem imaginaria que você se tornaria uma bruxa hipócrita?"[1]

Sentir raiva faz parte da vida de quase todo mundo. Crianças sentem raiva; adolescentes sentem raiva; adultos sentem raiva. Às vezes, a raiva ocupa uma pequena parte de nossas vidas e não representa qualquer problema em particular. Nós desabafamos e acabamos com ela. Continuamos com nossa vida, e o problema está resolvido.

Mas normalmente esse não é o caso dos codependentes, principalmente se estamos envolvidos com um alcoólico, um viciado em drogas ou alguém com um problema sério. A raiva pode ocupar grande parte de nossa vida. Pode *tornar-se* nossa vida. O alcoólico fica louco, nós ficamos loucos, as crianças ficam furiosas e o cachorro também. O tempo todo é assim: Ninguém parece jamais liberar suficientemente a raiva. Mesmo se não estamos gritando, mesmo se estamos tentando fingir que não a sentimos, estamos loucos de raiva. Lançamos olhares e fazemos pequenos gestos que nos denunciam. A hostilidade está emboscada bem abaixo da superfície, esperando a oportunidade de aflorar. A raiva às vezes explode como uma bomba, mas sem convencer a ninguém. O alcoólico diz: "Como se atreve a ficar com raiva de mim? Eu sou o rei. Posso ficar com raiva de você, mas você não pode ficar com raiva de mim." O codependente diz: "Depois de tudo que fiz por você, vou sentir tanta raiva quanto quiser." Mas, silenciosamente, o codependente pensa: Talvez ele (ou ela) esteja certo. Como ousamos ficar com raiva do alcoólico? Deve haver algo de errado conosco por nos sentirmos assim. Abafamos mais um pouco nosso amor-próprio, colocamos um pouco de culpa junto. Mas a raiva ainda está lá. Os problemas não se resolvem; a raiva não termina. Inflama-se e infecciona-se.

Mesmo que sejamos presenteados com a sobriedade ou a recuperação de qualquer problema, a raiva pode continuar, e geralmente continua.[2] Geralmente, ela atinge o auge na hora em que o alcoólico consegue ajuda. Ninguém, incluindo o alcoólico, pode mais aguentar a insanidade. Às vezes, piora. O codependente pode descobrir que *a culpa não é sua*. O codependente pode até sentir mais raiva por ter acreditado por tanto tempo que era culpa sua! Pode ser seguro pela primeira vez para o codependente sentir e expressar raiva. As coisas finalmente se acalmaram o bastante para que ele compreenda quanta raiva tinha e tem. E isso pode causar mais conflitos. O alcoólico pode desejar e esperar começar de novo – sem a roupa suja do passado –, agora que começou uma nova vida.

Então o alcoólico diz:

– Como ousa ficar com raiva agora? Estamos começando de novo.

E o codependente responde:

– Isso é o que *você* pensa. Estou apenas começando a ficar com raiva.

Depois o codependente pode acrescentar à sua baixa autoestima e à sua culpa outro pensamento silencioso e torturante: "O alcoólico está certo. Como ouso ficar com raiva agora? Deveria estar extasiado. Deveria estar agradecido. Há algo errado comigo."

Então todos se sentem culpados porque sentem raiva. E todos sentem ainda mais raiva porque se sentem culpados. Sentem-se traídos e com raiva porque a sobriedade não trouxe a alegria que prometera. Não era o que lhes faria viver felizes para sempre. Não interprete mal. É melhor. É muito melhor quando as pessoas ficam sóbrias. Mas a sobriedade não é a cura mágica para a raiva e para os problemas de relacionamento. A velha raiva queima. A nova raiva alimenta o fogo. A droga ou o problema não podem mais ser culpados, embora frequentemente o sejam. As drogas não podem mais ser usadas para medicar a raiva. E muitas vezes os codependentes deixam de ter a simpatia e a compreensão que precisamos dos amigos. Achamos maravilhoso que o alcoólico tenha deixado de beber ou que o problema tenha sido resolvido. "O que está errado conosco?" perguntamos. Não podemos perdoar e esquecer? E mais uma vez o codependente pensa: "O que está errado comigo?"

A raiva pode ser uma emoção comum, mas é duro lidar com ela. À maioria de nós não foi ensinado como lidar com a raiva: as pessoas nos mostram como elas lidam com a raiva, mas não nos ensinam. E a maioria das pessoas nos mostra maneiras impróprias de lidar com a raiva porque também não sabem como fazê-lo.

As pessoas podem nos dar bons conselhos. "Fique com raiva, mas não peque; não deixe o sol se pôr na sua raiva."[3] "Não procure a vingança." Muitos não podem seguir esses mandamentos. Alguns acham que isso significa: "Não fique com raiva." A maioria não tem certeza do que acha sobre a raiva. Alguns acreditam em mentiras sobre ela.

Os codependentes e outras pessoas geralmente acreditam nos seguintes mitos sobre a raiva:

- Não se deve sentir raiva.
- Raiva é perda de tempo e energia.
- Pessoas boas e decentes não sentem raiva.

- Não deveríamos sentir raiva quando a sentimos.
- Perderemos o controle e ficaremos loucos se sentirmos raiva.
- As pessoas irão embora se ficarmos com raiva delas.
- As pessoas nunca deveriam sentir raiva de nós.
- Se sentem raiva de nós é porque devemos ter feito algo errado.
- Se alguém ficar com raiva de nós é porque a fizemos sentir-se assim e somos responsáveis por corrigir esse sentimento.
- Se sentimos raiva é porque alguém nos fez sentir assim e essa pessoa é responsável por corrigir nosso sentimento.
- Se sentimos raiva de alguém, o relacionamento está terminado e essa pessoa deve ir embora.
- Se sentimos raiva de alguém, devemos punir essa pessoa por nos fazer sentir raiva.
- Se sentimos raiva de alguém, essa pessoa tem de mudar o que está fazendo para que não tenhamos mais raiva.
- Se estamos com raiva, temos de bater em alguém ou quebrar algo.
- Se estamos com raiva de alguém, isso significa que não amamos mais essa pessoa.
- Se alguém tiver raiva de nós, isso significa que essa pessoa não nos ama mais.
- A raiva é um sentimento pecaminoso.
- Só é correto sentir raiva quando podemos *justificar* nossos sentimentos.[4]

Muitas pessoas em programas como o Alcoólicos Anônimos acham que nunca deveriam sentir raiva durante sua recuperação. O conceito dos programas de recuperação é de que as pessoas aprendam a lidar com a raiva imediatamente, antes que esta se transforme em ressentimentos prejudiciais.

Como codependentes, podemos ter medo de nossa raiva e da raiva de outras pessoas. Talvez acreditemos em um ou mais dos mitos. Ou talvez tenhamos medo da raiva por outras razões. Alguém pode ter batido ou abusado de nós quando estava com raiva. Algum de nós pode ter batido ou abusado de alguém quando sentimos raiva. Às vezes, apenas o nível de energia selvagem que acompanha a raiva de alguém pode ser assustador, principalmente se a pessoa estiver bêbada.

Tanto nós como nosso parceiros reagimos à raiva. É uma emoção provocante. Pode ser contagiosa. E muitos de nós temos muita raiva por que reagir. Temos muito da raiva que acompanha a tristeza. Temos a que vem do estágio de perseguição de resgatar ou tomar conta. Muitos de nós estamos presos numa ponta daquele triângulo. Temos sentimentos irracionais de raiva que podem ser injustificados e causados por pensamentos desastrosos de reação: os *deveria*, *horríveis*, *nuncas* e *sempres*. Nós justificamos a raiva – todos os sentimentos alucinados que qualquer um sentiria se alguém fizesse *aquilo* com ele ou ela. Temos a raiva que encobre a dor e o medo. Sentimentos de tristeza e medo se transformam em raiva, e muitos de nós temos muito medo e tristeza. Temos a raiva que vem de nos sentirmos culpados. A culpa, tanto a merecida quanto a não merecida, facilmente se converte em raiva.[5] Os codependentes sentem um bocado de culpa. E acredite ou não, os alcoólicos também. Só que eles são mais propensos a convertê-la em raiva.

E reagimos à raiva. Ficamos com raiva porque a outra pessoa sente raiva. Então ela fica com mais raiva, e nós ficamos com mais raiva ainda porque ela ficou com mais raiva. E logo todo mundo está com raiva, e ninguém sabe por quê. Mas estamos todos com raiva – e sentindo-nos culpados por isso.

Às vezes, preferimos continuar com raiva. Contribui para que nos sintamos menos vulneráveis e mais poderosos. É como um escudo protetor. Se estamos com raiva, não nos sentiremos feridos ou com medo, ou pelo menos isso não se nota tanto.

Infelizmente, muitos de nós não temos aonde ir com toda essa raiva. Nós a engolimos, mordemos a língua, enrijecemos os ombros, a empurramos para o estômago, a deixamos chacoalhar em volta de nossa cabeça, fugimos dela, a medicamos, ou lhe damos um biscoitinho. Culpamos a nós mesmos, transformamos a raiva em depressão, nos jogamos na cama, desejando morrer, e ficamos doentes por causa dela. Por fim, pedimos a Deus que nos perdoe por sermos tão horríveis, por sentirmos raiva acima de tudo.

Muitos de nós vivemos num verdadeiro dilema com nossa raiva, principalmente se pertencemos a um sistema familiar que diz: "Não sinta; principalmente não sinta raiva." O alcoólico certamente não quer nos ouvir dizer como nos sentimos enraivecidos. Provavelmente acha que de qualquer forma nossa raiva é exagerada, e discutir isso pode aborrecê-lo. Nossa raiva estimula a culpa do alcoólico. O alcoólico pode até dominar-nos com sua raiva, apenas para que nos sintamos culpados e reprimidos.

Frequentemente, não podemos ou não queremos dizer a nossos pais como nos sentimos. Eles podem ficar com raiva de nós por termos um relacionamento com alguém que tenha um problema com álcool ou outra droga. Ou podem somente ver o lado bom do alcoólico ou viciado e achar que somos insensatos e depreciativos. Nossos amigos podem até adoecer de tanto nos ouvir reclamar. Alguns de nós sentem tanta vergonha que acham que não podem dizer ao pastor ou padre o quanto estão com raiva. O religioso apenas nos chamaria de pecadores, e não precisamos ouvir mais isso. É tudo o que andamos dizendo a nós mesmos. Muitos de nós não pensariam em se voltar para o Poder Superior e dizer o quanto estão com raiva.

Então, o que faremos com todo esse ódio dentro de nós? A mesma coisa que fazemos com quase tudo que tem a ver conosco: reprimimos e nos sentimos culpados por isso. A raiva reprimida, assim como outras emoções reprimidas, causam problemas. Às vezes, nossa raiva pode vazar inapropriadamente. Gritamos com alguém com quem não queremos gritar. Fechamos a cara, torcemos os lábios e contribuímos para que as pessoas não desejem ficar perto de nós. E batemos as panelas, porque já perdemos muita coisa de valor e não podemos quebrar mais nada.

Outras vezes, nossa raiva pode mostrar sua face de formas diferentes. Podemos passar a não querer, a ser incapazes, ou a recusarnos a desfrutar de sexo.[6] Podemos tornar-nos incapazes de gostar de qualquer coisa. Depois acrescentamos mais ódio à nossa pilha já avultada, imaginando o que há de errado conosco e continuando com nosso comportamento hostil. Quando as pessoas nos perguntam o que está errado, nos retesamos e dizemos: "Nada. Estou muito bem, obrigado." Às escondidas, podemos dar início a pequenas ou grandes coisas desagradáveis para nos vingar de quem estamos com raiva.

Se a raiva for reprimida por tempo demais, acabará fazendo mais do que vazar. As emoções ruins são como mato. Não desaparece só porque o ignoramos: crescerá selvagemente e tomará conta de tudo. Nossos sentimentos de raiva um dia poderão explodir. E poderemos dizer coisas que não queremos dizer. Ou – como geralmente acontece – poderemos dizer o que realmente queremos dizer. Podemos perder o controle e desandar a brigar, a cuspir, a berrar, a arrancar os cabelos e a quebrar tudo. Ou podemos fazer algo para nos machucar. Ou a raiva pode transformar-se em amargura, ódio, desprezo, repulsa ou ressentimento.

Ainda assim, não compreendemos: "O que há de errado comigo?"

Podemos repetir isso o quanto quisermos. Não há nada de errado conosco. Como o título do livro diz, *Of Course You're Angry* [Claro que você está com raiva].[7] Claro que estamos com muita raiva. Estamos assim porque qualquer pessoa em sã consciência estaria com muita raiva.

Um excelente trecho de *Marriage on the Rocks* [Dificuldades no casamento] diz:

"Não se pode viver com o alcoolismo ativo sem ser profundamente afetado. Qualquer ser humano bombardeado com o que você tem sido bombardeado deve ser elogiado apenas pelo fato de sobreviver. Você merece uma medalha pelo mero fato de estar aqui para contar a história."[8]

A raiva é um efeito profundo do alcoolismo. É também o efeito de muitos outros distúrbios compulsivos ou problemas com que os codependentes convivem.

Mesmo se não estivermos vivendo com um sério problema ou com uma pessoa seriamente doente, é normal sentir raiva. A raiva é um dos efeitos mais profundos que a vida tem sobre nós. É uma de nossas emoções. E sentiremos quando ela aparecer no nosso caminho – ou então a reprimiremos. "Não confie em pessoas que nunca ficam com raiva. As pessoas ou ficam com raiva ou se tornam vingativas", diz minha amiga Sharon George, especialista no campo de saúde mental.

Temos todo o direito de sentir raiva. Temos todo o direito de sentir toda a raiva que sentimos. E os outros também. Mas também temos a responsabilidade – principalmente com nós mesmos – de lidar com nossa raiva apropriadamente.

Estamos de volta ao nosso conselho original: Lidemos com nossos sentimentos. Como lidamos com uma emoção tão potente quanto a raiva? Como deixamos de senti-la? Quando isso acontece? Para onde ela vai? Com quem podemos conversar? Quem poderia desejar ouvir-nos? Até nós, provavelmente, não estamos querendo ouvir a nós mesmos. Afinal de contas, a pessoa de quem estamos com raiva tem uma doença. Então, não deveríamos estar sentindo compaixão e todas essas coisas bondosas? É realmente normal sentir toda essa raiva de uma pessoa doente?

Sim, temos o direito de ficar com raiva de uma pessoa doente. Nós não criamos o problema. Embora o sentimento ideal seja a compaixão, provavelmente não sentiremos isso até lidarmos com nossa raiva. Em algum lugar, entre a raiva homicida e o sentimento de pena por aquela pessoa, está o modo como faremos passar nossos sentimentos de raiva – os mais velhos e os mais novos. Mas não acredito que lidar com emoções reprimidas aconteça da noite para o dia. Pode não acontecer em um mês ou mesmo em um ano. Quanto tempo foi preciso para ficarmos com essa raiva? Lidar com uma quantidade significativa de raiva reprimida pode exigir muito tempo e esforço. Lidar com raiva nova exige prática.

Aqui vão algumas sugestões para lidar com a raiva:

- *Eliminar qualquer mito que tenhamos aceitado sobre a raiva*. Dê a si mesmo permissão para sentir raiva quando precisar. Dê às outras pessoas permissão para que sintam raiva também.
- *Sentir a emoção.* Mesmo que seja raiva, ela é somente uma energia emocional. Não é certa nem errada; não pede julgamento. A raiva não tem de ser justificada ou racionalizada. Se a energia está ali, sinta-a. Sinta também quaisquer emoções implícitas, como dor ou medo.
- *Reconhecer os pensamentos que acompanham o sentimento.* De preferência, diga esses pensamentos em voz alta.

- *Examinar os pensamentos que acompanham o sentimento.* Analise-os com isenção. Veja se há algum defeito neles. Observe os padrões e as situações repetitivas. Aprenderemos muito sobre nós mesmos e sobre nosso ambiente. Os alcoólicos em recuperação geralmente desenvolvem padrões repetitivos de pensamento que podem indicar o desejo de começar a beber de novo.
- *Tomar uma decisão responsável sobre o que devemos fazer – se é que devemos.* Descubra o que a raiva nos está dizendo. Está nos indicando um problema dentro de nós ou em nosso ambiente que precisa de atenção? Às vezes, enquanto estamos pedindo a Deus para nos ajudar a parar de sentir raiva, Ele está tentando nos dizer algo. Precisamos mudar? Precisamos de alguma coisa de alguém? Muita raiva vem de necessidades não satisfeitas. Uma maneira rápida de resolver a raiva é parar de gritar com a pessoa de quem estamos com raiva, descobrir o que precisamos daquela pessoa e lhe pedir isso. Se ela não pode ou não quer nos dar o que desejamos, então devemos descobrir o que precisamos fazer para cuidar de nós mesmos.
- *Não deixar que a raiva nos controle.* Se descobrimos que estamos sendo controlados por nossos sentimentos de raiva, podemos parar. Não temos de continuar a gritar. Não me interprete mal; às vezes os gritos ajudam. Mas às vezes não. É melhor decidirmos isso, em vez de deixar a nossa raiva decidir por nós. Não temos de perder o controle de nossas ações. É apenas energia, não uma praga sobre nós. Desligue-se. Vá para outro cômodo. Vá para outra casa. Fique em paz. Depois, descubra o que precisa fazer. Não temos de deixar que a raiva de outra pessoa nos controle. Frequentemente ouço os codependentes dizerem: "Não posso fazer isso ou aquilo porque ele (ou ela) vai ficar com raiva." Não prejudique sua segurança, mas tente livrar-se do controle da raiva – da nossa ou de alguém mais. Não temos de reagir à raiva. Ela é apenas uma energia emocional. Não temos nem de reagir ficando com raiva se não quisermos ficar. Experimente fazer isso.
- *Discutir a raiva aberta e honestamente quando for apropriado.* Mas não converse com um bêbado quando ele estiver bebendo. Podemos tomar boas decisões sobre como expressar nossa raiva, aberta

e apropriadamente. Mas tenhamos cuidado com a forma como *nós* nos aproximamos das pessoas. A raiva geralmente gera raiva. Em vez de despejar nossa raiva sobre alguém, podemos sentir nossas emoções, pensar nossos pensamentos, descobrir o que precisamos daquela pessoa e depois voltar a ela e expressar essa necessidade, em vez de gritarmos.

- *Ser responsável por sua raiva.* Podemos dizer: "Fico com raiva quando você faz isso porque..." e não: "Você me dá raiva." Entretanto, gosto de dar às pessoas um pouco de espaço para a comunicação. Nem sempre temos de dizer as palavras exatamente corretas, como se acabássemos de sair de um grupo de terapia. Sejamos nós mesmos. Apenas compreendamos que somos responsáveis por nossos sentimentos de raiva – mesmo que eles sejam a reação apropriada ao comportamento impróprio de alguém.
- *Conversar com pessoas em quem confie.* Falar sobre a raiva e ser ouvido realmente ajuda aliviar. Ajuda a nos aceitarmos. Lembre-se de que não podemos ir para a frente enquanto não aceitamos quem somos. E, sim, as pessoas se importam. Talvez tenhamos de sair de casa para encontrá-las ou ir a reuniões de Al-Anon, mas elas estão por aí. Se temos emoções de raiva que se endureceram em ressentimentos, podemos falar sobre elas com um religioso ou dar o Quarto ou o Quinto Passo. Os ressentimentos podem estar nos machucando muito mais do que ajudando.
- *Queimar a energia da raiva.* Limpe a cozinha. Jogue bola. Faça exercícios. Vá dançar. Corte a grama. Limpe o quintal. Construa um edifício, se necessário. A raiva é extremamente estressante, e descarregar fisicamente essa energia ajuda.
- *Não se deixe bater nem bata em outros por sentir raiva.* Não deixe que outras pessoas batam em você ou abusem de você de nenhuma forma quando estiverem com raiva. Não machuque outras pessoas quando estiver com raiva. Procure ajuda profissional se acontecer algum abuso.
- *Escrever cartas que não tenha intenção de mandar.* Se sentimos culpa quanto à raiva, isso realmente ajuda. Comece a carta perguntando: "Se eu pudesse sentir raiva de alguma coisa, se ninguém ja-

mais soubesse, e se não fosse errado sentir isso, eu ficaria com raiva de..." Uma vez que nossa raiva seja colocada no papel, superamos a culpa e podemos descobrir como lidar com ela. Se estivermos sofrendo de depressão, esse exercício também pode ajudar.

- *Lidar com a culpa.* Livre-se da culpa não merecida. Livre-se de toda ela. Culpa não ajuda. Deus nos perdoa de qualquer coisa que tenhamos feito. Além disso, aposto que Ele não acha que cometemos tantos erros quanto achamos que cometemos.

Uma vez que começamos a lidar com a raiva, podemos notar que sentimos raiva quase o tempo inteiro. Isso é normal. Somos como crianças com um novo brinquedo. Nos cansaremos disso. Seja paciente. Não vamos lidar com isso perfeitamente. Ninguém consegue. Cometeremos erros, mas também aprenderemos com eles. A razão que nos foi dada para não procurarmos a vingança é de que vingar-se é uma resposta comum à raiva. Se fez coisas inapropriadas, lide com a culpa merecida e prossiga dali. Esforce-se para melhorar.

Precisamos ser pacientes se estivermos reprimindo cargas de sentimentos de raiva. As coisas levam tempo. Podemos precisar sentir essa raiva no momento. Quando não precisarmos mais sentir raiva, deixaremos de senti-la, se quisermos. Se você acha que está preso à raiva, procure ajuda profissional.

Algumas pessoas acreditam que não devemos nunca sentir raiva; se controlarmos nosso pensamento e estivermos devidamente desligados, nunca reagiremos ou nos comportaremos raivosamente. Isso pode ser verdade; entretanto, prefiro relaxar e ver o que acontece, em vez de ficar rigidamente em guarda. E, como minha amiga, não confio muito nas pessoas que sorriem e dizem que nunca sentem raiva. Não pense que eu esteja aconselhando a nos prendermos à raiva ou a ressentimentos. Não creio que a raiva deva ser o foco da vida, nem que devamos procurar razões para ficar com raiva só para nos testar. "Não é bom ficar com raiva o tempo todo", diz a terapeuta Esther Olson. Não é saudável agir com hostilidade. Há muito mais na vida do que raiva.

Mas é normal sentir raiva quando precisamos senti-la.

ATIVIDADE

1. O que você acha que aconteceria se começasse a sentir raiva?
2. Em que acredita, bem lá no fundo, quanto à raiva? Em que mitos relativos à raiva você acredita? Se precisar criar novas crenças com relação à raiva, faça isso. Ataque os mitos sempre que eles tentem atacar você.
3. Como as pessoas em sua família lidam com a raiva? Como sua mãe, seu pai e seus irmãos lidam com a raiva? Qual é o seu padrão de lidar com a raiva?
4. Se reprimiu a raiva, escreva sobre isso em seu caderno. Você pode precisar comprar um novo caderno e dedicá-lo à raiva.
5. Se a raiva for uma emoção difícil, mantenha lápis e papel à mão e comece a escrever sobre a raiva à medida que ela for ocorrendo durante o dia.

15
Sim, você pode pensar

Pois Deus não nos deu um espírito de timidez, mas de fortaleza, de amor e de sabedoria.[1]

– II Timóteo 1:7

— O que acha que devo fazer? – perguntou-me certa vez uma cliente que estava nos estertores de sua codependência. Ela estava enfrentando uma importante decisão com relação ao marido e aos filhos.

– O que *você* acha? – perguntei.

– Está perguntando *a mim*? – devolveu ela. – Levo quinze minutos na loja para decidir se prefiro comprar o sabão de 59 centavos ou o de 63. Não consigo tomar uma decisão, por menor que seja. Como espera que eu tome uma decisão importante como essa?

Como codependentes, muitos de nós não confiamos em nossa mente. Realmente compreendemos o horror da indecisão. As menores escolhas, como o que comer num restaurante ou que sabão comprar, nos paralisam. Quanto maiores as decisões que enfrentamos – como, por exemplo, resolver nossos problemas, o que fazer com nossas vidas e com quem viver – mais sobrecarregados podemos ficar. Muitos de nós simplesmente desistimos e nos recusamos a pensar nessas coisas. Alguns de nós permitimos que outras pessoas ou circunstâncias façam essas escolhas por nós.

Este capítulo é curto, mas é importante. Ao longo de todo este livro tenho encorajado você a pensar e analisar as coisas, decidir o que precisa, decidir o que deseja e decidir como resolver seus problemas. Talvez vocês estejam pensando se isso é possível.

O objetivo deste capítulo é dizer-lhe que você pode pensar, pode analisar as coisas e pode tomar decisões – decisões boas e saudáveis.

Por uma série de razões, podemos ter perdido a fé em nossa capacidade de pensar e de concluir algo sobre as coisas. Acreditar em mentiras, mentir para nós mesmos (negação), o caos, a tensão, a autoestima baixa e um estômago cheio de emoções reprimidas podem toldar nossa capacidade de pensar. Ficamos confusos. Mas isso não significa que não *podemos* pensar.

Reagir demais pode prejudicar nosso funcionamento mental. A decisão é prejudicada pela preocupação com o que as outras pessoas podem pensar, em dizer a nós mesmos que temos de ser perfeitos, e em dizer a nós mesmos que temos de nos apressar. Acreditamos falsamente que não podemos fazer a escolha "errada", que nunca teremos outra chance, e que o mundo inteiro aguarda e depende dessa nossa decisão. Não precisamos fazer isso conosco.

Tampouco ajuda nosso processo de raciocinar odiarmos a nós mesmos, dizermos a nós mesmos que não tomaremos boas decisões e depois mergulharmos numa pilha de "deveria" cada vez que tentamos resolver algo.

Não dar ouvidos aos nossos desejos e necessidades e dizer a nós mesmos que o que desejamos é errado afasta-nos da informação de que precisamos para fazer boas escolhas. Tentar adivinhar o que vai acontecer ou imaginar o que teria acontecido "se" você tivesse tomado outra atitude também não. Estamos aprendendo a amar, a confiar e a ouvir a nós mesmos.

Talvez venhamos usando nossa mente para nos preocupar e ficar obcecados, e nossa mente está cansada, violentada e cheia de pensamentos ansiosos. Estamos aprendendo também a abandonar esses padrões.

Talvez tenhamos perdido a fé em nossa capacidade de pensar, porque nos disseram que não conseguimos pensar e tomar boas decisões. Nossos pais podem ter feito isso direta ou indiretamente quando éramos crianças. Eles podem ter dito que éramos estúpidos. Ou podem ter tomado nossas decisões por nós. Talvez tenham criticado todas as nossas escolhas. Ou poderiam ter-nos confundido, negando ou recusando-se a reconhecer nossa capacidade de pensar quando apontamos certos problemas que existiam em casa.

Talvez tivéssemos dificuldades com algumas matérias na escola, quando éramos jovens; em vez de fazer o necessário para resolver o problema, desistimos e dissemos a nós mesmos que não conseguíamos pensar.

As pessoas talvez tenham desprezado a inteligência das mulheres, mas isso é bobagem. Não somos estúpidas. As mulheres sabem pensar. As crianças sabem pensar.

Podemos estar vivendo agora com pessoas que nos dizem direta ou indiretamente que não conseguimos pensar. Algumas delas podem até nos estar dizendo que somos de fato loucos, mas os alcoólicos fazem isso com as pessoas com quem vivem. Talvez tenhamos começado a imaginar que éramos loucos! Mas nem por um minuto acredite em nada disso.

Nós sabemos pensar. Nossa mente trabalha direito. Podemos analisar as coisas. Podemos tomar decisões. Podemos imaginar o que desejamos e necessitamos e qual é a hora de fazer isso. E podemos fazer escolhas que aumentem nossa autoestima.

Podemos até ter opiniões! E, claro, nós as temos. Podemos pensar apropriada e racionalmente. Podemos até ter o poder de avaliar a nós mesmos e aos nossos pensamentos, e depois corrigi-los quando eles se tornam desastrosos ou irracionais.

Podemos avaliar nosso comportamento. Podemos tomar decisões sobre o que necessitamos e desejamos. Podemos perceber quais são os problemas e o que necessitamos para resolvê-los. Podemos tomar pequenas decisões e grandes decisões. Podemos sentir-nos frustrados quando tentamos tomar decisões ou resolver problemas, mas isso é normal. Às vezes, precisamos ficar frustrados para penetrar em nosso próprio pensamento. Tudo isso faz parte do processo.

Lembre-se de que as decisões não têm de ser feitas com perfeição. Não temos de ser perfeitos. Não temos nem mesmo de ser quase perfeitos. Podemos apenas ser quem somos. Podemos cometer erros em nossas escolhas. Não somos tão frágeis a ponto de não podermos cometer um erro. Grande coisa! Isso faz parte da vida. Podemos aprender pelos nossos erros ou podemos simplesmente tomar outra decisão. O parágrafo seguinte discute a decisão no mundo corporativo, mas acredito que isso também se aplica a outras áreas da vida.

"Se tomar uma decisão, você se tornará um herói na cultura da corporação. Se trinta por cento de suas decisões estiverem certas, você vai ser um vencedor."[2]

Podemos até mudar de ideia. Depois, mudar de novo. E de novo. Os codependentes vacilam.[3] Como codependentes, estamos no meio de situações perturbadoras. Podemos ir para a frente e para trás um bocado; podemos descartar o alcoólico, depois aceitá-lo de volta. Podemos ir embora e depois voltar, e depois ir de novo. É assim que chegamos aonde estamos indo. Tudo bem. Vamos dar mais um passo – é normal e quase sempre necessário.

"Mas", pode objetar um codependente, "você não conhece minha cabeça. Às vezes, penso coisas horríveis. Às vezes, tenho fantasias que não posso nem contar." Todos nós temos, e isso é normal, principalmente se estamos vivendo com um alcoólico. Podemos ir ao enterro do cônjuge de um alcoólico cem vezes em nossa mente. Nossos pensamentos são a chave do que sentimos. Nossos sentimentos são a chave do que pensamos. Não temos de reprimir. Precisamos deixar os pensamentos e as emoções nos atravessarem, depois decidir o que precisamos fazer para cuidar de nós mesmos.

As seguintes sugestões podem ajudar-nos a ganhar confiança em nossa capacidade mental:

- *Preparar a mente para um pouco de sossego.* Desligue-se. Vamos ficar calmos. Se estamos enfrentando uma decisão, grande ou pequena, primeiro nos acalmemos, depois decidiremos. Esperemos até que nossa mente esteja clara. Se não conseguirmos de jeito nenhum tomar uma decisão num determinado dia, obviamente não é hora de tomá-la. Quando for a hora, seremos capazes de fazer isso. E bem.
- *Pedir a Deus que nos ajude a pensar.* Toda manhã eu peço a Ele para me dar o pensamento certo, a palavra certa ou a ação certa. Peço a Ele para enviar-me Sua inspiração e orientação. Peço a Ele para

ajudar-me a resolver meus problemas.[4] Acredito que Ele ajuda. Sei que Ele ajuda. Mas Ele espera que eu faça a minha parte e pense. Alguns dias correm melhor do que outros.

- *Parar de abusar de nossa mente.* Preocupação e obsessão constituem abuso mental. Paremos de fazer isso.
- *Alimentar nossa mente.* Vamos dar informações à nossa mente. Vamos conseguir as informações de que necessitamos sobre problemas e decisões, sejam esses problemas distúrbios alimentares, alcoolismo, relacionamentos ou saber comprar um computador. Vamos dar à nossa mente uma quantidade razoável de dados, depois vamos deixá-la analisá-los. Encontraremos boas respostas e soluções.
- *Alimentar nossa mente com pensamentos saudáveis.* Façamos atividades que levantem nossos pensamentos e nos deem uma carga positiva. Vamos ler um livro de meditação todas as manhãs. Encontremos algo que nos faça dizer "eu posso", em vez de "não consigo".
- *Ampliar nossa mente.* Muitos de nós ficamos tão preocupados com nossos problemas e de outras pessoas que paramos de ler jornais, ver documentários, ler livros e aprender coisas novas. Vamos nos interessar pelo mundo à nossa volta. Vamos aprender algo novo. Fazer um curso.
- *Parar de dizer coisas más sobre nossa mente.* Vamos parar de dizer a nós mesmos coisas como: "Sou um idiota", "Não consigo tomar decisões", "Não sou muito inteligente", "Nunca fui bom em analisar as coisas", ou "Não sou muito bom para tomar decisões." Dizer coisas boas sobre nós mesmos tão fácil quanto dizer coisas negativas. E provavelmente começaremos a acreditar nas coisas positivas e descobriremos que elas são verdadeiras. Isso não é excitante?
- *Usar nossa mente.* Tomemos decisões. Vamos dar opiniões. Expressá-las. Vamos ser criativos! Pensemos nas coisas, mas não fiquemos preocupados ou obcecados. Não temos de deixar que ninguém tome nossas decisões por nós, a menos que estejamos sob tutela. E mesmo se estejamos, ainda assim podemos pensar e fazer nossas escolhas. Deixar que os outros tomem decisões por nós significa que estamos sendo cuidados, o que quer dizer que nos sentimos

vítimas. Não somos vítimas. Além disso, não é nosso dever tomar decisões por outros adultos. Podemos tomar posse de nosso poder de pensar. E podemos deixar que os outros sejam responsáveis por seus pensamentos. Ganhamos mais confiança em nós mesmos à medida que começamos a nos sentir melhor e a tomar decisões, pequenas e grandes. As pessoas à nossa volta crescerão à medida que lhes for permitido fazer escolhas e cometer erros.

Podemos viver confortavelmente com nossa mente. Tornemo-nos íntimos dela. Ela é parte de nós, e ela funciona. Confiemos nela e em nossa capacidade de pensar.

Atividade

1. Quem toma suas decisões por você? Como se sente sobre isso?
2. Alguém importante em sua vida disse que você não sabia pensar e tomar boas decisões? Quem?
3. Comece fazendo uma coisa a cada dia para melhorar sua mente: leia um artigo no jornal e formule uma opinião. Mais tarde poderá realmente querer arriscar e dizer a alguém sua opinião sobre aquele assunto. Poderá até acabar participando de um animado debate.

16
Estabeleça seus próprios objetivos

Acredite que a vida vale a pena ser vivida e sua crença criará o fato. Não tenha medo de viver.

– William James

A descoberta mais excitante que fiz durante minha sobriedade e minha recuperação da codependência é sobre a mágica de estabelecer objetivos. Elas acontecem. As coisas mudam. Consigo fazer projetos importantes. Eu mudo. Conheço novas pessoas. Vou a lugares interessantes. Atravesso períodos difíceis com um mínimo de caos. Os problemas se resolvem. Minhas necessidades e meus desejos são satisfeitos. Os sonhos se tornam realidade.

Eu sou entusiasmada em estabelecer objetivos e espero que possa transmitir meu entusiasmo a você. Não há nada no mundo como ir aonde se quer ir, conseguir o que se deseja, resolver um problema ou fazer algo que sempre desejamos.

Muitos codependentes não conhecem essa alegria. Isso também é novidade para mim. Passei muitos anos de minha vida sem mesmo me preocupar em pensar o que desejava e precisava, aonde queria ir e o que queria fazer. A vida era para ser tolerada. Achava que não merecia coisas boas. Achava que as coisas boas não estavam ao meu alcance. Não estava interessada em minha vida, exceto como um apêndice de outras pessoas. Nem pensava em viver minha vida; eu estava concentrada em outros. Estava ocupada demais em reagir, em vez de agir.

Não estou sugerindo que podemos controlar todos os acontecimentos de nossa vida. Não podemos. Não temos a palavra final em quase nada; Deus tem. Mas acredito que podemos cooperar com bondade. Acredito que podemos planejar, fazer pedidos e dar início a um processo de movimento.

"O desejo, quando trabalhado, é *poder*", escreve David Schwartz em seu best-seller *A mágica de pensar grande*. A falta de perseguir um desejo, de fazer o que mais se deseja fazer, pavimenta o caminho que leva à mediocridade. "O sucesso exige um esforço de corpo e mente, e você só pode colocar seu corpo e sua mente em algo que realmente deseja."[1]

Os objetivos também nos dão direção e propósito. Eu não entro no meu carro, viro a chave, começo a dirigir e espero chegar a algum lugar. Eu decido aonde quero ir ou onde gostaria de parar, depois viro o carro naquela direção. É assim que também tento viver minha vida. Às vezes, acontecem coisas, e, por uma variedade de razões, posso não terminar aonde desejava ir. Se eu mudar de ideia ou se algum problema além de meu controle interferir, vou acabar fazendo algo diferente do que planejava. A hora certa e as circunstâncias exatas podem variar. Tudo bem. Geralmente, termino em algum lugar melhor ou que seja melhor para mim. É aí que entram a aceitação, a confiança, a fé e a espontaneidade. Mas pelo menos não estou dirigindo sem rumo pela vida. Muitas das coisas que desejo acontecem. Estou menos preocupada em resolver meus problemas, porque transformei meus problemas em objetivos. E estou começando a pensar e considerar o que *eu* desejo e necessito.

Objetivos são divertidos. Eles geram interesse e entusiasmo pela vida. Tornam a vida interessante e, às vezes, excitante.

"Entregue-se ao desejo e ganhe energia, entusiasmo, acuidade mental, e até uma saúde melhor. A energia aumenta, multiplica-se, quando você estabelece um objetivo e resolve trabalhar em prol dele. Muitas pessoas, milhões delas, podem renovar suas energias escolhendo um objetivo e dando tudo de si para alcançá-lo. Os objetivos curam a monotonia. Os objetivos curam até muitas doenças crônicas."[2]

Existe uma mágica em estabelecer e escrever num papel seus objetivos. Isso coloca em movimento uma poderosa força psicológica, espiritual e emocional. Tornamo-nos conscientes disso e fazemos as coisas que precisamos fazer para realizar e conseguir o que desejamos. As coisas vêm a nós. As coisas começam a acontecer! Segue-se outro trecho de *A mágica de pensar grande*:

> Vamos sondar um pouco mais profundamente o poder dos objetivos. Quando você se entrega a seus desejos, quando se deixa ficar obcecado por um objetivo, você recebe a força, a energia e o entusiasmo físico necessários para alcançá-lo. Mas você recebe algo mais, algo igualmente valioso. Recebe a 'instrumentação automática' necessária para mantê-lo em direção a seu objetivo.
>
> O mais impressionante a respeito de um objetivo profundamente desejado é que ele mantém você no caminho para consegui-lo. Não é conversa fiada. O que acontece é isto: quando você se entrega a seu objetivo, ele trabalha sozinho em seu subconsciente. Seu subconsciente está sempre em equilíbrio. Sua mente consciente, não, a menos que esteja ligada ao que seu subconsciente esteja pensando. Sem a total cooperação do subconsciente, a pessoa fica hesitante, confusa, indecisa. Porém, com seu objetivo absorvido pelo subconsciente você reage da maneira certa automaticamente. A mente consciente fica livre para pensar clara e diretamente.[3]

Quais são seus objetivos? O que desejamos que aconteça em nossa vida – esta semana, este mês, este ano, nos próximos cinco anos? Que problemas desejamos resolver? Que coisas materiais gostaríamos de possuir? Que mudanças desejamos fazer em nós mesmos? O que adoraríamos fazer por nossa carreira? O que queremos?

Não vou apresentar aqui um texto escolar sobre como você pode exatamente estabelecer objetivos. Há muito tempo que estabelecer objetivos tem sido uma coisa bastante aborrecida de ser feita. A seguir, darei algumas ideias que acredito serem importantes. Encontre você mesmo um caminho que funcione.

- *Transformar tudo em objetivo.* Se temos um problema, faça de sua solução um objetivo. Não precisamos conhecer a solução. Nosso objetivo é resolver o problema. Há alguma coisa que desejamos? Um novo colchão d'água, um suéter vermelho, um carro novo, cabelos longos, unhas compridas? Transforme isso em objetivos. Desejamos ir a algum lugar – Europa, América Central, ao circo? Desejamos um relacionamento amoroso e saudável? Transforme isso num objetivo. Há algo que sempre desejamos fazer – estudar, trabalhar para uma determinada empresa, ganhar tanto por mês. Transforme isso em objetivo. Precisamos decidir que carreira desejamos seguir? Transformemos tomar uma decisão num objetivo. Queremos ficar mais perto de Deus, ir à igreja todos os domingos ou ler a Bíblia todos os dias? Transformemos isso em objetivo. Queremos mudar algo sobre nós mesmos – aprender a dizer não, tomar uma determinada decisão, resolver alguma raiva? Transformemos isso em objetivo. Queremos melhorar nossos relacionamentos com certas pessoas – crianças, amigos, cônjuge, parentes? Transformemos isso em objetivo. Queremos construir novos relacionamentos, perder peso, ganhar peso, deixar de nos preocupar, parar de controlar? Queremos aprender a nos divertir, aprender a desfrutar do sexo, conseguir a aceitação de alguma pessoa ou incidente em particular, perdoar alguém? Acredito que podemos transformar cada aspecto de nossa vida num objetivo bem-sucedido. Se algo nos aborrecer, transformemos isso num objetivo. Se estamos conscientes de que algo precisa mudar, façamos disso um objetivo. Se queremos algo, façamos disso um objetivo.
- *Omitir os "deveria".* Já temos bastante "deveria" controlando nossa vida; não precisamos deles em nossos objetivos. Transformemos em objetivo livrarmo-nos de 75 por cento de nossos "deveria".
- *Não nos limitarmos.* Vamos em frente em tudo: tudo que queremos e precisamos, todos os problemas que desejamos resolver, todos os nossos desejos e até mesmo alguns de nossos caprichos. Não nos preocupemos. Se não é para ter alguma coisa, não teremos. Se é para ter, acredito que teremos uma chance bastante melhorada de consegui-la se transformamos isso em objetivo.

- *Colocar nossos objetivos no papel.* Há uma força extraordinária em colocar os objetivos no papel em vez de armazená-los soltos em sua mente. Nos preocuparemos menos, teremos menos no que pensar e isso dará direção e organização a nossos objetivos. Registrá-los também ajuda a dirigir nossa energia e a estar em contato com nosso Poder Superior. Não temos de escrever nossos objetivos de forma bonita e perfeita, ou usar palavras ou sistemas especiais. Registre-os no papel – todos eles.
- *Dedicar a Deus seus objetivos escritos.* Digamos a Deus que essas são as coisas em que estamos interessados, peçamos Sua ajuda, depois entreguemo-nos humildemente. A isso é chamado "Ele o fará, não eu".
- *Deixar acontecer.* Mantenha seus objetivos por perto, onde possa vê-los quando necessário, mas não se preocupe ou fique obcecado sobre como, quando e se. Alguns sugerem que controlemos nossos objetivos diariamente. Eu não faço isso, a não ser quando estou estabelecendo objetivos diários. Mas você pode fazer isso da maneira que escolher. Uma vez que meus objetivos estão escritos, tento não controlá-los ou forçá-los.
- *Fazer o que pudermos, um dia de cada vez.* Dentro das 24 horas de cada dia, façamos o que parece exequível e apropriado. Façamos o que Deus deseja para nós naquele dia. Façamos o que somos inspirados a fazer. Façamos o que aparecer em nosso caminho e precisa ser feito. Façamos em paz e com fé. Coisas maravilhosas podem acontecer dessa forma, e realmente acontecem. Tentemos. Temos de fazer nossa parte. Mas creio que podemos e iremos fazer nossa parte melhor fazendo-a um *dia de cada vez.* Se for hora de fazer algo, saberemos. Se for hora de que algo aconteça, acontecerá. Confiemos em nós mesmos e em Deus.
- *Estabelecer objetivos regularmente e quando necessário.* Gosto de estabelecer meus objetivos anuais no começo de cada ano. Isso me indica que estou interessada em viver minha vida naquele ano em particular. Não acredito nas resoluções de ano-novo; acredito em objetivos. Também escrevo os objetivos quando eles me ocorrem durante o ano. Se estiver enfrentando um problema, encontrando

uma necessidade, sentindo um novo desejo, transformo isso num objetivo e acrescento-o à minha lista. Também uso objetivos para conseguir atravessar tempos de crises, quando estou me sentindo perturbada. Depois, escrevo todas as coisas que desejo e necessito fazer em um dia, uma semana ou um mês.

- *Checar os objetivos que alcançamos.* Sim, começaremos a atingir nossos objetivos. Nossos desejos e necessidades serão alcançados. Conseguiremos certas coisas importantes para nós. Quando isso acontecer, risque aquele objetivo, congratule-se e agradeça a Deus. Dessa forma, ganharemos confiança em nós mesmos, em estabelecer objetivos, em Deus e no ritmo da vida. Veremos por nós mesmos que as boas coisas realmente acontecem. Às vezes, podemos ficar desapontados quando alcançamos um objetivo, se for um objetivo importante que exigiu muita energia ou se fizemos um "pensamento mágico" sobre como consegui-lo. (Pensamento mágico inclui pensamentos como "viverei feliz para sempre depois que esse problema for resolvido" ou "serei feliz para sempre depois que conseguir isto ou aquilo".) Para evitar uma decepção, é importante ter uma longa lista de objetivos e evitar pensamentos mágicos. Eu nunca consegui um objetivo ou resolvi um problema que me capacitasse a viver feliz para sempre. A vida continua, e tento viver feliz e em paz.

  Pode ser que jamais fiquemos sem uma lista de problemas que precisamos transformar em objetivos. Provavelmente, nunca estaremos sem desejos e necessidades. Mas esse processo de estabelecer objetivos, além de tornar a vida mais agradável, ajuda a desenvolver certa fé na corrente e na bondade geral da vida. Os problemas surgem. Os problemas são resolvidos. Desejos e necessidades vêm à mente. Desejos e necessidades são satisfeitos. Sonhos nascem. Sonhos são alcançados. As coisas acontecem. Coisas boas acontecem. Depois, mais problemas aparecem. Mas tudo isso está certo.

- *Ser paciente.* Confie no tempo de Deus. Não retiremos um item da lista, se ele ainda for importante, apenas porque não conseguimos ou não recebemos algo quando achamos que deveríamos; os desprezíveis "deveria" se infiltram em todas as áreas de nossa vida.

Às vezes, meus objetivos continuam por anos. Quando estabeleço meus objetivos anuais, olho minha folha e penso: "Oh, esse problema nunca será resolvido. Está na minha lista há anos." Ou: "Esse sonho nunca será realidade. É o quarto ano seguido que o escrevo." Ou: "Nunca serei capaz de mudar esse meu defeito." Isso não é verdade. Apenas ainda não aconteceu. Aqui está um dos melhores pensamentos que encontrei sobre a paciência. É um trecho do livro de Dennis Wholey sobre alcoolismo, *The Courage to Change* [A coragem de mudar]:

> Comecei a descobrir que esperar é uma arte, que esperando se conseguem coisas. Esperar pode ser muito, muito poderoso. O tempo é valioso. Se você puder esperar dois anos, às vezes consegue algo que não conseguiria hoje, não importa o quanto venha a ser árduo seu trabalho, o quanto venha a investir nisso, nem quantas vezes venha a bater com a cabeça na parede.[4]

As coisas acontecem no seu devido tempo – quando estamos prontos, quando Deus está pronto, quando o mundo está pronto. Deixe estar. Deixe ficar. Mas mantenha isso na sua lista.

Precisamos estabelecer objetivos para nós mesmos. Comece hoje – quando terminar este capítulo. Se você não tiver nenhum objetivo, faça de seu primeiro objetivo "conseguir alguns objetivos". Você provavelmente não começará a viver feliz para sempre, mas poderá começar a viver feliz.

Atividade

1. Escreva seus objetivos numa folha de papel. Tente pensar em pelo menos dez itens como desejos, problemas a serem resolvidos e mudanças em você mesmo. Escreva tantos objetivos quantos lhe vierem à cabeça.
2. Revise a lista "Características do Codependente" do Capítulo 4. Estabeleça como objetivo mudar qualquer uma daquelas características que sejam problemáticas para você.

17
Comunicação

Quando estiver fazendo o que é certo para você, simplesmente diga isso uma vez, depois recuse-se a discutir mais o assunto.[1]

– Toby Rice Drews

Leia os diálogos que se seguem. Talvez você se identifique com o diálogo (em negrito), e as interpretações (em itálico), que explicam as intenções e os padrões de pensamento dos codependentes.

Danielle vai telefonar para Stacy. Danielle quer que Stacy tome conta de seus três filhos no fim de semana, mas não pretende pedir-lhe isso; pretende manipular Stacy para fazer isso. Preste atenção à sua técnica.

Stacy: **Alô.**

Danielle: **Oi** (resmungando). **Suspiro.** *O suspiro significa: "Pobre de mim. Sou tão infeliz. Pergunte o que há comigo. Ajude-me."*

Stacy: (Depois de uma longa pausa.) **Oh, oi, Danielle. Que bom que você ligou. Como vai?** *Durante a longa pausa, Stacy pensou: "Oh, não. Ela de novo. Suspirando e gemendo de novo. O que será que quer agora?"*

Danielle: **Suspiro. Suspiro. Estou como sempre. Problemas, você sabe.** *O que Danielle está dizendo é: Ande, pergunte o que está acontecendo.*

Stacy: (depois de uma longa pausa). **O que houve? Que voz horrível.** *Durante a longa pausa, desta vez Stacy pensou: "Não vou perguntar o que está acontecendo. Não vou me amarrar. Recuso-me a* *perguntar-lhe o que está acontecendo." Ao pensar isso, Stacy ficou com raiva, depois se sentiu culpada e acabou perguntando a Danielle o que estava acontecendo.*

Danielle: **Bem, meu marido acabou de me dizer que tem de viajar a trabalho neste fim de semana e pediu que eu fosse com ele. Adoraria ir com ele. Você sabe que nunca vou a lugar nenhum. Mas não sei quem poderia ficar com as crianças. Eu detestaria recusar, mas tive de dizer não a ele. Ele está tão chateado! Espero que não fique com raiva de mim. Bem, o que se pode fazer, é assim que as coisas são. Suspiro. Suspiro.** *Danielle está jogando pesado. Ela quer que Stacy se sinta culpada, com pena dela e de seu marido. Suas palavras foram cuidadosamente escolhidas. Obviamente, Danielle disse ao marido que poderia ir. Disse a ele que iria conseguir que Stacy ficasse com as crianças.*

Stacy: (Pausa bem longa.) **Bem, talvez eu possa fazer algo para ajudá-la.** *Durante a pausa desta vez, Stacy pensou: "Oh, não. Não, não, não. Odeio tomar conta dos filhos dela. Ela nunca fica com os meus. Não quero. Não farei isso. A danada sempre me coloca nessa situaçao. Droga. Mas como posso dizer não? Devo ajudar as pessoas. E ela precisa tanto de mim. Deus, não quero que ela fique com raiva de mim. Além disso, se não a ajudar, quem a ajudará? A vida dela é tão chata. Mas será a última vez. A última vez mesmo." Seus sentimentos eram de raiva, piedade, culpa, bondade, e de volta à raiva. Note como ela diminuiu Danielle, chamando-a de impotente; note seu grandioso sentimento de responsabilidade: "Sou a única pessoa no mundo que pode ajudá-la." Note também como ela formulou sua resposta. Estava esperando que Danielle notasse sua falta de entusiasmo e a resgatasse dizendo para ela esquecer tudo.*

Danielle: **Poderia mesmo ficar com as crianças? Muito obrigada. Você é ótima. Nunca imaginei que você realmente faria isso por mim.** *"Ah, ah! Consegui o que queria."*

Stacy: **Tudo bem. Estou feliz em ajudar.** *"Não quero fazer isso. Por que isso sempre acontece comigo?"*

NA PRÓXIMA CONVERSA, Robert quer que sua mulher, Sally, telefone para o chefe dele e diga que ele está doente. Robert bebeu até as 3 horas da madrugada. Seu alcoolismo está causando cada vez mais problemas em casa e no trabalho. Durante a conversa ele se sente doente, com raiva, culpado e desesperado. Sally se sente da mesma maneira.

Robert: **Bom dia, querida. Como está hoje, meu doce de coco?** *"Deus me ajude, me sinto horrível. Não posso trabalhar. Ela está com raiva. Não posso enfrentar o chefe. É melhor convencê-la a telefonar para mim, depois volto para a cama. Melhor ainda, preciso de outro drinque. Rápido."*

Sally: **Estou muito bem.** (Com uma voz de mártir, entrecortada, depois de um olhar frio e fuzilante e um longo silêncio.) O que Sally quer dizer: *"Estou magoada. Estou com raiva. Como pode fazer isso comigo? Você estava bebendo na noite passada. Prometeu que não iria mais fazer isso. Nossas vidas estão se despedaçando, e você não se importa. Olhe só para você: está um trapo. Não aguento mais isso!"*

Robert: **Querida, estou me sentindo tão mal hoje. Devo estar com um resfriado. Não consigo nem tomar café. Ligue para meu chefe, está bem? Diga a ele que irei amanhã se me sentir melhor. Pode fazer isso para seu queridão? Vamos lá. Seja boazinha. Estou me sentindo tão mal!** *"Estou precisando de você. Cuide de mim, e faça isso agora. Sei que está com raiva, então tentarei fazer com que sinta pena de mim."*

Sally: **Realmente, não acho que deva ligar para seu chefe. Ele gosta de falar com você quando você não vai. Ele sempre pergunta várias coisas que não sei responder. Não acha que seria melhor se você ligasse? Afinal de contas, você sabe o que dizer.** *"Odeio ligar para o chefe dele. Odeio mentir para ele. Mas, se disser não, ele ficará com raiva. Tentarei parecer mais fraca do que ele."*

Robert: **O que há com você? Não pode fazer uma coisinha para mim? Você é tão egoísta assim? Sei que está com raiva de mim. Você está sempre com raiva de mim. Não é à toa que bebo, com uma mulher como você. Tudo bem. Não ligue. Mas, se eu perder o emprego, a culpa é sua.** *Ele pensa: "Como ousa recusar?" Depois decide que é* *hora de ser durão. Vai fazer com que ela faça o que ele quer. Decide jogar grande parte de culpa nela, depois terminar com um pouco de medo. Ele sabe que ela tem medo de que ele perca o emprego. Fazendo isso, ele prepara o terreno para beber hoje.*

Sally: **Tudo bem. Vou telefonar. Mas não me peça nunca mais para fazer isso. E, se você beber mais uma vez, vou deixá-lo.** *Sentindo-se numa armadilha, Sally liga para o chefe de Bob. Robert fez tudo direitinho. Pegou Sally em todos seus pontos fracos. Ela está com medo de ser chamada de egoísta porque pensa que é horrível ser egoísta; sente-se culpada porque sabe que está com raiva o tempo todo; sente-se responsável pela bebida de Robert; e tem medo que ele perca o emprego. Esse negócio de deixá-lo se ele beber de novo é uma ameaça vazia; ela não tomou nenhuma decisão de deixar Robert. E, da próxima vez que o marido pedir, ela irá ligar para o chefe dele de novo. Depois de dar o telefonema, ela vai ficar com raiva de Robert e vai persegui-lo. Então, terminará sentindo-se vítima e com pena de si mesma. Ela também continua a sentir-se extremamente culpada, alimentando a ideia de que há algo errado com ela por todos seus sentimentos e reações, porque Robert parece tão poderoso e ela se sente tão fraca e insegura.*

No diálogo seguinte, um terapeuta está conversando com um alcoólico e sua esposa num grupo de terapia familiar. O casal parece perfeito. Não é a primeira vez que eles frequentam esse grupo, mas é a primeira vez que o terapeuta se concentra neles.

Terapeuta: **Steven e Joanne, estou feliz por estarem aqui esta noite. Como vão vocês?**

Steven: **Estamos ótimos. Excelentes. Não é, Joanne?**

Joanne: (sorrindo) **Sim. Está tudo bem** (riso nervoso).

Terapeuta: **Joanne, você está rindo, mas sinto que há algo errado. Aqui você pode falar. Pode falar sobre seus sentimentos e sobre seus problemas. É para isso que este grupo está reunido aqui. O que há por baixo desse sorriso?**

Joanne: (seu sorriso desaparece e ela começa a chorar.) **Estou tão cansada de tudo. Estou cansada de apanhar dele. Estou cansada de**

sentir medo dele. Estou cansada das mentiras. Estou cansada das promessas que nunca são mantidas. E estou cansada de ser envergonhada por aí.

Agora que "ouvimos" alguns codependentes conversando, vamos analisar como nós dialogamos. Muitos codependentes têm reduzida capacidade de comunicação. Escolhemos cuidadosamente nossas palavras para manipular, agradar as pessoas, controlar, encobrir e aliviar culpas. Nossa comunicação cheira a emoções reprimidas, pensamentos reprimidos, motivos escondidos, baixa autoestima e vergonha. Rimos quando queremos chorar, dizemos que estamos bem quando não estamos. Permitimo-nos ser "mortos e enterrados". Às vezes, reagimos inapropriadamente. Justificamos, racionalizamos, compensamos e passeamos com os outros em volta do quarteirão. Somos inseguros. Atormentamos e ameaçamos, depois voltamos atrás. Às vezes mentimos. Somos frequentemente hostis. Nos desculpamos muito, e só fazemos alusão ao que queremos e precisamos.

Os codependente são indiretos. Não dizemos o que queremos dizer, e o que dizemos não é o que queremos dizer.[2]

Não fazemos isso de propósito. Fazemos isso porque aprendemos a nos comunicar dessa forma. Em alguma época, talvez em nossa infância ou na família adulta, aprendemos que não devemos conversar sobre problemas, expressar emoções e opiniões. Aprendemos que não se deve dizer exatamente o que se quer e deseja. Era definitivamente errado dizer não, e defendermos algo por nós mesmos. Um pai ou cônjuge alcoólico ficará feliz em ensinar essas regras; nós estávamos prontos a aprendê-las e aceitá-las.

Como pergunta John Powers no título de seu excelente livro sobre comunicação, *Why Am I Afraid to Tell You Who I Am?* [*Por que tenho medo de lhe dizer quem sou?*]. Por que temos medo de dizer às pessoas quem somos? Cada um de nós deve responder a essa pergunta. Powell diz que é porque quem somos é tudo que temos, e temos receio de ser rejeitados.[3] Alguns de nós podemos ter medo porque não temos certeza de quem somos e do que desejamos dizer. Muitos de nós fomos inibidos e controlados por uma ou mais regras familiares que discuti anteriormente neste capítulo. Alguns de nós tivemos de seguir essas regras para nos proteger, para sobreviver. Entretanto, acredito que a maioria tem medo de dizer quem é porque não acha bom ser quem é.

Na maioria das vezes, não gostamos de nós mesmos e não confiamos em nós mesmos. Não confiamos em nossos pensamentos. Não confiamos em nossos sentimentos. Achamos que nossas opiniões não valem nada. Achamos que não temos o direito de dizer não. Não temos certeza do que desejamos e necessitamos; quando temos, sentimo-nos culpados por ter desejos e necessidades e certamente não vamos ser honestos sobre eles. Podemos ter vergonha de ter problemas, ou nem mesmo confiar em nossa capacidade de identificá-los exatamente, e às vezes nos sentimos até desejosos de voltar atrás se alguém insistir que o problema não existe.

A comunicação não é simbólica. As palavras que dizemos refletem quem somos, o que pensamos, julgamos, sentimos, valorizamos, honramos, amamos, odiamos, tememos, desejamos, esperamos, em que acreditamos e a que nos comprometemos.[4] Se achamos que não somos apropriados para a vida, nossa comunicação refletirá isso. Julgaremos que os outros têm todas as respostas; nos sentiremos com raiva, feridos, temerosos, culpados, carentes e controlados por outras pessoas. Desejaremos controlar os outros, agradar a outros a qualquer custo e temeremos sua desaprovação e seu abandono. Esperaremos tudo, mas não acreditamos que merecemos e conseguiremos algo a menos que forcemos as coisas a acontecerem, e continuaremos a ser responsáveis pelos sentimentos e comportamentos de outros. Estamos congestionados por sentimentos e pensamentos negativos.

Não é à toa que temos problemas de comunicação.

Falar clara e abertamente não é difícil. Na verdade, é fácil. E divertido. Comece sabendo que você é quem deve ser. Nossos sentimentos e pensamentos são certos. Nossas opiniões contam. Podemos falar sobre os problemas. E podemos dizer não.

Somos capazes de dizer não – quando quisermos. É fácil. Diga não agora. Dez vezes. Está vendo como é fácil? Aliás, outras pessoas também conseguem dizer não. Fica mais fácil se tivermos direitos iguais.

Quando sua resposta for não, comece a responder com a palavra *não*, em vez de dizer "não sei", "talvez" ou qualquer outra frase hesitante.[5]

Diga o que quer, e queira dizer o que diz. Se não sabe o que quer dizer, fique quieto e pense sobre isso. Se sua resposta for "não sei", diga "não sei". Aprenda a ser conciso. Deixe de falar com as pessoas dando a volta no quarteirão. Vá direto ao ponto e, quando chegar lá, pare.

Vamos conversar sobre nossos problemas. Não estaremos sendo desleais a ninguém se revelarmos quem somos e que tipos de problemas estamos tendo. Tudo que estamos fazendo é fingir não ser quem somos. Partilhemos nossos segredos com amigos confiáveis que não usem isso contra nós ou nos façam sentir envergonhados. Podemos tomar decisões apropriadas sobre com quem conversar, quanto vamos dizer a essa pessoa, e quando é a melhor hora para dizer.

Expressemos nossos sentimentos; aberta, honesta, apropriada e responsavelmente. Deixemos que outros façam o mesmo. Aprendamos as palavras: *eu sinto*. Deixemos que os outros digam essas palavras e aprendamos a escutar – não a consertar – quando eles as dizem.

Podemos dizer o que pensamos. Aprendamos a dizer: "Eu penso assim." Nossas opiniões podem ser diferentes das de outras pessoas. Não significa que estamos errados. Não temos de mudar nossas opiniões, nem as de outra pessoa, a menos que algum de nós assim o deseje.

Podemos até estar errados.

Podemos dizer o que desejamos, sem exigir que outras pessoas mudem para satisfazer nossas necessidades. Outras pessoas podem dizer o que quiserem, mas nós não temos de mudar para agradar a elas – se não quisermos.

Podemos expressar nossos desejos e necessidades. Aprenda as palavras: "É isso que preciso de você. É isso que quero de você."

Podemos dizer a verdade. Mentir sobre o que pensamos, como nos sentimos e o que desejamos não é ser educado – é mentir.

Não temos de ser controlados pelo que outras pessoas dizem; não temos de tentar controlá-las com nossas palavras e efeitos especiais. Não temos de ser manipulados, culpados, coagidos ou forçados a nada. Podemos abrir nossas bocas e tomar conta de nós mesmos!

Aprenda a dizer: "Eu amo você, mas amo a mim mesmo também. E isso é o que preciso fazer para tomar conta de *mim*."

Como diz Earnie Larsen, podemos aprender a ignorar as coisas sem sentido. Podemos nos recusar a conversar sobre a doença de alguém, seja alcoolismo ou outro distúrbio compulsivo. Se não faz sentido, não faz sentido. Não temos de perder tempo tentando extrair sentido disso ou convencer outras pessoas de que não faz sentido. Aprenda a dizer: "Não quero discutir isso."

Podemos ser firmes e defender a nós mesmos sem sermos cáusticos ou agressivos. Aprenda a dizer: "Só vou até aqui. Este é meu limite. Não tolerarei mais isso." E mantenha a palavra.

Podemos mostrar compaixão e preocupação sem promover um salvamento. Aprenda a dizer: "Parece que você está tendo um problema. O que precisa de mim?" Aprenda a dizer: "Sinto muito que esteja com esse problema." Depois, deixe para lá. Não temos de permanecer fixados nisso.

Podemos discutir nossos sentimentos e problemas sem esperar que as pessoas nos salvem. Podemos apenas esperar ser ouvidos. Isso provavelmente é tudo que queremos.

Uma reclamação que ouço dos codependentes é: "Ninguém me leva a sério!" Leve-se a sério. Equilibre isso com um senso de humor apropriado e não precisaremos preocupar-nos com o que alguém mais esteja ou não fazendo.

Aprenda a ouvir o que as pessoas estão dizendo ou não. Aprenda a ouvir-se, o tom de voz que usa, as palavras que escolhe, a maneira como se expressa, e os pensamentos que lhe passam pela cabeça.

Conversar é um instrumento e um prazer. Conversamos para nos expressar. Conversamos para ser ouvidos. Conversar faz com que compreendamos a nós mesmos e ajuda a compreender outras pessoas. Conversar ajuda a transmitir mensagens às pessoas. Às vezes, conversamos para conseguir aproximação e intimidade. Nem sempre temos algo espetacular para dizer, mas queremos ter contato com as pessoas. Queremos eliminar as distâncias. Queremos compartilhar e estar próximos. Outras conversamos para nos divertir – para brincar, distrair, gracejar e entreter. Há vezes em que conversamos para tomar conta de nós mesmos – para deixar claro que não seremos ameaçados ou abusados, que amamos a nós mesmos e que tomamos decisões em nosso melhor interesse. E, às vezes, apenas conversamos.

Precisamos ter a responsabilidade de nos comunicar. Deixe que nossos mundos reflitam a autoestima e a estima pelos outros. Seja honesto. Seja direto. Seja aberto. Seja gentil e amável quando for apropriado. Seja firme quando a situação pedir firmeza. E, sobretudo, seja quem é e diga o que precisa.

Com amor e dignidade, fale a verdade – como a pensamos, sentimos e conhecemos – e isso nos libertará.

Atividade

1. Leia o livro *Por que tenho medo de lhe dizer quem sou?*, de John Powell.

18
Siga o programa de Doze Passos

"Como funcionam os Doze Passos?"
"Funcionam muito bem, obrigado."

– Citação Anônima do A.A. /Al-Anon

Detesto a doença do alcoolismo. A dependência química e outros distúrbios compulsivos destroem as pessoas – bonitas, inteligentes, sensíveis, criativas, carinhosas e que não merecem ser destruídas. A doença mata o amor e os sonhos, magoa as crianças e arruína as famílias. O alcoolismo deixa em seu rastro vítimas ceifadas, fragmentadas e confusas. Às vezes, a morte precoce de um bêbado causa muito menos dor do que a maldita doença causou durante toda a sua vida. É uma doença horrenda, absurda, poderosa e mortal.

Admiro irrestritamente os programas de Doze Passos. Tenho o maior respeito por todos eles: o Alcoólicos Anônimos, para pessoas que desejam parar de beber; o Al-Anon, para pessoas afetadas pelo alcoolismo de alguém; o Alateen, para adolescentes afetados pelo alcoolismo de alguém; o Al-Atots, para crianças afetadas pelo alcoolismo de alguém; e os Narcóticos Anônimos, para pessoas viciadas em drogas.

Outros programas de Doze Passos que respeito são: Nar-Anon, para pessoas afetadas pelo vício de alguém; Comedores Anônimos, para pessoas com distúrbios alimentares; O-Anon, para pessoas afetadas pelos problemas alimentares de alguém; Family Anonimous, para pessoas preocupadas com o uso de drogas e/ou problemas comportamentais de parentes e amigos; Filhos Adultos de Alcoólicos, para filhos adultos de alcoólicos; Emotions Anonimous, para pessoas que desejam ficar bem emocionalmente.

Também não bons programas de Doze Passos: Viciados em Sexo Anônimos, para pessoas com comportamento sexual compulsivo; Co-Sa, para pessoas afetadas pelo vício sexual de outras pessoas; Jogadores Anônimos, para pessoas que desejam parar de jogar; Gam-Anon, para pessoas afetadas pela jogatina de outras pessoas; Pais Anônimos, para pais que são abusivos, negligentes ou temerosos de ficar assim, ou para adolescentes que estão tendo problemas devido a abusos passados ou presentes; e Abusos Sexuais Anônimos. Podem ainda existir outros programas que esqueci de mencionar ou que tenham surgido depois que escrevi este livro.

Os programas dos Doze Passos não são apenas grupos de autoajuda para que pessoas com distúrbios compulsivos parem seja lá o que se sintam compelidos a fazer (beber, ajudar o bêbado etc.). Eles ensinam as pessoas como viver – em paz, felizes, com sucesso. Trazem paz. Promovem a cura. Dão vida a seus membros – frequentemente uma vida mais rica e mais saudável do que aquelas que conheciam antes de desenvolver seja qual for o problema que desenvolveram. Os Doze Passos são um modo de vida.

Neste capítulo, vou focalizar os programas para pessoas que têm sido afetadas pelo distúrbio compulsivo de outras, porque este livro é sobre codependência e é isso que a codependência faz. Vou referir-me especificamente ao programa do Al-Anon, porque é o programa que eu "sigo". (Discutirei o jargão "seguir um programa" mais tarde.) Entretanto, com um pouco de criatividade, a informação que eu apresentar pode ser aplicada a quaisquer programas de Doze Passos.

OS DOZE PASSOS

Os Doze Passos são o coração dos programas de Doze Passos. Em seus formatos básicos (a seguir em itálico), os Passos pertencem a vários programas. Mas todos os programas os adaptaram dos Passos dos Alcoólicos Anônimos.

As interpretações depois do Passo são minhas opiniões pessoais e não são relacionadas, endossadas ou afiliadas a nenhum programa de Doze Passos. Os programas também têm Tradições, que guardam a pureza dos programas para assegurar que continuem a operar eficientemente. A Décima Primeira Tradição do programa do Al-Anon diz: "Nossa política de relações públicas é baseada em atração, em vez de promoção."[1] Por favor, compreendam que não estou promovendo este ou nenhum outro programa. Estou apenas dizendo o que penso, e acontece que tenho grande admiração pelos Doze Passos.

1. *Admitimos que éramos impotentes perante o álcool – que tínhamos perdido o domínio sobre nossas vidas.* Este é um Passo importante. Deve ser dado primeiro. Por isso, é o Primeiro Passo. Muito de nossa luta para aceitar seja lá o que devemos aceitar – o alcoolismo ou distúrbios alimentares de uma pessoa querida, por exemplo – nos leva a essa porta. Minha negação, minhas negociações, meus esforços para controlar, meu salvamento, minha raiva, minha dor, minha tristeza levaram-me a esse lugar. Não apenas uma vez, mas duas vezes em minha vida tentei fazer o impossível. Tentei controlar o álcool. Havia me debatido contra o álcool em meu próprio vício de beber; decretei guerra de novo ao álcool quando a pessoa que eu amava estava usando e abusando dele. Em ambas as vezes eu perdi. Quando aprenderei a deixar de lutar contra ele? Em ambas as vezes, o álcool assumiu o controle sobre mim – uma vez diretamente, pelo meu próprio hábito; outra, indiretamente, pelo vício de outra pessoa. Entretanto, não importa como o álcool tenha conquistado o controle. Ele o fez. Meus pensamentos, minhas emoções, meus comportamentos – minha vida – eram controlados e dirigidos pelo álcool e por seus efeitos na vida de outra pessoa. As pessoas estavam me controlando, mas também estavam sendo controladas pelo álcool. Uma vez que a luz era acesa, não era difícil ver quem mandava. Era a garrafa. Quando enxerguei isso, pude facilmente ver que minha vida se tornara inviável. De verdade. Espiritual, emocional, mental e fisicamente, eu estava sem controle. Meus relacionamentos eram inviáveis. Minha carreira era incontrolável. Não conseguia nem mesmo manter a casa limpa.

Se esse Passo soa como uma entrega, é porque é. É aqui que nos entregamos à verdade. Somos impotentes perante o álcool. Somos impotentes com a doença do alcoolismo. Somos impotentes com a bebedeira de outra pessoa e os efeitos do alcoolismo na vida dele ou dela. Somos impotentes com as pessoas – o que elas fazem, dizem, pensam, sentem ou fazem, não dizem, não pensam ou não sentem. Estamos tentando fazer o impossível. A essa altura, compreendemos isso e tomamos a decisão racional de deixar de tentar fazer o que jamais poderemos fazer, não importa o quanto tentarmos. A esse ponto, olhamos para nós mesmos – as formas como temos sido afetados, nossas características, as nossas dores. Parece desesperado e derrotista, mas não é. É a aceitação do que somos. Não podemos mudar as coisas que não podemos controlar, e tentar fazer isso nos leva à loucura. Esse Passo é apropriadamente humilde. E é também a ponte para o Segundo Passo. Porque, admitindo a impotência sobre o que realmente tem poder sobre nós, recebemos o poder que é apropriadamente nosso – nosso próprio poder de mudar a nós mesmos e às nossas vidas. Quando deixamos de tentar fazer o impossível, nos permitimos fazer o possível.

2. *Acreditamos que um poder superior a nós poderia devolver-nos à sanidade.* Se o Primeiro Passo nos deixa desesperados, este Passo nos trará esperança. Nem por um minuto duvidei de que estava louca quando deixei de comparar-me com as pessoas loucas à minha volta. A maneira como estava vivendo era insana; a maneira como não estava vivendo minha vida era insana. Eu precisava acreditar que poderia ficar sã. Precisava acreditar que a dor que sentia podia ser de alguma forma diminuída. Ouvir, conversar, e realmente conhecer pessoas que tinham ficado tão descontroladas quanto eu, e ver que elas encontraram paz em circunstâncias às vezes piores do que a minha, ajudou-me a acreditar. Não há substituto para a visualização. Como alguém disse uma vez, ver é crer.

E sim, este é um programa espiritual. Graças a Deus, não estamos mais à mercê de nossos próprios artifícios. Este não é um programa *faça-você-mesmo*. Faça você mesmo e assuma o risco. Somos seres espirituais. Precisamos de um programa espiritual. Este programa satisfaz as nossas necessidades espirituais. Não estamos falando de religião; a palavra que usei foi *espiritual*. Escolhemos e nos entregamos a um Poder maior do que nós mesmos.

3. *Decidimos entregar nossa vontade e nossa vida aos cuidados de Deus, na forma em que O concebíamos.* Eu tinha entregue minha vontade e minha vida aos cuidados do álcool e de outras drogas; depois aos cuidados de outros seres humanos (geralmente alcoólicos); e passei muitos anos tentando impor meu próprio plano no esquema das coisas. Era hora de tirar-me do controle de alguém ou de alguma coisa (inclusive o meu) e colocar-me nas mãos de um Deus extraordinariamente amoroso. "Tome tudo que sou, o que aconteceu comigo, para onde irei e como chegarei lá", disse eu uma vez. E repito todos os dias. Às vezes, repito a cada meia hora. Este Passo não significa resignarmo-nos a um punhado de *deveria* e *poderia*. Não implica uma continuação do martírio. O mais excitante sobre este Passo é que significa que há um propósito e um plano – um plano grande, perfeitamente maravilhoso, geralmente agradável, que leva em conta nossas necessidades, nossos desejos, nossas capacidades, nossos talentos e nossos sentimentos – para nossas vidas. Foi uma boa notícia para mim. Eu achava que eu era um erro. Não achava que houvesse nada de significativo planejado para minha vida. Ia apenas tropeçando por aí, tentando fazer o melhor de minha estada neste mundo, quando aprendi o seguinte: Estamos aqui para viver enquanto estivermos vivos, e há uma vida para cada um de nós.

4. *Fizemos minucioso e destemido inventário moral de nós mesmos.* Pegamos os olhos de outra pessoa e olhamos para nós mesmos. Enxergamos apenas aquilo em que estamos trabalhando, como temos sido afetados, o que estamos fazendo, quais são *nossas* características, e escrevemos num pedaço de papel o que vemos. Olhamos sem medo, não odiando a nós mesmos ou como uma autopunição, mas numa atitude de amor, honestidade e autoajuda. Podemos até descobrir que odiar a nós mesmos, não amar o bastante a nós mesmos, tem sido um verdadeiro problema moral. Desencavamos qualquer outro problema, incluindo a culpa que ganhamos. Também procuramos nossas boas qualidades. Examinamos nossas dores e raivas. Examinamos

a nós mesmos e o papel que desempenhamos em nossa vida. Este Passo também nos dá a oportunidade de examinar os padrões com que nos julgamos, escolher aqueles que acreditamos ser apropriados e desconsiderar o resto. Estamos agora a caminho de assumir nossa culpa merecida, de nos livrar de nossa culpa não merecida, de aceitar o pacote que chamamos nós mesmos, e de entrar no caminho do crescimento e da mudança.

5. *Admitimos perante Deus, perante nós mesmos e perante outro ser humano a natureza exata de nossas falhas.* A confissão faz bem à alma. Não há nada como uma confissão. Não temos de esconder mais nada. Contamos o pior que há em nós, nossos vergonhosos segredos a uma pessoa de confiança e capacitada a ouvir o Quinto Passo. Dizemos a alguém como estamos com raiva e feridos. Alguém ouve. Alguém se importa. Somos perdoados. Os ferimentos começam a sarar. Nos perdoamos. Este Passo é libertador.

6. *Prontificamo-nos inteiramente a deixar que Deus remova todos esses defeitos de caráter.* Descobrimos que algumas coisas que fazemos para nos proteger têm machucado a nós e possivelmente a outros. Decidimos que estamos dispostos a correr o risco e a libertar-nos desses comportamentos e atos antigos. Prontificamo-nos a mudar e a cooperar com o processo da mudança. Eu utilizo este e o próximo Passo como instrumentos diários para me livrar de quaisquer defeitos que despertam minha atenção. Considero minha autoestima baixa um defeito e utilizo este Passo para me corrigir.

7. *Humildemente rogamos a Ele que nos livre de nossas imperfeições.* Pela minha experiência, a *humildade* parece ser a chave aqui.

8. *Fizemos uma relação de todas as pessoas que tínhamos prejudicado e nos dispusemos a reparar os danos causados.* Aqui, *disposição* é a palavra importante, embora eu suspeite que esteja diretamente ligada à *humildade.* Não esqueçam de incluir a nós mesmos na lista. Note que – como escreveu Jael Greenleaf – "O Oitavo Passo não diz 'fiz uma lista de todas as pessoas que tínhamos prejudicado e nos dispusemos a sentir-nos culpados.'[2] Essa é nossa chance de tomar conta de nossa culpa merecida". Este é um passo importante num instrumento que nos estará disponível pelo resto da vida para não precisarmos mais sentir culpa.

9. *Fizemos reparações diretas dos danos causados a tais pessoas, sempre que possível, salvo quando fazê-lo significasse prejudicá-las ou a outrem.* Este é um Passo simples num programa simples. Às vezes, as coisas mais simples nos ajudam a sentir-nos felizes.

10. *Continuamos fazendo o inventário pessoal e, quando estávamos errados, nós o admitíamos prontamente.* Avaliamos nosso comportamento contínua e regularmente. Descobrimos o que gostamos em nós mesmos e o que estamos fazendo de certo e de bom. Depois, ou nos congratulamos, ou nos sentimos bem, ou agradecemos a Deus; ou fazemos todas as três coisas. Descobrimos o que não gostamos e o que temos feito, depois descobrimos como aceitar e cuidar disso sem odiar a nós mesmos. Aqui está a parte difícil: se *estivermos* errados, dizemos isso. Se trabalharmos o Oitavo Passo e o Nono Passo e descarregarmos todos os sentimentos de culpa, saberemos quando precisarmos dizer "estou errado", e "desculpe-me". Sentiremos a culpa merecida, e nos sentiremos capazes de notar isso. Entretanto, se ainda estamos nos sentindo culpados o tempo todo, pode ser difícil distinguir quando fazemos algo errado, porque estamos nos sentindo culpados o tempo todo e não sentimos nada diferente. É apenas mais uma pá de culpa jogada na pilha já amontoada. A moral dessa história é: Descarregue a culpa. Se arranjar alguma, cuide dela imediatamente.

11. *Procuramos, pela prece e a meditação, melhorar nosso contato consciente com Deus, na forma em que* **O concebíamos**, *rogando apenas o conhecimento de Sua vontade em relações a nós, e forças para realizar essa vontade.* Este Passo, usado diretamente e quando necessário, nos levará, com sucesso, por toda nossa vida. Ele requer que aprendamos a diferença entre *ruminação* e *meditação*. Também requer que decidamos se acreditamos que Deus é benevolente. Precisamos decidir se acreditamos que Deus "sabe onde moramos", como diz um amigo. Fique quieto. Desligue-se. Reze. Medite. Pergunte a Ele o que quer de nós. Peça forças para fazer isso. Depois e veja o que acontece. Geralmente, Sua vontade é uma maneira de viver apropriadamente e com bom-senso. Às vezes, nos surpreendemos. Aprenda a confiar nesse Poder Superior a quem demos a guarda de nossa vida. Torne-se sensível a como Ele trabalha conosco. Aprenda a confiar em si mesmo. Ele também trabalha por nós.

12. *Tendo experimentado um despertar espiritual, graças a estes passos, procuramos transmitir esta mensagem a outros e praticar estes princípios em todas as nossas atividades* Estaremos espiritualmente despertos. Aprendemos a tomar conta espiritualmente de nós mesmos – não religiosamente, embora certamente seja parte da vida. Este programa nos capacitará a amar a nós mesmos e a outras pessoas, em vez de salvarmos e sermos salvos. Transmitir a mensagem não significa que nos tornaremos missionários; significa que nossa vida se ilumina. Aprendemos a brilhar. Se aplicarmos este programa em todas as áreas de nossa vida, ele funcionará em todas elas.

SEGUINDO O PROGRAMA

Agora, que estamos familiarizados com os Passos, vamos discutir o que significa "seguir o programa" e "seguir os Passos". No mundo inteiro, pessoas "anônimas" reúnem-se numa variedade de locais – igrejas, lares, barbearias. Elas podem reunir-se uma vez por dia, duas vezes por semana ou sete noites por semana. Elas não se inscrevem, nem registram presença. Simplesmente descobrem onde um determinado grupo de pessoas se reúne para concentrar-se nos problemas que estão tendo. Nessas reuniões, elas não precisam dizer seus sobrenomes nem onde elas ou seus cônjuges trabalham; não têm de dizer nada, se não quiserem. Não têm de pagar nada, embora possam fazer uma doação de qualquer quantia para ajudar nas despesas do café e do aluguel – *se quiserem fazê-lo*. Não têm de se alistar. Não têm de preencher cartões. Chama-se a isso ir a uma reunião. É uma parte essencial de seguir o programa.

Uma coisa boa sobre as reuniões é que as pessoas podem ser quem são. Não têm de fingir que não têm um determinado problema, mesmo porque todo mundo lá tem o mesmo problema. Se não tivessem aquele problema não estariam lá.

Os formatos das reuniões variam de acordo com o grupo. Alguns grupos se formam em volta de uma mesa e as pessoas que desejam falar discutem suas emoções ou seus problemas. Outras reuniões são de oradores, onde uma pessoa se levanta diante de todos e fala sobre um Passo ou uma experiência. Em alguns grupos, os Passos são o tema, e as pessoas simplesmente colocam suas cadeiras em círculo e cada uma tem a chance de dizer algo sobre o Passo que é tema daquele dia. Há muitas variações de reuniões, mas elas geralmente têm algo a ver com os Passos, as Tradições ou os tópicos relacionados ao problema. As pessoas aprendem sobre os Passos nas reuniões, e aprendem o que eles significam para outras pessoas. Elas também ouvem slogans. Os slogans de Al-Anon e dos A.A. incluem pequenos ditados como: *Deixe ficar e deixe Deus ficar; Devagar e sempre* e *Um dia de cada vez.* A razão de esses ditados se transformarem em slogans é porque eles são reais. E mesmo se as pessoas ficarem cansadas de dizer e ouvir esses slogans, elas continuam ouvindo-os e repetindo-os porque são muito verdadeiros. E os slogans ajudam nas a se sentirem melhor. Depois de terminada a reunião, as pessoas geralmente ficam conversando mais um pouco, ou vão a um restaurante para tomar um refresco ou um café. Aprender os Passos e os slogans, ouvir as experiências de outras pessoas, compartilhar experiências pessoais e o companheirismo são parte de seguir o programa. Nas reuniões, os livros, folhetos e informação em geral são vendidos a preço de custo. Esses livros contêm informações sobre os problemas comuns àquele grupo. Alguns grupos vendem livros de meditação contendo sugestões para abordar naquele dia. Ler as informações e os livros de meditação diária fazem parte de seguir o programa. As pessoas têm algo para levar para casa e para ler. E assim podem lembram-se do que aprenderam naquela reunião, e às vezes aprendem coisas novas.

Durante suas rotinas diárias, as pessoas que frequentam as reuniões pensam sobre os Passos e os slogans. Tentam descobrir como se aplicam a elas, o que estão sentindo, o que estão fazendo e o que está acontecendo em sua vida naquela determinada hora. Fazem isso regularmente e também quando um problema aparece. Às vezes, telefonam para alguém que conheceram na reunião e discutem um problema ou dizem àquela pessoa como estão naquele dia. Às vezes, essas pessoas fazem o que um Passo sugere, como escrever um inventário, fazer uma relação de pessoas que prejudicaram, ou reparar um dano que causaram. Se essas pessoas pensam e trabalham esses Passos o bastante, eventualmente os Doze Passos podem se tornar hábitos – maneiras costumeiras de pensar, de se comportar e de lidar com as situações – de forma bem parecida como as características dos codependentes se tornaram hábitos. Quando eles se tornam hábitos, o programa passa a ser uma maneira de viver. É isso que chamamos seguir os Passos e seguir o programa.

O mais importante é seguir um programa. Os programas de Doze Passos são simples e básicos. As pessoas não se graduam e passam para coisas mais complicadas – elas continuam com o básico. Os programas de Doze Passos funcionam porque são simples e básicos.

Eu me entusiasmo com coisas simples, como ir às reuniões e trabalhar os Passos. Posso tentar explicar, mas as palavras somente conseguem transmitir um pouquinho desse importante conceito. Algo acontece quando vamos a essas reuniões e seguimos um programa. A paz e a cura se estabelecem em nós. Começamos a mudar e a sentir-nos melhor. Os Passos são algo que trabalhamos, mas eles também trabalham em nós. Há uma mágica nessas reuniões.

Não temos nunca de fazer nada de que não somos capazes, que realmente achamos ofensivos ou não queiramos fazer. Quando for hora de fazer ou de mudar certa coisa, saberemos que é hora e desejaremos fazer isso. Haverá alguma coisa certa e apropriada nisso. Nossas vidas também começam a funcionar dessa maneira. A cura – o crescimento – se torna um processo natural.[3] Quando lemos os Passos, não achamos que eles pareçam nada espetacular, e certamente não o bastante para ficarmos tão entusiasmados com eles quanto eu, mas, quando os trabalhamos, algo acontece. Eles aparecem. Seu poder aparece. Podemos não compreender isso até que aconteça conosco.

A melhor descrição que ouvi dos Doze Passos é a história do "barco invisível" contada por um homem numa reunião a que fui. Ele estava falando sobre o A.A., mas sua história se aplica ao Al-Anon e a outros grupos. Mudei algumas palavras para que a ideia se encaixasse no Al-Anon, mas esta é a essência de sua analogia:

Imagine-se parado numa praia. Do outro lado da água há uma ilha chamada serenidade, onde existem a paz, a felicidade e a libertação do desespero do alcoolismo e de outros problemas. Nós realmente desejamos chegar àquela ilha, mas temos de encontrar uma maneira de cruzar a água – aquele enorme vazio que fica entre nós e aonde queremos ir.

Temos duas escolhas. No mar há um enorme barco, um iate de cruzeiro que parece ser muito luxuoso e confortável. Ele se chama tratamento, ou terapia. Ao lado dele, na praia, há um grupo de pessoas estranhas. Elas parecem estar remando num barco, mas não conseguimos vê-lo nem os remadores. Somente podemos ver aquelas pessoas felizes sentadas na praia, remando um barco invisível com remos invisíveis. O barco invisível é chamado Al-Anon (ou A.A. ou qualquer outro programa de Doze Passos). O navio apita, chamando-nos a bordo para o cruzeiro de tratamento e terapia. E também há essas pessoas estranhas, gritando para nós entrarmos nesse barco invisível com elas. Escolheremos o cruzeiro ou o barco invisível? Claro, subimos no navio, o luxuoso cruzeiro. Então, nos damos conta de que estamos indo para aquela ilha da felicidade.

O problema é que na metade do caminho o navio para, dá meia-volta e retorna para a praia onde estávamos. Depois o capitão ordena que todo mundo saia do navio.

– Por quê? – perguntamos.

– Nosso cruzeiro – responde ele – só vai até ali. A única maneira de se chegar àquela ilha é pegando o barco invisível (chamado Al-Anon).

Então, sacudimos os ombros e caminhamos para as pessoas no barco.

– Subam! – gritam elas.

– Mas não conseguimos ver o barco para entrar nele! – gritamos de volta.

– Subam de qualquer maneira – dizem eles.

Então, nós entramos e eles logo dizem:

– Peguem um remo e comecem a remar (a seguir os Passos).

> – Mas não conseguimos ver os remos – gritamos de volta.
>
> – Peguem-nos de qualquer modo e comecem a remar! – dizem eles.
>
> Então, pegamos os remos invisíveis e começamos a remar, e daí a pouco começamos a enxergar o barco. Antes de nos darmos conta, também começamos a enxergar os remos. Ficamos tão felizes remando no barco com aquelas pessoas estranhas que nem nos incomodamos mais em pensar se jamais chegaremos ao outro lado.[4]

Esta é a mágica dos programas dos Doze Passos – eles funcionam. Não estou dizendo, sugerindo ou afirmando que o tratamento e a terapia não ajudam. Ajudam. Para muitos de nós o tratamento ou uma pequena terapia é justamente o que precisávamos para *começar* nossa jornada. Mas aquela viagem termina e, se temos um distúrbio compulsivo ou amamos alguém com um distúrbio compulsivo, descobrimos que precisamos entrar naquele barco com aquelas pessoas felizes.

No final deste capítulo incluí testes que nos ajudarão a determinar a que grupo somos candidatos. Incluí também perguntas dos Filhos Adultos de Alcoólicos (ACOA). Peço-lhe que entenda que os grupos "Anon" e ACOA não são para pessoas com problemas de alcoolismo; eles são para pessoas que têm sido afetadas pelo problema de outrem. As pessoas frequentemente confundem isso. E, ainda, muitas pessoas quimicamente dependentes que frequentam o A.A. descobrem que precisam ir também ao Al-Anon ou a outro grupo para lidar com suas características de codependência.

Se você acredita que pode ser um candidato a qualquer dos programas dos Doze Passos – se você simplesmente suspeita que tem um problema comum a um dos grupos que discuti no começo deste capítulo –, procure um grupo e comece a frequentar as reuniões. Isso o ajudará a se sentir melhor.

Sei que é difícil frequentar as reuniões. Sei que é difícil apresentar-se a um grupo de estranhos e mostrar nossos problemas para o mundo inteiro ver. Sei que muitos de nós provavelmente não compreendemos o quanto ir às reuniões pode ajudar – principalmente se é outra pessoa que tem o problema. Mas ajudará. Eu estava com muita raiva quando comecei a frequentar as reuniões do Al-Anon. Já estava frequentando um programa para meu alcoolismo. Não queria nem precisava de outro programa ou de outro problema para trabalhar em minha vida. Além disso, achei que já tinha feito o bastante na vida para ajudar os alcoólicos. Por que *eu* deveria ir às reuniões? Eram os alcoólicos que precisavam de ajuda. Na primeira reunião, uma mulher alegre veio até mim, conversou comigo por alguns minutos, sorriu e disse:

– Você é uma sortuda! É uma dupla ganhadora. Vai frequentar dois programas!

Eu quis estrangulá-la. Agora, concordo. Sou sortuda. Ganhei duas vezes.

Alguns de nós podemos estar relutantes em ir a reuniões porque achamos que já fizemos o bastante para *outras pessoas* em nossa vida. Bem, estamos certos. Provavelmente fizemos. Por isso é importante ir às reuniões. Porque agora estamos indo para nós mesmos.

Outros de nós podemos ir somente para ajudar à *outra pessoa*, e podemos ficar decepcionados porque as reuniões são para que trabalhemos a nós mesmos. Isso também é certo. Saúde traz saúde. Se começarmos a trabalhar a nós mesmos, nossa boa saúde pode passar para a outra pessoa, da mesma forma que sua doença passou para nós.

Alguns de nós podemos ficar envergonhados de ir. Tudo que consegui fazer na primeira reunião foi sentar-me e chorar, e fiquei terrivelmente envergonhada. Mas pela primeira vez foi um bom choro. Minhas lágrimas eram lágrimas de cura. Eu precisava sentar-me e chorar. Quando parei de chorar e olhei em volta, vi outras pessoas chorando também. Al-Anon é um lugar seguro para se ir e ser quem somos. As pessoas ali compreendem. Você também compreenderá.

Descrevi a maioria das objeções que ouvi sobre frequentar as reuniões. Você pode ter outras objeções, mas se qualificar-se a candidato a um programa, vá de qualquer maneira. Não deixo de repetir. Os Doze Passos são um presente de Deus para as pessoas com distúrbios compulsivos e as que amam outras pessoas com distúrbios compulsivos. Se você sente que está enlouquecendo e reagindo às pessoas e às coisas, vá. Se não gostar do primeiro grupo que frequentar, procure outra reunião e vá ali. Cada grupo tem sua personalidade. Continue indo a diferentes grupos até encontrar um no qual se sinta confortável. Se estiver acostumado a ir às reuniões mas deixou de ir, volte. Se começou a ir, continue indo o resto da vida. O alcoolismo é uma doença que exige tratamento para o resto da vida. Nossas características de codependentes se tornam hábitos e podem ter tendências às quais nos inclinamos para o resto de nossas vidas. Vá, mesmo que outras pessoas em sua vida melhorem ou piorem.

Vá até que se sinta agradecido em poder ir. Nas palavras de um homem: "Não é bom que existam essas reuniões e que eles me *deixem* vir a elas? Ninguém mais me quer por perto quando fico louco. As pessoas aqui apenas sorriem, apertam minha mão e dizem: 'Estamos felizes por você estar aqui. Por favor, volte.'"

Vá até que consiga enxergar o barco e os remos e fique feliz. Vá até que as palavras mágicas funcionem em você. E não se preocupe – se for longe o bastante, a mágica funcionará.

Atividade

1. Complete o teste ou leia a relação de características nas páginas seguintes.
2. Se é um candidato a qualquer dos programas discutidos neste capítulo, procure no catálogo telefônico ou ligue para o serviço de informações e descubra onde e quando as reuniões são realizadas, e então vá.

Al-Anon é para você?

Milhões de pessoas são afetadas pelo alcoolismo de alguém próximo. Essas vinte perguntas são destinadas a ajudar você a decidir se precisa ou não do Al-Anon.

1. Você se preocupa com o quanto alguém bebe? (sim) (não)
2. Você tem problemas financeiros por causa do alcoolismo de alguém? (sim) (não)
3. Você costuma mentir para encobrir o alcoolismo de alguém? (sim) (não)
4. Você acha que, para essa pessoa querida, beber é mais importante do que você? (sim) (não)
5. Você acha que o comportamento do alcoólico é causado por suas companhias? (sim) (não)
6. As refeições são constantemente atrasadas por causa dessa pessoa que bebe? (sim) (não)
7. Você faz ameaças como: "Se não parar de beber vou abandonar você?" (sim) (não)
8. Quando cumprimenta o alcoólico com um beijo, você secretamente tenta cheirar seu hálito? (sim) (não)
9. Você tem medo de aborrecer alguém por temer que isso provoque uma bebedeira? (sim) (não)
10. Você já foi magoado ou embaraçado pelo comportamento de um alcoólico? (sim) (não)
11. Parece que cada feriado é estragado por causa de bebida? (sim) (não)

12 Você já considerou chamar a polícia por causa do comportamento de uma pessoa embriagada? (sim) (não)

13. Você já se viu procurando garrafas escondidas? (sim) (não)

14. Você sente que, se o alcoólico o amasse, pararia de beber para fazê-lo feliz? (sim) (não)

15 Você já recusou convites sociais por medo ou ansiedade? (sim) (não)

16. Às vezes você se sente culpado quando pensa nos limites que ultrapassou para controlar o alcoólico? (sim) (não)

17. Você acha que, se o alcoólico parasse de beber, todos os seus problemas se resolveriam? (sim) (não)

18. Você já ameaçou se ferir para ameaçar o alcoólico e fazê-lo dizer "me desculpe" ou "eu te amo"? (sim) (não)

19. Você já tratou pessoas (crianças, empregados, parentes (ou pais), colegas de trabalho, etc., injustamente por estar com raiva de alguém por ter bebido demais? (sim) (não)

20. Você sente como se não houvesse ninguém que entenda seus problemas? (sim) (não)

Se você respondeu "sim" a três ou mais perguntas, Al-Anon ou Alateen podem ajudá-lo.[5]

Você é codependente de um comedor compulsivo?

Use este questionário para avaliar a extensão de seu envolvimento com alguém que tenha problemas alimentares.

Você força dietas?
Você ameaça abandonar alguém devido ao peso?
Você inspeciona dietas?
Faz promessas baseadas em quilos perdidos ou ganhos?
Você esconde comida?
Já "pisou em ovos" para não aborrecer quem come demais ou de menos?
Você joga comida fora para que alguém não a encontre?
Você evita certas atividades sociais para que o comedor não fique tentado?
Você controla as despesas de comida e roupa?
Compra e incentiva que se comam comidas "certas"?
Você incentiva a adesão a academias de ginásticas, ginásios e curas milagrosas?
Você tem ataques de nervos quando pega o comedor comendo?
Você fica constantemente desapontado quando vê recaídas?
Você se envergonha da aparência do comedor/não comedor?
Você falsamente consola o comedor/não comedor quando ele ou ela está envergonhado?
Você estabelece testes de força de vontade para testar o comedor/não comedor?
Você diminuiu suas expectativas do que pode gostar?
Seu peso oscila com o da pessoa querida (o seu sobe, o dela abaixa)?
Você já deixou de cuidar de sua aparência?
Você tem muitas dores, sofrimentos e preocupações com a saúde?
Está bebendo demais ou usando soníferos ou tranquilizantes?
Você chantageia com comida?
Você conversa sobre o corpo do comedor com ele ou ela ou com outros?
Acha que a vida seria perfeita se o comedor/não comedor tomasse jeito?

Você agradece aos céus por não estar “tão mal assim”?
A desordem alimentar dele ou dela lhe dá permissão para fugir?
A desordem alimentar dele ou dela lhe dá desculpa para ficar?
Você “distraidamente” deixa artigos “úteis” espalhados pela casa?
Você lê livros de dietas mesmo sem ter problema de peso?
Você acha que tem um lar perfeito, exceto pelo comedor/não comedor?
Você usa pílulas para conseguir dormir e escapar da preocupação?
Já passou muito tempo de terapia falando sobre o comedor/não comedor?

O DESENVOLVIMENTO DE UMA PERSONALIDADE CODEPENDENTE

Este questionário é do livro *Fat Is a Family Affair* [A obesidade é uma questão familiar], e pode ser usado como uma lista de checagem para controlar seu desenvolvimento.

Estágios Iniciais

——Geralmente é originário de família com disfunções e aprendeu a "cuidar dos outros" como medida para seu valor próprio.

——Falhou em curar os pais, então "curará" a pessoa com problemas alimentares.

——Encontra uma pessoa com problemas alimentares que esteja "necessitada" desse controle.

——Começa a duvidar de suas próprias percepções e deseja controlar a alimentação para demonstrar determinação.

——A vida social é afetada. Isola-se da comunidade para "ajudar" a pessoa com problemas alimentares.

Obsessão

——Implora e faz ameaças relativas à alimentação.

——Julga a si mesmo e acha que é culpado por a pessoa comer de mais ou de menos.

——Esconde comida.

——Tenta controlar a alimentação escondendo comida, fazendo ameaças, atormentando e repreendendo.

——Demonstra raiva e decepção com relação a promessas da pessoa com problemas alimentares.

Vida Secreta

——Torna-se obcecado em vigiar e esconder.

——Assume as responsabilidades da pessoa com problemas alimentares.

—Assume um papel primordial nas comunicações, eliminando os contatos entre a pessoa com o problema e outras pessoas.
—Expressa raiva de maneira imprópria.

Fora de Controle

—Faz tentativas violentas para controlar a alimentação. Briga com a pessoa com problemas alimentares.
—Torna-se relaxado, física e mentalmente.
—Fixa-se em assuntos extraconjugais, como infidelidade, trabalhar demais, obsessão por interesses fora de casa.
—Torna-se rígido, possessivo. Parece estar com raiva o tempo todo e é misterioso e cuidadoso quanto à vida do lar.
—Tem doenças relacionadas a abuso de drogas: úlceras, coceiras, dores de cabeça, depressão, obesidade, uso de tranquilizantes.
—Constantemente perde a paciência.
—Fica doente e cansado de estar doente e cansado.[6]

Filhos adultos de alcoólicos

Você é um filho adulto de alcoólico? A seguir, vão quatorze perguntas que podem ser relevantes para sua vida e sua personalidade.

1. Sinto-me sempre isolado e com medo das pessoas, principalmente das figuras de autoridade?
2. Já observei que estou sempre em busca de aprovação, perdendo minha identidade no processo?
3. Sinto muito medo de pessoas raivosas e de ouvir críticas?
4. Geralmente, acho que sou vítima, em relacionamentos pessoais e profissionais?
5. Algumas vezes, acho que tenho um senso superdesenvolvido de responsabilidade, o que faz com que me preocupe mais com os outros do que comigo mesmo?
6. Acho difícil observar minhas fraquezas e responsabilidades?
7. Tenho sentimentos de culpa quando fico de pé por mim mesmo em vez de me apoiar nos outros?
8. Sou viciado em excitação?
9. Confundo amor com piedade e tenho tendência a amar pessoas de quem possa ter pena e a quem possa salvar?
10. Acho difícil sentir ou expressar sentimentos, inclusive sentimentos como alegria ou felicidade?
11. Sou muito crítico comigo mesmo?
12. Tenho baixa autoestima?
13. Geralmente, me sinto abandonado durante meus relacionamentos?
14. Tenho tendência a reagir, em vez de agir?

Os doze passos dos A.A.

1. Admitimos que éramos impotentes perante o álcool – que tínhamos perdido o domínio sobre nossas vidas.
2. Acreditamos que um Poder Superior a nós mesmos poderia devolver-nos à sanidade.
3. Decidimos entregar nossa vontade e nossa vida aos cuidados de Deus, *na forma em que O concebíamos.*
4. Fizemos minucioso e destemido inventário moral de nós mesmos.
5. Admitimos perante Deus, perante nós mesmos e perante outro ser humano, a natureza exata de nossas falhas.
6. Prontificamo-nos inteiramente a deixar que Deus removesse todos esses defeitos de caráter.
7. Humildemente rogamos a Ele que nos livrasse de nossas imperfeições.
8. Fizemos uma relação de todas as pessoas que tínhamos prejudicado e nos dispusemos a reparar os danos a elas causados.
9. Fizemos reparações diretas dos danos causados a tais pessoas, sempre que possível, salvo quando fazê-lo significasse prejudicá-las ou a outrem.
10. Continuamos fazendo o inventário pessoal e, quando estávamos errados, nós o admitíamos prontamente.
11. Procuramos, pela prece e a meditação, melhorar nosso contato consciente com Deus, *na forma em que O concebíamos*, rogando apenas o conhecimento de Sua vontade em relação a nós, e forças para realizar essa vontade.
12. Tendo experimentado um despertar espiritual, graças a estes passos, procuramos transmitir esta mensagem aos alcoólicos e praticar estes princípios em todas as nossas atividades.

19
Pedaços e bocados

Quando o Príncipe Encantado aparecer, provavelmente estarei na lagoa beijando sapos.[1]

Este capítulo contém observações variadas sobre codependência e cuidado consigo mesmo.

VICIADOS EM DRAMA

Muitos codependentes se tornam o que as pessoas chamam de viciados em dramas ou crises. Por mais incrível que pareça, problemas podem causar vício. Se convivemos com muitas desgraças, crises e tumultos, o medo e o estímulo causados por problemas podem tornar-se experiências emocionais confortáveis. Em seu excelente livro *Getting Them Sober* [Deixando-os sóbrios] *Volume II*, Toby Rice Drews refere-se a essas sensações como "desgraça excitante".[2] Depois de algum tempo, podemos ficar tão acostumados a envolver nossas emoções com crises e problemas que conseguimos nos envolver em problemas que não são nossos. Podemos até começar a causar problemas ou a aumentá-los para criar estímulo para nós mesmos. Quando estamos envolvidos com um problema, sabemos que estamos vivos. Quando o problema é resolvido, podemos sentir-nos vazios e desprovidos de emoção. Não há nada para fazer. Estar em crise transforma-se numa situação agradável e anima a nossa monótona existência. É como ficar viciado em novelas, com a diferença de que as crises diárias ocorrem em nossas vidas e nas vidas de nossos amigos e parentes. "Será que Ginne vai deixar John?", "Conseguiremos salvar o emprego de Herman?", "Como Henrietta sobreviverá a esse dilema?"

Depois de nos termos separado e começado a tratar de nossos próprios problemas e quando nossa vida finalmente se torna serena, alguns codependentes ocasionalmente sentem um pouco de falta da antiga excitação. Podemos às vezes achar nossa nova forma de vida monótona. Estamos acostumados a tanta confusão e excitação que no princípio a paz nos parecerá não ter graça. Acostumaremo-nos a isso. Quando organizarmos nossa vida, estabelecermos nossos objetivos e encontrarmos coisas para fazer que nos interessam, a paz se tornará agradável – mais agradável do que o caos. Não mais precisaremos ou desejaremos desgraças excitantes.

Precisamos aprender a reconhecer quando estamos procurando a "desgraça excitante". Isso não quer dizer que tenhamos de arranjar problemas ou envolver-nos com problemas alheios. Vamos encontrar maneiras criativas de preencher nossa necessidade de drama. Arranjemos empregos agradáveis. Mas vamos manter a desgraça excitante longe de nossa vida.

EXPECTATIVAS

Expectativas podem ser um assunto confuso. A maioria de nós tem expectativas. Entretemos certas noções, em algum nível da consciência, sobre como esperamos que as coisas se transformem ou como queremos que as pessoas se comportem. Mas é melhor abandonarmos as expectativas, para que possamos nos desligar. É melhor refrearmos a tendência de forçar nossas expectativas sobre os outros ou de tentar controlar o resultado dos acontecimentos, já que de qualquer modo fazer isso causa problemas e geralmente é impossível. Então, aonde vamos com nossas expectativas?

Algumas pessoas esforçam-se, empenham-se e abandonam todas as expectativas para viver o momento presente. Isso é admirável. Mas acho que a ideia importante aqui é assumir responsabilidades por nossas expectativas. Leve-as à luz. Examine-as. Fale sobre elas. Se envolverem outra pessoa, converse com a pessoa envolvida. Descubra se ela tem expectativas similares. Veja se é realista. Por exemplo, é inútil esperar que uma pessoa doente se comporte saudavelmente.

Segundo Earnie Larsen, esperar resultados diferentes dos mesmos comportamentos é insano. Então, deixe estar. Veja como as coisas se desenvolvem. Deixe as coisas acontecerem – sem forçar. Se estamos constantemente decepcionados, pode ser que tenhamos um problema para resolver – com nós mesmos, com outra pessoa ou com uma determinada situação.

É normal ter expectativas. Às vezes, elas são verdadeiras indicações do que queremos, precisamos, esperamos e tememos. Temos direito de esperar boas coisas e comportamentos apropriados. Provavelmente conseguiremos mais dessas coisas se esperarmos intensamente por elas. Se temos expectativas, descobriremos também quando não estão sendo satisfeitas. Mas precisamos compreender que são somente expectativas; pertencem a nós, mas nem sempre as comandamos. Podemos ter certeza de que nossas expectativas são realistas e apropriadas e ao mesmo tempo não deixá-las interferir na realidade ou estragar as boas coisas que estão acontecendo.

MEDO DE INTIMIDADE

A maioria das pessoa deseja e necessita de amor. A maioria das pessoas deseja e necessita ter contato com outras pessoas. Mas o medo é uma força igualmente forte e compete com nossa necessidade de amar. Mais especificamente, essa força é o medo de intimidade.

Para muitos de nós, parece mais seguro estarmos sozinhos ou em relacionamentos onde não estamos "emocionalmente envolvidos" do que estarmos emocionalmente vulneráveis, íntimos e amando. Compreendo isso. Apesar da série de desejos e necessidades que ficam insatisfeitos quando não amamos, pode ser mais seguro não amarmos. Não arriscamos a incerteza e a vulnerabilidade da aproximação. Não arriscamos a dor de amar, e para muitos de nós o amor causou uma grande dor. Não nos arriscamos a ficar presos em relacionamentos que não funcionam. Não arriscamos ter de ser quem somos, o que inclui ser emocionalmente honestos, e as possíveis rejeições que isso ocasiona. Não arriscamos que as pessoas nos abandonem; não arriscamos. E não temos de passar pelo desajeitado começo de um relacionamento. Quando não nos aproximamos das pessoas, pelo menos sabemos o que esperar: nada. O amor e a proximidade geralmente dão a sensação de falta de controle. O amor e a proximidade desafiam nossos mais profundos temores sobre quem somos e se devemos ser nós mesmos, e sobre o que os outros são e se isso está bem. Amor e proximidade – envolvimento com as pessoas – são os maiores riscos que um homem ou uma mulher podem correr. Exige honestidade, espontaneidade, vulnerabilidade, confiança, responsabilidade, autoaceitação e aceitação dos outros. O amor traz alegria e intimidade, mas também exige que estejamos dispostos a ocasionalmente nos sentirmos magoados e rejeitados.

Muitos de nós temos aprendido a correr da proximidade, em vez de assumir os riscos nela envolvidos. Corremos do amor ou evitamos proximidade de muitas maneiras. Empurramos as pessoas para longe ou fazemos coisas que as magoam para que não queiram estar perto de nós. Construímos em nossa mente coisas ridículas para nos convencer a não querer estar juntos. Encontramos defeitos em todo mundo que conhecemos, rejeitamos as pessoas antes que elas tenham chance de nos rejeitar. Usamos máscaras e fingimos ser algo além do que somos. Dispersamos nossas energias e emoções entre tantos relacionamentos que não chegamos perto demais ou somos vulneráveis a ninguém – uma técnica que alguém apelidou de "aguar o leite". Contentamo-nos com relacionamentos artificiais, onde não esperarão nem nos pedirão para sermos íntimos. Desempenhamos papéis em vez de sermos pessoas reais. Afastamo-nos emocionalmente em nossos relacionamentos existentes. Às vezes evitamos a proximidade simplesmente nos recusando a ser honestos e abertos. Alguns de nós nos sentimos paralisados pelo medo, incapazes de iniciar relacionamentos ou de desfrutar da proximidade nos relacionamentos existentes. Alguns de nós fugimos; fisicamente nos removemos de qualquer situação em que o amor, a vulnerabilidade emocional e o risco estão ou podem estar presentes. Como diz um amigo: "Todos nós temos um par de tênis de corrida em nosso armário."

Corremos da intimidade por muitas razões. Alguns de nós, principalmente aqueles que crescem em famílias alcoólicas, podemos não ter jamais aprendido a iniciar relacionamentos e a ficar perto uma vez que o relacionamento começa. A proximidade não era segura, ensinada ou permitida em nossas famílias. Para muitas pessoas, controlar e usar drogas se tornaram substitutos de intimidade.

Alguns de nós nos permitimos a aproximação uma ou duas vezes, depois nos magoamos. Podemos ter decidido (em algum nível) que era melhor e mais seguro não chegar perto, não arriscarmos ser feridos de novo.

Alguns de nós aprendemos a correr de relacionamentos que não são bons para nós. Mas para alguns de nós, correr da proximidade e intimidade pode ter se tornado um hábito, um hábito destrutivo que evita que tenhamos o amor e a proximidade que realmente desejamos e necessitamos. Alguns de nós podemos estar enganando a nós mesmos, e então nem estamos conscientes de estar fugindo, ou de que estamos fugindo. Podemos estar fugindo do que não é necessário.

A proximidade das pessoas pode parecer algo assustador, perturbador, mas não tem de ser assim. E não é tão difícil. Nos faz sentir bem, quando relaxamos e deixamos acontecer.

É normal sentir medo da proximidade e do amor, mas também é normal nos permitirmos amar e sentir-nos próximos às pessoas. É normal dar e receber amor. Podemos tomar boas decisões sobre quem amar e quando fazer isso. É normal sermos sempre quem somos, mesmo com outras pessoas a nossa volta. Assuma o risco de fazer isso. Podemos confiar em nós mesmos. Podemos atravessar a desajeitada aflição de iniciar relacionamentos. Podemos encontrar pessoas confiáveis. Podemos abrir-nos, ser honestos e ser quem somos. Podemos até lidar com o sentimento de dor ou de rejeição de tempos em tempos. Podemos amar sem abrir mão de nós mesmos ou desistir de nossas fronteiras. Podemos amar e pensar ao mesmo tempo. Podemos descalçar nossos tênis de corrida.

Podemos perguntar-nos: estamos evitando a intimidade em nosso relacionamento? Como estamos fazendo isso? É necessário? Por quê? Conhecemos alguém de quem queremos nos aproximar – alguém em quem poderíamos confiar? Por que não nos aproximamos mais dessa pessoa? Gostaríamos de iniciar novos relacionamentos? Como poderíamos fazer isso? Estamos precisando e desejando mais intimidade em nossos relacionamentos, mas deixando por menos? Por quê?

RESPONSABILIDADE FINANCEIRA

Alguns codependentes se tornam financeiramente dependentes de outras pessoas. Às vezes isso é por acordo; por exemplo, a esposa fica em casa e cuida das crianças enquanto o marido trabalha e ganha dinheiro. Às vezes, não é por acordo. Alguns codependentes se transformam em tamanhas vítimas que não conseguem cuidar financeiramente de si mesmos. A maioria dos codependentes foi, em alguma época, financeiramente responsável, mas à medida que o alcoolismo ou outro problema se desenvolveu num ente querido, simplesmente se tornou muito perturbada para trabalhar. Alguns de nós apenas desistimos: "Se você não liga para dinheiro, eu tampouco ligarei."

Às vezes, os codependentes se tornam financeiramente responsáveis por outros adultos. Tenho visto frequentemente uma esposa codependente trabalhar em dois ou até três empregos, enquanto o marido não traz para casa nem um centavo – mas continua a comer, a assistir à televisão e a viver sem pagar aluguel.

Nenhuma das duas maneiras é ideal. Cada pessoa deve ser financeiramente responsável por si mesma, e não só financeiramente. Isso não significa que as donas de casa tenham de fazer trabalhos remunerados para ser financeiramente responsáveis. Cuidar da casa é um emprego, um trabalho heroico e admirável. Se é isso que um homem ou mulher escolhe fazer, acredito que ele ou ela está fazendo sua parte. Ser financeiramente responsável também não significa que todas as coisas têm de ser iguais. Assumir responsabilidade financeira por si mesmo é uma atitude. Significa descobrir exatamente quais são nossas responsabilidades, depois planejar como tomar conta delas. Também significa que permitimos – e até insistimos – que outras pessoas sejam financeiramente responsáveis por si mesmas. Isso inclui familiarizar-se com todas as áreas das finanças de alguém e resolver que tarefas pertencem a quem. Que contas precisam ser pagas? Quando? Quando teremos de pagar o imposto de renda? Quanto devemos ter para durar tanto tempo? Qual é nossa parte nisso tudo? Estamos fazendo menos ou mais do que deveria ser nossa parte? Se não é nossa responsabilidade ter um emprego assalariado, pelo menos compreendemos que algum dia podemos ter de trabalhar? Sentimo-nos financeiramente responsáveis por nós mesmos? Ou isso nos assusta? As pessoas ao nosso redor estão assumindo suas devidas responsabilidades financeiras, ou estamos fazendo isso por elas?

Tomar conta do dinheiro faz parte da vida. Ganhar dinheiro, pagar contas e sentir-nos financeiramente responsáveis fazem parte de tomar conta de nós mesmos. Muitos codependentes que deixaram o emprego para controlar um cônjuge ou que tenham de outra forma centralizado a vida em torno de uma pessoa e negligenciado suas carreiras descobriram que até mesmo um emprego de meio expediente que pague pouco faz maravilhas para o amor-próprio. Esquecemo-nos de que valemos dinheiro e que alguém realmente pagaria por nossa capacidade de trabalho. Muitos codependentes, que têm sido financeiramente dependentes de um cônjuge, também gostariam da liberdade de ter próprio dinheiro. Isso faz com que se sintam bem. É algo para se pensar, enquanto começam a ter a própria vida.

Ser financeiramente dependente de alguém pode causar dependência emocional. A dependência emocional pode causar dependência financeira.[3] Tornar-nos financeiramente responsáveis por nós mesmos – seja de que modo consigamos isso – pode ajudar a incentivar a des-dependência.

PERDÃO

Desordens compulsivas como o alcoolismo torcem e distorcem muitas coisas boas, inclusive o grande princípio do perdão. Repetidamente perdoamos a mesma pessoa. Ouvimos promessas, acreditamos em mentiras e tentamos perdoar mais. Alguns de nós podem ter chegado a um ponto de não conseguir mais perdoar. Alguns de nós podem não querer mais perdoar, porque perdoar nos deixaria vulneráveis para nos magoarmos ainda mais, e achamos que não conseguimos suportar mais dor. O perdão se revolta contra nós e se torna uma experiência dolorosa.

Alguns de nós podem estar realmente tentando perdoar; alguns de nós podem pensar que perdoaram, mas a dor e a raiva não desaparecem.

Alguns de nós não conseguem acompanhar as coisas que precisam perdoar; os problemas acontecem tão rapidamente que mal sabem o que está acontecendo. Antes de poderem registrar a dor e dizer "eu perdoo", outra coisa desagradável já foi descarregada sobre eles.

Então nos sentimos culpados quando alguém nos pergunta: "Por que você não pode apenas perdoar e esquecer?" As pessoas mal informadas sobre a doença do alcoolismo e outros distúrbios compulsivos frequentemente perguntam isso. Para muitos de nós o problema não é esquecer. Perdoar e esquecer alimentam nosso sistema de negação. Necessitamos pensar, lembrar, compreender e tomar boas decisões sobre o que estamos perdoando, o que pode ser esquecido, e o que ainda é um problema. Perdoar alguém não significa que temos de deixar que essa pessoa continue a nos machucar. Um alcoólico não precisa de perdão; ele ou ela precisa é de tratamento. E não precisamos perdoar o alcoólico, pelo menos inicialmente. Precisamos é nos afastar para que ele ou ela não continue pisando em nossos pés.

Não estou sugerindo que deixemos definitivamente de perdoar. Todos nós precisamos de perdão. Raiva e rancores nos machucam; tampouco ajudam muito à outra pessoa. Perdoar é maravilhoso. Limpa a alma. Elimina a culpa. Traz-nos paz e harmonia. Reconhece e aceita a humanidade que nós todos compartilhamos, e diz: "Está bem. Eu te amo de qualquer maneira." Mas acho que nós codependentes devemos ser gentis, amar e perdoar nós mesmos antes de podermos esperar perdoar os outros. Acho que nós codependentes precisamos pensar sobre como, por que e quando distribuímos nosso perdão.

Além disso, o perdão está intimamente ligado ao processo de aceitação ou tristeza. Não podemos perdoar alguém por ter feito algo se não aceitarmos totalmente o que a pessoa fez. Não adianta muito perdoar um alcoólico por ter tomado um porre se ainda não aceitamos sua doença de alcoolismo. Ironicamente, o tipo de perdão que quase sempre damos para suavizar o remorso do "dia seguinte" pode ajudar a fazer com que ele ou ela continue a beber.

O perdão pode vir a tempo – em seu próprio tempo – se estamos nos empenhando em tomar conta de nós mesmos. Não deixemos que outras pessoas usem esse princípio contra nós. Não deixemos que outras pessoas contribuam para que nos sintamos culpados porque acham que devemos perdoar alguém, e ainda não estamos dispostos a isso ou não acreditamos que o perdão seja a solução adequada. Assuma responsabilidade pelo perdão. Podemos distribuir os perdões devidamente, baseados em boas decisões, em elevada autoestima e no conhecimento do problema com que estamos lidando. Não usemos mal o perdão para justificar machucar a nós mesmos; não o usemos mal para ajudar outras pessoas a continuar a machucando a si mesmas. Podemos trabalhar um programa, viver nossa vida e dar o Quarto e o Quinto Passos. Se estamos cuidando de nós mesmos, saberemos o que perdoar e quando é hora de fazer isso.

E enquanto fazemos isso, não nos esqueçamos de perdoar a nós mesmos.

A SÍNDROME DO SAPO

Há uma anedota que circula pelos grupos de codependentes. É assim: "Conhece aquela da mulher que beijou um sapo? Ela estava esperando que ele se transformasse num príncipe. Ele não se transformou. Ela também se transformou em sapo."

Muitos codependentes gostam de beijar sapos. Nós enxergamos tantas coisas boas neles. Alguns de nós nos tornamos cronicamente atraídos pelos sapos depois de beijar muitos. Alcoólicos e pessoas com outros distúrbios compulsivos são atraentes. Elas irradiam poder, energia e charme. Prometem o mundo. Não interessa se trazem dor, sofrimento e angústia. Suas palavras soam tão bem.

Se não lidarmos com nossas características codependentes, as probabilidades indicam que continuaremos a ser atraídos para sapos.

Mesmo lidando com nossas características, ainda podemos ser atraídos por eles, mas podemos aprender a não pular para a lagoa.

DIVERTIMENTO

O divertimento não é muito compatível com a codependência. É difícil divertir-nos quando odiamos a nós mesmos. É difícil desfrutar a vida quando não há dinheiro para as compras porque o alcoólico bebeu tudo. É quase impossível divertir-nos quando estamos atolados em emoções reprimidas, preocupando-nos até a morte com alguém, saturados de culpa e desespero, rigidamente controlando a nós mesmos ou a alguém mais, ou preocupados sobre o que as pessoas podem estar pensando de nós. Entretanto, a maioria delas não está pensando em nós; estão preocupadas com elas mesmas e com o que pensamos delas.

Como codependentes, precisamos aprender a brincar e a divertir-nos. Planejar e permitir-nos diversão é uma parte importante de tomar conta de nós mesmos. Ajuda-nos a ser saudáveis. Ajuda-nos a trabalhar melhor. Equilibra a vida. Nós merecemos divertir-nos. Divertir é uma parte normal de estarmos vivos. Divertir é tirar um tempo para celebrar o fato de estarmos vivos.

Podemos incluir a diversão em nossa rotina. Podemos aprender a reconhecer quando precisamos divertir-nos e que tipo de coisas gostamos de fazer. Se não fazemos isso, podemos transformar "aprender a divertir-se" em um objetivo imediato. Comecemos fazendo coisas apenas para nós mesmos, apenas porque queremos fazer. Pode não ser muito satisfatório no início, mas depois de algum tempo nos sentiremos melhor. Tornar-se-á divertido.

Podemos permitir-nos gozar a vida. Se desejamos algo e podemos comprar, compremos. Se queremos fazer algo que seja legal e inofensivo, façamos. Quando realmente nos envolvermos em algo recreativo, não vamos procurar maneiras de nos sentirmos mal. Vamos relaxar e desfrutar a vida. Podemos encontrar coisas que gostemos de fazer, permitir-nos desfrutar delas. Podemos aprender a relaxar e a desfrutar das coisas que fazemos diariamente, não apenas as atividades recreativas. O sofrimento pode interferir na nossa capacidade de nos sentirmos bem, mesmo muito depois que o alcoólico já parou de contribuir para que nos sintamos miseráveis. O sofrimento pode tornar-se habitual, mas também pode tornar-se um hábito desfrutar a vida e ser bons para nós mesmos. Tentemos isso.

LIMITES/FRONTEIRAS

Como já foi dito, nós codependentes temos problemas de fronteiras. Eu concordo. A maioria de nós não tem fronteiras.

Fronteiras são limites que dizem: "Só vou até aqui. Isso é o que farei e aquilo é o que não farei por você. E isso é o que não tolerarei de você."

A maioria de nós começa os relacionamentos com fronteiras. Temos certas expectativas e mantemos certas ideias sobre o que toleramos ou não das pessoas. O alcoolismo e outros distúrbios compulsivos riem na cara dos limites. A doença não apenas empurra nossos limites para trás, ela pisa audaciosamente em cima deles. Cada vez que ela empurra nossos limites ou pisa em cima deles, nós cedemos. Movemos nossas fronteiras para trás, dando-lhe mais espaço para crescer. Quando a doença empurra mais, nós cedemos mais, até que estamos tolerando coisas que dissemos que nunca toleraríamos e fazendo coisas que dissemos que nunca faríamos.[4] Mais tarde, esse processo de "tolerância aumentada" de comportamentos impróprios pode reverter-se. Podemos tornar-nos totalmente intolerantes até dos comportamentos mais humanos. No começo, criamos desculpas para uma pessoa com comportamento impróprio; no final, não há mais desculpas.

Muitos de nós não apenas começamos a tolerar comportamentos anormais, doentios e impróprios; nós vamos além: convencemos a nós mesmos de que eles são normais e de que é isso que merecemos. Podemos tornar-nos tão familiarizados com o abuso verbal e o tratamento desrespeitoso que já nem reconhecemos quando eles acontecem. Mas, lá dentro, uma importante parte de nós sabe. Nossos *eus* sabem e nos dirão, se quisermos ouvir. Às vezes, viver com problemas sutis, como um alcoólico que não bebe e que não esteja frequentando um programa de recuperação, pode ser mais duro para nossos *eus* do que os problemas mais graves. Sentimos que algo está errado. Começamos a nos sentir perturbados, mas não conseguimos compreender, porque não podemos identificar o problema.

Codependentes necessitam de fronteiras. Necessitamos estabelecer limites ao que faremos com e para as pessoas. Necessitamos estabelecer limites ao que iremos permitir que as pessoas façam conosco e para nós. As pessoas com quem nos relacionamos precisam saber que temos limites. Ajudará a elas e a nós. Não estou sugerindo que nos tornemos tiranos. Também desaconselho a absoluta inflexibilidade, mas podemos compreender nossos limites. À medida que crescermos e nos transformarmos, podemos querer mudar nossos limites também. Aqui vão alguns exemplos de limites comuns aos codependentes que estão em recuperação:

- Não permitirei a ninguém abusar de mim, física ou verbalmente.
- Não acreditarei ou apoiarei mentiras conscientemente.
- Não permitirei abuso de drogas em meu lar.
- Não permitirei comportamento criminoso em meu lar.
- Não salvarei pessoas das consequências de seu abuso de álcool ou de outro comportamento irresponsável.
- Não financiarei o alcoolismo ou outro comportamento irresponsável de alguém.
- Não mentirei para proteger a você ou a mim de seu alcoolismo.
- Não usarei meu lar como centro de desintoxicação para alcoólicos em recuperação.
- Se quiser agir loucamente é problema seu, mas não poderá fazer isso na minha frente. Ou você sai ou sairei eu.
- Você pode estragar seu divertimento, seu dia, sua vida – isso é problema seu –, mas não deixarei que estrague meu divertimento, meu dia ou minha vida.

Às vezes, é necessário estabelecer certos limites quanto a certos relacionamentos, tais como: "Não tomarei mais conta dos filhos de Mary Lou, porque não quero e porque ela se aproveita de mim."

Estabeleça limites, mas tenha certeza de que são limites. As coisas de que estamos cansados, que não aguentamos mais e sobre as quais fazemos ameaças, podem indicar alguns limites que precisamos estabelecer. Podem ser também indicações para as mudanças que precisamos fazer dentro de nós mesmos. Fazer o que dizemos, e dizer o que pretendemos fazer.

As pessoas talvez fiquem zangadas conosco quando estabelecemos limites, porque não poderão mais nos usar. Talvez tentem fazer com que nos sintamos culpados, para que removamos os limites e voltemos ao velho sistema de deixá-las usar e abusar de nós. Não nos sintamos culpados e não voltemos atrás. Podemos manter e aplicar nossos limites. Sejamos firmes. Provavelmente seremos testados mais de uma vez em cada limite que estabelecermos. As pessoas fazem isso para ver se somos sérios, principalmente se não queremos dizer o que dissemos no passado. Como codependentes, temos feito muitas ameaças vazias. Perdemos nossa credibilidade, depois imaginamos por que as pessoas não nos levam a sério. Digamos às pessoas quais são os nossos limites – apenas uma vez, calmamente. Observemos nossos níveis de tolerância, para que o pêndulo não balance demais para um lado ou para o outro.

Alguns codependentes, principalmente aqueles de nós nos últimos estágios de um relacionamento com um alcoólico, podem encontrar dificuldades em estabelecer e aplicar limites com crianças, assim como com os adultos com problemas. Estabelecer limites exige tempo e reflexão; aplicar limites exige energia e firmeza.

Mas os limites valem cada minuto, toda a energia e o pensamento necessários para estabelecê-los e aplicá-los. No final, eles vão nos proporcionar mais tempo e energia.

Quais são nossos limites? Que fronteiras precisamos estabelecer?

CUIDADOS FÍSICOS

Às vezes, nos últimos estágios da codependência, nós codependentes negligenciamos nossa saúde e nossa aparência. É ótimo nos apresentarmos o melhor possível! Podemos cortar ou pentear o cabelo, por exemplo. Isso faz parte da vida. Podemos vestir-nos de maneira que ajude a nos sentirmos bem conosco. Olhemos no espelho; se não gostamos do que vemos, vamos dar um jeito nisso. Se não conseguimos dar um jeito nisso, vamos parar de odiar-nos e vamos aceitar-nos.

Não despreze a importância do exercício. Se estivermos doentes, vamos ao médico. Se estivermos gordos, vamos descobrir o que precisamos fazer para nos cuidar. Quanto menos cuidarmos de nosso corpo, pior nos sentiremos quanto a nós mesmos. Às vezes, fazer pequenas coisas podem ajudar a nos sentirmos muito melhor. Entremos em contato com nossas partes físicas. Ouçamo-las. Vamos dar a elas o que necessitam. Cuidar de nós mesmos significa tomar conta de nosso corpo e de nossa aparência. Faça dessas duas coisas uma prática diária.

Tomar conta de nosso *eu* emocional refere-se também a nosso corpo. Quanto mais tomamos conta de nosso *eu* emocional, mais conseguiremos satisfazer as nossas necessidades, e menos doentes ficaremos. Se nos recusarmos por muito tempo a cuidar de nós mesmos, nosso corpo se rebelará e ficará doente, forçando-nos e às pessoas a nossa volta a dar-nos o cuidado de que necessitamos. É mais fácil tomar conta de nós mesmos antes de ficarmos doentes.

AJUDA PROFISSIONAL

Precisamos procurar ajuda profissional se:

- Estamos deprimidos e pensando em suicídio.
- Queremos fazer alguma intervenção ou um confronto com um alcoólico ou outra pessoa com problema.
- Temos sido vítimas de abuso físico ou sexual.
- Tivermos abusado física ou sexualmente de alguém.
- Estamos tendo problemas com álcool ou outras drogas.
- Não conseguimos resolver nossos problemas ou fomos "derrubados" por nós mesmos.
- Por qualquer outra razão, acreditamos que podemos nos beneficiar de ajuda profissional.

Quando buscamos ajuda profissional, podemos confiar em nós mesmos e prestar atenção em nossos sentimentos. Se não nos sentirmos confortáveis com o aconselhamento ou a pessoa com quem estamos trabalhando, se não concordamos com a direção que o aconselhamento está tomando, ou se de qualquer maneira não confiamos na ajuda que estamos recebendo – ou não –, procuremos outro profissional. Podemos estar tendo uma resistência normal à mudança, mas também pode ser que a pessoa com quem estamos trabalhando não seja a pessoa certa para nós. Nem todos os profissionais são capazes de trabalhar bem com codependência, distúrbios compulsivos ou dependência química.

Uma mulher procurou a ajuda de um terapeuta particular porque a dependência de drogas e os problemas de comportamento da filha estavam perturbando a família. O terapeuta trouxe toda a família para aconselhamento, depois começou a dedicar a maior parte das sessões a convencer os pais de que a razão pela qual a filha estava se comportando mal era que os pais fumavam. O terapeuta tinha horror a cigarro. O objetivo da terapia passou do "comportamento da filha" para "mamãe e papai precisam parar de fumar". Os pais ficaram um pouco confusos e não inteiramente satisfeitos com o rumo da terapia, mas estavam desesperados. E achavam que o terapeuta sabia mais do que eles. Depois de gastar três meses a cinquenta dólares por semana nessa bobagem, os pais finalmente se deram conta de que não estavam indo a lugar nenhum e que aquilo lhes estava custando um bocado de dinheiro. Não estou dizendo que parar de fumar não é bom – mas não foi para esse problema que a família procurou ajuda.

Se procuramos ajuda e ela não parecer certa para nós, procuremos uma ajuda diferente. Se fazemos um esforço honesto para tentar algo e isso não funciona, tentemos outra coisa. Não temos de entregar nossa capacidade de pensar, de sentir e de tomar boas decisões a ninguém –, incluindo alguém com um Ph.D. depois de seu nome.

Podemos dar a nós mesmos o melhor tratamento possível.

AFAGOS

Afago é um termo da análise transcendental que "pegou" nos círculos de terapia anos atrás. A maioria de nós precisa de gente. A maioria de nós tem pelo menos alguns relacionamentos. Quando estamos com essas pessoas, podemos gerar calor, amor, nenhuma emoção ou emoções frias e hostis. Podemos dizer coisas honestas, carinhosas e elogiosas, e elas também podem nos dizer essas coisas de volta. Podemos mentir para elas, e elas também podem mentir para nós. Podemos conversar sobre coisas não importantes ou superficiais, e elas também podem fazer isso. Ou podemos dizer coisas desagradáveis, e elas podem responder da mesma maneira. A maioria de nós faz um pouco de tudo isso de vez em quando.

O principal é encontrarmos boas amizades. Se não conhecemos pessoas com quem possamos ser honestos, carinhosos e a quem apreciamos, busquemos encontrar pessoas assim. Se as pessoas nos ofendem, fazendo com que também as ofendamos, vamos parar de retaliar e tentar fazer com que a pessoa pare de falar assim. Se não conseguirmos que a pessoa mude, vamos procurar outra pessoa para conversar. Precisamos ser bem tratados. Ajuda-nos a crescer e a nos sentir bem.

Procuremos também um bom tratamento físico. Não temos de deixar nunca que as pessoas batam em nós. E não temos de bater nelas. Em vez disso, abrace-as. Ou, se um abraço não for apropriado, acaricie-as gentilmente, faça um carinho que transmita energia positiva. Para aqueles que pensam que abraçar é perda de tempo ou algo desnecessário feito por pessoas excessivamente sentimentais, deixo o seguinte trecho de *Fat Is a Family Affair* [Obesidade é uma questão familiar]:

> ...No começo dos anos 1970 os médicos começaram a estudar um mecanismo do sistema nervoso que produz um efeito como o da morfina, que ajuda a aliviar a dor e a diminuir o trauma e o choque.
>
> Essas substâncias similares à morfina são chamadas endorfinas e são secretadas para aliviar a dor e o nervosismo, a

> promover um bem-estar geral. Alguns pesquisadores indicam que quem alcoólicos e pessoas com distúrbios alimentares produzem menos endorfinas do que aqueles que não apresentam esses problemas. Se você produz menos endorfina, quase sempre se sente irritado. Comer açúcar aumenta a produção de endorfina, então a irritação desaparece.
>
> Se você é anoréxico, consegue o mesmo tipo de abrandamento da "sensação" de não comer. Essa exuberante sensação vem da resistência de suportar além de seus limites, muito parecida com a "sensação do corredor". (...) Existe um método alternativo para aumentar a produção de endorfina. (...) Abraçar. Isso mesmo, abraçar. Quando você se aproxima de outro ser humano e coloca os braços em volta dele, isso provoca o fluxo da endorfina e as irritações são eliminadas pelo calor do amigo carinhoso. Seu cachorro não é nada bobo quando pula para que você esfregue seu peito ou lhe acaricie a cabeça. Ele está conseguindo sua endorfina e se mantendo calmo.[5]

Os codependentes com frequência também têm dificuldade de aceitar elogios – afagos positivos. Devemos deixar de resistir ao fato de que somos pessoas boas com qualidades. Se alguém nos diz algo de bom sobre nós mesmos, aceitemos isso, a menos que o instinto nos diga que a pessoa está dissimulando. Mesmo se ele ou ela estiver tentando nos manipular, aceitemos o cumprimento e nos recusamos a ser manipulados. Deixe que o elogio vá até o coração e deixe o sentimento caloroso inundá-lo. Nós merecemos cumprimentos. Precisamos deles. Todos nós precisamos deles. Eles nos ajudam a acreditar naquilo que estamos nos esforçando tanto para acreditar: que somos boas pessoas. O bom do elogio é que quanto mais acreditarmos nas coisas boas sobre nós mesmos, melhor ficaremos.

Podemos também fazer elogios e espalhar em volta alguma energia positiva. Podemos compartilhar o que gostamos sobre as pessoas e dizer o que apreciamos nelas. Sejamos honestos, mas façamos isso bem.

Podemos aprender a reconhecer quando precisamos fazer um afago. Aprender a reconhecer quando precisamos estar com as pessoas e conseguir alguns afagos. Escolher amigos que nos possam dar essa coisa boa. Às vezes, os codependentes se envolvem com amigos que os consideram vítimas, pessoas impotentes que não conseguem tomar conta nem de si mesmas. Esses amigos nos oferecem compaixão, o que sem dúvida é melhor do que nada, mas não é o mesmo que afago. O amor verdadeiro diz: "Sei que está tendo problemas. Eu me importo, e os ouvirei, mas não vou e não posso resolvê-los por você." Os verdadeiros amigos dizem: "Tenho tanta confiança em você, que deixarei que descubra como fazer isso por si mesmo. Sei que conseguirá."

CONFIANÇA

Os codependentes com frequência não sabem muito bem em quem devem confiar, ou quando devem confiar. "Harvey está em tratamento por alcoolismo há duas semanas. Ele mentiu para mim 129 vezes. Agora está zangado porque eu lhe disse que não confio nele. O que devo fazer?"

Repetidas vezes ouvi variações disso dos codependentes. Minha resposta geralmente é a mesma: Há uma diferença entre confiança e estupidez. É lógico que você não confia em Harvey. Deixe de forçar-se a confiar em alguém em quem não confia.

Por todo este livro tenho repetido esta frase, e a direi de novo: Podemos confiar em nós mesmos. Podemos confiar em nós mesmos para tomar boas decisões sobre em quem confiar. Muitos de nós temos tomado decisões erradas sobre confiança. Não é muito sábio confiar em que um alcoólico nunca beberá de novo se ele não recebeu tratamento para a doença do alcoolismo. Tampouco é sábio confiar em que um alcoólico jamais beberá de novo, mesmo se ele ou ela recebeu tratamento – em comportamento humano não há garantias. Mas podemos confiar em que as pessoas sejam quem são. Podemos aprender a ver as pessoas claramente.

Descubra se as palavras das pessoas combinam com seu comportamento. O que elas *dizem* é o mesmo que *fazem*? Como disse uma mulher: "Ele está com uma aparência ótima, mas não está agindo nada melhor."

Se prestarmos atenção a nós mesmos e às mensagens que recebemos do mundo, saberemos em quem confiar, quando confiar e por que confiar numa determinada pessoa. Podemos descobrir que sempre soubemos em quem confiar – apenas não estávamos ouvindo a nós mesmos.

SEXO

Num só fôlego, o codependente nos dirá que seu casamento está desmoronando. No fôlego seguinte, perguntará se é normal ter problemas sexuais quando as coisas ficam ruins assim.

Sim, é normal ter problemas sexuais. Muitas pessoas têm problemas com sexo. Muitos codependentes têm problemas sexuais. O alcoolismo e toda a gama de distúrbios compulsivos atacam todas as áreas de intimidade.[6] Às vezes, a expressão física do amor é a última e definitiva perda que sofremos – a pancada que nos mostra que o problema não vai embora, não importa o quanto fecharmos os olhos.

Às vezes, o problema é do alcoólico. Ele se torna impotente ou perde o desejo sexual. Isso pode acontecer tanto antes quanto depois da recuperação. Muitas vezes é o codependente que tem problemas com sexo. Há uma série de dificuldades que podem ser encontradas no quarto. Podemos ser incapazes de atingir o orgasmo, temer a perda de controle ou não confiar em nosso parceiro. Podemos retrair-nos emocionalmente com nosso parceiro, não querer ser vulneráveis, ou não sentir desejo pelo nosso parceiro. Podemos sentir repulsa por nosso parceiro ou não conseguir satisfazer nossas necessidades porque não estamos pedindo que elas sejam satisfeitas. O relacionamento na cama provavelmente não vai ser muito melhor do que fora dela. Se estamos tomando conta do outro na cozinha, provavelmente estaremos tomando conta do outro na cama. Se estamos com raiva e magoados antes de fazer amor, provavelmente estaremos com raiva e magoados depois de fazer amor. Se não queremos estar naquele relacionamento, não queremos ter sexo com aquela pessoa. O relacionamento sexual é o eco e reflete o tom geral do relacionamento.

Os problemas sexuais podem entrar de fininho nas pessoas. Por um tempo o sexo pode ser a salvação de um relacionamento problemático. Pode ser a maneira de fazer as pazes depois de uma briga. Conversar parece clarear a atmosfera, e o sexo melhora tudo. Entretanto, depois de certo ponto, conversar pode não clarear mais a atmosfera. Conversar apenas torna o ar mais pesado, e o sexo deixa de melhorar tudo. Em vez disso, o sexo pode piorar as coisas.

Para uns, o sexo pode tornar-se um ato puramente automático, que proporciona aproximadamente a mesma satisfação emocional do que escovar os dentes. Para outros, pode tornar-se uma hora de humilhação e degradação: outra tarefa, outro dever, uma coisa a mais que devemos mas não desejamos fazer. Torna-se mais uma área que não está funcionando, em que nos sentimos culpados e envergonhados e tentamos mentir a nós mesmos. Temos mais uma área em nossa vida que nos faz pensar: "O que há de errado comigo?"

Não sou terapeuta sexual. Não tenho curas nem conselhos técnicos – apenas bom-senso. Acredito que cuidar de nós mesmos significa aplicar os mesmos princípios na cama que aplicamos em outras áreas de nossa vida. Deixar de culpar e odiar a nós mesmos.

Uma vez compreendido isso, tornamo-nos honestos com nós mesmos. Paramos de fugir, de esconder e de negar. Perguntamo-nos gentilmente o que estamos sentindo e pensando, depois confiamos em nossas respostas. Ouvimos a nós mesmos com respeito. Não abusamos nem punimos a nós mesmos. Compreendemos que o problema que estamos experimentando é uma resposta normal ao sistema em que vínhamos vivendo. Claro que estamos tendo esse problema – é parte normal do processo. Seria anormal não sentir repulsa, falta de confiança, ou outras emoções negativas. Não há nada errado conosco.

Depois de termos analisado as coisas, somos honestos com nosso parceiro. Dizemos a ele ou ela o que estamos pensando e sentindo, e o que precisamos dele ou dela. Exploramos possibilidades, negociando e comprometendo-nos, quando for o caso. Se não pudermos resolver nossos problemas por nós mesmos, procuramos ajuda profissional.

Alguns de nós podemos procurar conforto em casos extraconjugais. Devemos nos perdoar e descobrir o que precisamos para tomar conta de nós mesmos. Estude o Quarto e o Quinto Passos; converse com um religioso. Podemos tentar compreender que nossas ações foram reações comuns aos problemas com os quais temos vivido.

Alguns de nós podem estar tentando fugir dos problemas tendo uma série de relacionamentos sexuais não satisfatórios. Isso frequentemente ocorre durante o processo de negação, quando os comportamentos compulsivos tendem a se estabelecer. Não temos de continuar fazendo isso. Podemos enfrentar e resolver nossos problemas de outras maneiras. Podemos perdoar a nós mesmos e deixar de nos ferir.

Alguns de nós podem estar procurando amor e obtendo sexo em vez disso. Descubramos o que precisamos e como atender melhor às nossas necessidades.

Alguns de nós precisam começar a indagar do que necessitam. Outros podem precisar aprender a dizer não. Alguns de nós podem estar tentando forçar a volta do amor num relacionamento já morto, mediante a tentativa de forçar o prazer sexual. Essa técnica pode não funcionar. Sexo não é amor; é sexo. Não faz com que o amor exista se, para começo de conversa, o amor não está lá. O sexo consegue apenas expressar o amor que já existe.

Alguns de nós podem ter desistido e decidido que o sexo não é tão importante. Acredito que sexo é importante. Não é a coisa mais importante da vida, mas é uma parte importante de minha vida.

O sexo é uma força poderosa, uma grande fonte de intimidade e de prazer. Podemos cuidar de nós mesmos se nossa vida sexual não estiver funcionando da forma que gostaríamos. Somos responsáveis por nosso comportamento sexual – por nosso prazer ou falta de prazer na cama. Podemos perguntar a nós mesmos: o que nossa vida sexual está nos dizendo sobre nosso relacionamento?

20
Aprendendo a viver e a amar de novo

Pelo menos não vivo mais correndo por todo lado procurando minha própria morte.

– Frequentador do Al-Anon

Originalmente, eu tencionava dividir o material deste capítulo em dois: "Aprendendo a viver de novo e aprendendo a amar de novo". Entretanto, descobri que abordar separadamente viver e amar não era o caso. O problema que muitos codependentes encontram é aprender a fazer ambas as coisas ao mesmo tempo.

Segundo Earnie Larsen e outros, as duas necessidades mais profundas que as pessoas têm são: amar e ser amado; e acreditar que temos valor e saber que alguém mais também acredita nisso.[1] Ouvi também o mesmo conceito de forma mais simples, acrescentado de um item: Para ser felizes precisamos de alguém para amar, de algo para fazer e de algo para desejar.

Não vou arrancar os cabelos descobrindo se necessidades são desejos ou carências. Acho que são importantes. Podemos ter ou não consciência dessas necessidades, mas elas certamente têm tido uma força propulsora em nossa vida. A maioria de nós tem tentado, em algum nível de consciência, satisfazer essas necessidades. Para nos proteger, alguns de nós podem ter bloqueado ou trancado essas necessidades. Tanto quando as reconhecemos como quando as reprimimos, elas sempre permanecem ali. Compreender a nós mesmos e nossos desejos é uma informação poderosa. O que nós, como codependentes, precisamos aprender a fazer é satisfazer nossas necessidades, desejos e carências sem machucar a nós mesmos ou a outras pessoas, de maneira que nos permita desfrutar ao máximo o prazer da vida. Para muitos de nós, isso significa que precisamos arranjar um novo jeito de fazer as coisas, porque as formas que temos usado para tentar satisfazer nossas necessidades não têm funcionado. Já abordamos alguns conceitos que nos ajudarão a fazer isso: o desligamento, tratar as pessoas sem a obrigação de salvá-las, não controlar a pessoa objeto de nossa atenção, sermos objetivos, prestar atenção a nós mesmos, seguir um programa de Doze Passos, e ficarmos desdependente. Creio que à medida que ficarmos mais saudáveis, o amor será diferente. Creio que o amor será melhor, talvez melhor do que jamais foi, se deixarmos que seja e se insistirmos nisso.

Não creio que o amor tenha de machucar tanto quanto já o fez no passado. Não acho que tenhamos de permitir isso. Certamente, não precisamos permitir que ele nos destrua. Como uma mulher tão bem colocou: "Estou cansada de ser viciada em dor. Estou cansada de ser viciada em sofrimento. E estou cansada de deixar que os homens atropelem minha vida com seus problemas mal resolvidos!" Não é desejo de Deus que sejamos infelizes e que vivamos em relacionamentos infelizes. E é isso que temos feito a nós mesmos. Não temos de continuar com relacionamentos que nos causem dor e desgraça. Somos livres para cuidarmos de nós mesmos.

Podemos aprender a reconhecer a diferença entre as relações que funcionam e as que não funcionam. Podemos aprender a afastar-nos das relações destrutivas e a desfrutar as boas. Podemos aprender novos comportamentos que ajudem nossas relações a funcionarem melhor.

Creio que Deus permite que certas pessoas entrem em nossas vidas. Mas creio também que somos nós os responsáveis por nossas escolhas e por nossos comportamentos ao iniciar, continuar ou terminar essas relações, quando for o caso. Podemos desejar amor e necessitar de amor, mas não um amor destrutivo. E quando acreditarmos nisso nossa mensagem será claramente transmitida.

Acredito que nossa vida profissional pode ser diferente e melhor. Podemos aprender a tomar conta de nós mesmos e de nossas necessidades no trabalho. E quando não estamos tão concentrados em outras pessoas e seus problemas, quando acreditamos que somos importantes, estaremos livres para estabelecer nossos próprios objetivos e realizar nossos sonhos. Seremos capazes de capturar uma visão para nossa própria vida. Isso é excitante, porque as coisas boas podem acontecer, acontecem e acontecerão conosco se permitirmos que aconteçam e se estivermos dispostos e acreditar que as merecemos. As coisas boas provavelmente não acontecem sem algum esforço e algum sofrimento, mas pelo menos estaremos lutando e almejando algo que vale a pena, em vez de apenas sofrer.

É muito bom ter sucesso, ter boas coisas e ter uma relação amorosa agradável. Essas coisas podem não ser obtidas fácil ou naturalmente. Podemos ter de lutar, espernear e querer esconder a cabeça na areia ao longo do caminho. Tudo bem. É assim que o crescimento acontece. Se for agradável, natural ou fácil demais não vamos crescer e não estaremos fazendo nada diferente. Estaremos fazendo as mesmas coisas que sempre fizemos, e que por isso são tão agradáveis.

Aprender a viver e a amar de novo significa encontrar um equilíbrio: aprender a amar é viver nossa própria vida, ao mesmo tempo; aprender a amar sem ficarmos tão emocionalmente enredados no objeto de nosso afeto; e aprender a amar a outros sem deixar de amar a nós mesmos. Precisamos aprender a viver, a amar e a nos divertir, para que cada uma dessas atividades não interfira demais nas outras.

Um lado importante da recuperação é conseguir e manter o equilíbrio em todas as áreas de nossa vida. Precisamos observar a balança para que ela não penda demais para lado nenhum quando pesarmos as responsabilidades para com nós mesmos e para com outros. Precisamos equilibrar nossas necessidades emocionais com nossas necessidades físicas, mentais e espirituais. Precisamos equilibrar o dar com o receber; precisamos encontrar a linha divisória entre deixar ficar e fazer a nossa parte. Precisamos encontrar o equilíbrio entre resolver problemas e aprender a viver com problemas não resolvidos.

Muito de nossa angústia vem de termos de conviver com a tristeza de problemas não resolvidos, e com coisas que não são da maneira como desejávamos e esperávamos. Precisamos encontrar o equilíbrio entre abandonar nossas expectativas e lembrar que somos importantes, que somos pessoas de valor que merecem viver vidas decentes.

COMEÇANDO

Frequentemente me perguntam: Por onde devo começar? Como começar? Como posso conseguir o equilíbrio?

Dei muitas sugestões e ideias neste livro, e alguns podem sentir-se confusos.

Para alguns de nós, conseguir o equilíbrio pode parecer impossível. Sentimos como se estivéssemos deitados no chão de um porão escuro, e achamos impossível arrastar-nos para fora. Podemos. Os Alcoólicos Anônimos e o Al-Anon oferecem uma fórmula simples de três partes para conseguir isso. Consiste em Honestidade, Abertura e Desejo de Tentar. Já escrevi que as mudanças começam com o consciente e a aceitação. O terceiro passo para mudar o comportamento humano é a ação positiva.[2] Para nós, isso significa fazer as coisas de modo diferente. Sermos honestos, abrirmos a cabeça e, se nos dispusermos a fazer as coisas de outra maneira, então conseguiremos mudar.

Escolha um comportamento para trabalhar e, quando isso se tornar satisfatório, passe para outro item. Ouvi dizer que precisamos repetir uma ação 21 vezes até que ela se torne um hábito. É uma regra geral que devemos ter em mente. A lista do Capítulo 4 pode dar algumas sugestões sobre por onde começar. As atividades no fim dos capítulos podem dar-nos algumas ideias. Descubra por onde quer começar e comece por ali. Comece de onde estiver. Se não conseguir imaginar por onde começar, comece indo às reuniões de Al-Anon ou a outro grupo similar. Se estamos no porão, comecemos a arrastar-nos para fora. Aprenderemos a andar; conseguiremos equilibrar-nos.

Começar é tão difícil quanto divertido. Quando comecei a me recuperar da codependência, sentia-me desesperadamente presa a mim mesma e aos meus relacionamentos. A tristeza me cercava. E a depressão parecia confinar-me permanentemente em minha cama. Uma manhã, infeliz por estar viva e acordada, arrastei-me até o banheiro para vestir-me e pentear o cabelo, quando meu filho insistiu para que eu o seguisse. Descobri que o fogo estava consumindo meu quarto. Já se havia espalhado para as cortinas, o teto e o tapete. Como no passado, pensei que pudesse cuidar das coisas eu mesma; achei que o fogo não era o desastre que parecia ser, então peguei um extintor de incêndio e esvaziei-o nas chamas. Foi muito pouco, e tarde demais. O fogo alastrou-se enquanto fugíamos de casa.

Quando os bombeiros chegaram, minha casa já estava destruída. Faltavam duas semanas para o Natal e minha família e eu tivemos de nos mudar para um pequeno apartamento sem a maior parte de nossos pertences ou as comodidades mais básicas. Atingi o auge do desânimo e do desespero. Eu já havia perdido demais, incluindo a mim mesma. Meu lar era meu ninho, a única fonte de segurança emocional que me restara, e agora havia perdido aquilo também. Eu perdera tudo.

À medida que as semanas foram passando, a vida começou a exigir de mim muitas atividades. Inventários para o seguro, negociações, limpeza e planos de reconstrução da casa demandavam minha atenção. Senti-me ansiosa e insegura, mas não tive escolha. Tinha de pensar. Tinha de agir. Tinha de tomar providências. Quando começou a reconstrução, tive de fazer mais ainda. Tive de decidir como gastar milhares de dólares. Trabalhei ao lado dos operários, fazendo tudo que era capaz para ajudar a cortar as despesas e apressar a reconstrução. Isso incluía atividades físicas, uma parte de minha vida que deixara de existir. Quanto mais ocupada ficava, melhor me sentia. Comecei a confiar em minhas decisões. Livrei-me de um monte de raiva e de medo. Quando minha família e eu nos mudamos de volta para nossa casa, meu equilíbrio já tinha sido restaurado. Eu começara a viver minha própria vida, e agora não pararia mais. Eu me sentia bem!

O importante aqui é: comece. Acenda um fogo embaixo de você.

Uma vez que começamos, ir para a frente se tornará um processo natural, se continuarmos a nos mover. Às vezes, damos alguns passos para trás. Isso também está certo. Às vezes, é necessário. Às vezes, isso faz parte de ir para a frente.

Alguns de nós podemos ter de enfrentar decisões difíceis, como terminar relacionamentos infelizes e destrutivos. Segundo Earnie Larsen, se a relação está morta, enterre-a. Podemos levar tempo, trabalhar em nós mesmos e, quando a hora certa chegar, seremos capazes de tomar a decisão certa.

Alguns de nós podemos estar tentando recuperar relações deterioradas, mas ainda vivas. Seja paciente. O amor e a confiança são frágeis, são entidades vivas. Eles não se regeneram automaticamente sob comando, se foram danificados. O amor e a confiança não reaparecem automaticamente quando a outra pessoa fica sóbria ou resolve seja lá o problema que tiver.[3] O amor e a confiança devem ser curados a seu próprio tempo. Às vezes eles se curam; às vezes, não.

Alguns de nós podemos estar sem um amor. Isso pode ser duro, mas não é insuportável. Podemos querer e precisar de alguém para amar, mas acho que, se amarmos a nós mesmos o bastante, isso ajuda. É muito bom estar amando alguém, mas não faz mal se não estivermos. Encontraremos amigos para amar, para sermos amados, amigos que nos admirem. Amemos a nós mesmos e saibamos que temos valor. Usemos nosso tempo sozinhos para respirar. Deixe estar. Aprendamos as lições que devemos aprender. Vamos crescer. Desenvolver-nos. Trabalhemos em nós mesmos, e então, quando o amor chegar, ele completará uma vida cheia e interessante. O amor não deve ser a preocupação de toda nossa vida ou uma fuga de uma vida desagradável. Empenhemo-nos em nossos objetivos. Vamos nos divertir. Confiemos em Deus e em Seu tempo. Ele se importa conosco e sabe de todos os nossos desejos e necessidades.

Seja qual for a situação, vamos devagar. Nosso coração pode levar-nos para onde nossa mente diz que não devemos ir. Nossa mente pode insistir em ir para onde nosso coração não queira acompanhar.

Às vezes, nossa atração por sapos pode levar-nos aonde nem nosso coração nem nossa mente deseja estar. Tudo bem. Não há regras sobre quem devemos ou não devemos amar e estabelecer relações. Podemos amar seja lá quem for, do jeito que quisermos. Mas vamos devagar e dar tempo para fazer isso de forma que não nos machuque. Vamos prestar atenção ao que estiver acontecendo. Amemo-nos por nossas forças, não por nossas fraquezas, e vamos pedir aos outros para fazer o mesmo. Tomemos boas decisões a cada dia sobre o que precisamos fazer para tomar conta de nós mesmos. Nós e nosso Poder Superior seremos capazes de descobrir o que fazer. Espero que encontremos pessoas que gostem de amar – pessoas que gostam de nos amar e que nos encorajem a crescer. Espero que encontremos um trabalho agradável que nos desafie a crescer.

Uma palavrinha de advertência. De tempos em tempos, podemos perder nosso equilíbrio. Podemos começar a correr e a saltar, depois, de repente, damos de cara no chão. E todos aqueles sentimentos loucos voltam correndo. Não nos assustemos. Isso é normal. Características de codependência, maneiras de pensar e emoções se tornam hábitos. Às vezes, esses sentimentos habituais e os pensamentos podem vir à superfície. Certas mudanças (mesmo as boas), certas circunstâncias evocadoras da insanidade do alcoólico e a tensão podem provocar a codependência. Às vezes, a loucura volta sem ser provocada. Mantenhamos isso em mente. Não nos envergonhemos e não nos escondamos. Podemos levantar-nos de novo. Superaremos isso tudo. Conversemos com amigos confiáveis; sejamos pacientes e gentis com nós mesmos. Apenas continuemos fazendo as coisas que sabemos que precisamos fazer. Nós melhoraremos. Não deixemos de tomar conta de *nós*, não importa o que aconteça.

Obter nosso equilíbrio, e mantê-lo uma vez que o encontremos, é o objetivo de nossa recuperação. Se isso parecer pedir muito, não se preocupe. Nós podemos fazer isso. Podemos aprender a viver de novo. Podemos aprender a amar de novo. E podemos até aprender a divertir-nos ao mesmo tempo.

Epílogo

Não sou um professor, mas sim um despertador.

– Robert Frost

Eu queria escrever este livro muitos anos antes de começá-lo.

Primeiro, queria escrever um livro sobre codependência porque, quando estava sofrendo tanto em minha codependência, não conseguia encontrar um livro que explicasse o que estava acontecendo. Queria escrever um livro para outras pessoas que sofriam, explicando a codependência, para ajudá-las a compreender e aplacar sua dor.

Essa ideia foi posta de lado quando fui "passada para trás". Outras pessoas começaram a escrever sobre codependência. Já existiam também outros livros sobre o assunto; eu apenas não os havia encontrado.

Mais tarde, os motivos para escrever este livro mudaram. Eu não queria apenas aplacar a dor de outras pessoas; queria também redimir meu sofrimento. Era uma barganha que estava tentando fazer com meu caminho já meio extenso da aceitação: se escrevesse um livro sobre isso, esse lado da minha vida não teria sido um desperdício.

Esse motivo foi também derrotado. Antes de escrever o livro eu já tinha aceitado o que me havia acontecido. Tudo bem se eu escrevesse ou não um livro sobre isso. Também descobri que havia ganhado mais do que perdido. Pela minha experiência com a codependência, encontrara o meu *eu*. Tudo de nosso passado foi preparado e levado a este momento; o hoje nos prepara para o amanhã. E tudo funciona para o melhor. Nada é perdido.

Quando finalmente me sentei para escrever este livro, a motivação era quase a mesma que tinha sido originalmente. Queria escrever algo que pudesse ajudar as pessoas codependentes, e achei que tinha algumas ideias que valeria a pena passar adiante. Entretanto, este livro é apenas uma opinião. Minhas ideias e meus pensamentos são apenas isto – ideias e pensamentos. Para ilustrar isso, deixe-me citar Garrison Keillor. Ele se referia à ficção, mas sua declaração também se aplica a livros de não ficção e de autoajuda:

"É difícil dizer a verdade, principalmente quando não estamos absolutamente certos da verdade. Estamos buscando a verdade, e estamos apenas fazendo algumas marcas nesse processo de busca."[1]

Espero que este livro tenha marcado algumas verdades para você. Espero que eu o tenha ajudado a despertar-se para o seu *eu*.

Notas

Introdução

1. Janet Geringer Woititz. “Co-Dependency: The Insidious Invader of Intimacy”. In *Co-Dependency, An Emerging Issue*. Hollywood, FL: Health Communications, 1984, p. 59.
2. Toby Rice Drews. *Getting Them Sober.* South Plainfield, NJ: Bridge Publishing, 1980, vol. 1, xv.

Capítulo 3

1. Baseado numa citação de Joan Wexler e John Steidll professores de assistência psiquiátrica social da Universidade de Yale, mencionada por Colette Dowling, *The Cinderella Complex.* Nova York: Pocket Books, 1981, p. 145.
2. Robert Subby. “Inside the Chemically Dependent Marriage: Denial and Manipulation”. In *Co-Dependency, an Emergency Issue*. Hollywood, FL: Health Communications, 1984, p. 26.
3. Robert Subby e John Friel, “Co-Dependency: A Paradoxical Dependency”. In *Co-Dependency, An Emerging Issue*, p. 31.
4. Grupo de Al-Anon. *Al-Anon Faces Alcoholism*. Nova York: Al-Anon Family Group Headquarters, 1977.
5. O Al-Anon protege o anonimato de seus membros e não mantém registros oficiais de seus frequentadores. Entretanto, o Intergroup of Minneapolis concorda em que esse número é aproximado.
6. Terence T. Gorski e Merlene Miller. “Co-Alcoholic Relapse: Family Factors and Warning Signs”. In *Co-Dependency, an Emerging Issue*, p. 78.
7. Ernie Larsen; Subby. “Inside the Chemically Dependent Marriage”.

8. Subby e Friel. "Co-Dependency".
9. Charles L. Whitfield. "Co-Dependency: An Emerging Problem Among Professionals". In *Co-Dependency, A Emerging Issue*, p. 53; Joseph L. Kellermann, *The Family and Alcoholism: A Move from Pathology to Process* (Center City, MN: Hazenden Educational Materials, 1984).
10. Wayne, W. Dyer. *Seus pontos fracos* (Rio de Janeiro: Edições Viva Livros, 2011); Theodore I. Rubin com Eleanor Rubin, *Compassion and Self-Hate: An Alternative to Despair* (Nova York: David McKay Company, 1975).

Capítulo 4

1. Nathaniel Branden. *Honoring the Self: Personal Integrity and the Heroic Potencials of Human Nature*. Boston: Houghton Mifflin Company, 1983, p. 162.
2. Dennis Wholey. *The Courage to Change*. Boston: Houghton Miffling Company, 1984, p. 207.
3. Judi Hollis. *Fat Is a Family Affair*. São Francisco: Harper/ Hazelden, 1986, p. 55.
4. Idem, p. 53.
5. Robert Subby e John Frield. "Co-Dependency: A Paradoxical Dependency". In *Co-Dependency, An Emerging Issue*. Hollywood, FL: Health Communications, 1984, p. 32.

Capítulo 5

1. Essa citação foi retirada de um folheto intitulado "Detachment" (Desligamento), que contém frases escritas por membros anônimos do Al-Anon.
2. Wayne W. Dyer. *Seus pontos fracos* (Rio de Janeiro: Edições Viva Livros, 2011).
3. Grupo Al-Anon. *One Day at a Time in Al-Anon*. Nova York: Al-Anon Family Group Headquarters, Inc., 1976.
4. Judy Hollis. *Fat Is a Family Affair*. São Francisco, Harper/ Hazelden, 1986, p. 47.

5. Terence Williams. *Free to Care: Therapy for the Whole Family.* Center City, MN: Hazelden Educational Materials, 1975.
6. Hollis. *Fat Is a Family Affair.*
7. Carolyn W. *Detaching with Love.* Center City, MN: Hazelden Educational Materials, 1984, p. 5.
8. Lois Walfrid Johnson. *Either Way, I Win: A Guide to Growth in the Power of Prayer.* Minneapolis: Augsburg, 1979.
9. Earnie Larsen faz um exercício similar de meditação no final de seus seminários.

Capítulo 6

1. William Backus e Marie Chapian. *Telling Yourself the Truth.* Minneapolis: Bethany Fellowhips, 1980.

Capítulo 7

1. Eda LeShan. "Beware the Helpless", *Woman's Day,* 26.4.1983.

Capítulo 8

1. Claude M. Steiner. *Scripts People Live.* Nova York: Grove Press, 1974.
2. Idem; Claude M. Steiner. *Games Alcoholics Play.* Nova York: Grove Press, 1971; e Claude M. Steiner. *What Do You Say After You Say Hello?.* Nova York: Grove Press, 1972.

Capítulo 9

1. Penelope Russianoff. *Why Do I Think I'm Nothing Without a Man?.* Nova York: Bantam Books, 1982; Theodore I. Rubin com Eleanor Rubin. *Compassion and Self-Hate: An Alternative to Despair.* Nova York: David McKay Company, 1975, p. 278.
2. Janet Geringer Woititz. "Co-Dependency: The Insidious Invader of Intimacy". In *Co-Dependency, an Emerging Issue.* Hollywood, FL: Health Communications, 1984, p. 56.
3. Rubin. *Compassion*, p. 196.

4. Collette Dowling. *The Cinderella Complex: Women's Hidden Fear of Independence.* Nova York: Pocket Books, 1981.
5. Idem, pp. 152-153.
6. Idem.
7. Russianoff. *Why Do I Think I'm Nothing.*
8. Dowling. *The Cinderella Complex*, p. 22.
9. Kathy Capell-Sowder. "On Being Addicted to the Addict: Co-Dependent relationships". In *Co-Dependency*, p. 23. Veja também Stanton Peele e Archie Brodsky. *Love and Addiction.* Nova York: New American Library, 1975.

Capítulo 10

1. Nathaniel Branden. *Honoring the Self: Personal Integrity and the Heroic Potentials of Human Nature.* Boston: Houghton Mifflin Company, 1983, p. 53.
2. Theodore I. Rubin com Eleanor Rubin. *Compassion and Self-Hate: An Alternative to Despair.* Nova York: David McKay Company, 1975, p. 65.
3. Idem.

Capítulo 11

1. Theodore I. Rubin com Eleanor Rubin. *Compassion and Self-Hate: An Alternative to Despair.* Nova York: David McKay Company, 1975; Branden, Nathaniel. *Honoring the Self: Personal Integrity and the Heroic Potentials of Human Nature.* Boston: Houghton Mifflin Company, 1983.
2. Robert Subby e John Friel. "Co-Dependency: A Paradoxical Dependency". In *Co-Dependency, An Emerging Issue.* Hollywood, FL: Health Communications, 1984, p. 40.
3. Rubin. *Compassion.*
4. Idem.
5. Branden. *Honoring the Self.*
6. Idem, p. 76.

7. Wayne W. Dyer. *Seus pontos fracos*. Rio de Janeiro: Edições Viva Livros, 2011.
8. Toby Rice Drews. *Getting Them Sober*. South Plainfield, NJ: Bridge Publishing, 1980 vol. 1, xxi.
9. Branden. *Honoring the Self*, pp. 1-4.

Capítulo 12

1. Joseph L. Kellermann. *A Guide for the Family of the Alcoholic*. Nova York: Al-Anon Family Group Headquarters, 1984, 8-9.
2. Janet Geringer Woititz. "Co-Dependency: The Insidious Invader of Intimacy". In *Co-Dependency, An Emerging Issue*. Hollywood, FL: Health Communications, 1984, p. 55.
3. Idem, p. 59.
4. Harold A. Swift and Terence Williams. *Recovery for the Whole Family*. Center City, NM: Hazelden Educational Materials, 1975.
5. Nathaniel Branden, Honoring the Self: *Personal Integrity and the Heroic Potentials of Human Nature*. Boston: Houghton Mifflin Company, 1983, pp. 62-65.
6. Elisabeth Kübler-Ross. *On Death and Dying*. Nova York: MacMillan Publishing, 1969.
7. Melody Beattie. *Denial*. Center City, NM: Hazelden Educational Materials, 1986.
8. Claudia L. Jewett. *Helping Children Cope with Separation and Loss*. Harvard, MA: The Harvard Common Press, 1982, p. 29.
9. Idem, pp. 23 e 29.
10. John Powell. *Why Am I Afraid to Tell You Who I Am?*. Allen, TX: Argus Communications, 1969, pp. 116-117.
11. Kübler-Ross. *On Death and Dying*, pp. 99-100.
12. Judi Hollis. *Fat Is a Family Affair*. São Francisco: Harper/Hazelden, 1986, p. 80.
13. Donald L. Anderson. *Better Than Blessed*. Wheaton, IL: Tyndale House Publishers, 1981, p. 11.

Capítulo 13

1. John Powell. *Why Am I Afraid to Tell You Who I Am?* Allen, TX: Argus Communications, 1969, p. 155.
2. Jael Greenleaf. "Co-Alcoholic/Para Alcoholic: Who's Who and What's the Difference?". In *Co-Dependency, An Emerging Issue.* Hollywood, FL: Health Communications, 1984, p. 59.
3. Scott Egleston; Powerll. *Why Am I Afraid*; Toby Rice Drews, *Getting Them Sober.* South Plainfield, NJ: Bridge Publishing, 1980, vol. 1.
4. Nathaniel Branden. *Honoring the Self: Personal Integrity and the Heroic Potentials of Human Nature.* Boston: Houghton Mifflin Company, 1983.
5. John Powell. *Why Am I Afraid to Tell You Who I Am?* Allen, TX: Argus Communications, 1969.
6. Idem.
7. Albert Ellis and Robert A. Harper. *A New Guide to Rational Living.* Holllywood, CA: Wilshire Book, 1975; William Backus e Marie Chapian. *Telling Yourself the Truth.* Minneapolis: Bethany Fellowship, 1980.

Capítulo 14

1. Janet Geringer Woititz. "The Co-Dependent Spouse: What Happens to You When Your Husband is an Alcoholic". In *Co-Dependency, An Emerging Issue.* Hollywood, FL: Health Communications, 1984, p. 90.
2. Gayle Rosellini and Mark Worden. *Of Course You're Angry.* São Francisco: Harper/Hazelden, 1986.
3. Efésios 4:26 RSV.
4. Toby Rice Drews. *Getting Them Sober.* South Plainfield, NJ: Bridge Publishing 1980, vol. 1, xv.
5. Frederick S. Perls. *Gestalt Therapy Verbatim.* Nova York: Grove Press, 1979.

6. Claude M. Steiner. *Scripts People Live.* Nova York: Grove Press, 1979.
7. Rosellini e Worden. *Of Course You're Angry.*
8. Woititz. "The Co-Dependent Spouse", p. 83.

Capítulo 15

1. Timóteo 1:7 New Scofield Reference Bible.
2. Aron Kahn. "Indecision Decidedly in Vogue". *St. Paul Pioneer Press and Dispatch.* 1º de abril 1986, séc. C.
3. Toby Rice Drews. *Getting Them Sober.* South Plainfield, NJ: Bridge Publishing, 1980, vol. 1.
4. Parafraseado de material em *Alcoholic Anonymous: The Big Book*, 3ª edição. Nova York: Alcoholics Anonymous World Services, 1976.

Capítulo 16

1. David J. Schwartz. *The Magic of Thinking Big.* Nova York: Cornerstone Library, 1959, pp. 162-63.
2. Idem, pp. 163-164.
3. Idem, p. 164.
4. Dennis Wholey. *The Courage to Change.* Boston: Houghton Mifflin Company, 1984, p. 39.

Capítulo 17

1. Toby Rice Drews. *Getting Them Sober.* South Plainfield, NJ: Bridge Publishing, 1980 vol. 1, pp. 77-78.
2. Idem, p. 164.
3. Powell, John. *Why Am I Afraid to Tell You Who I Am?* Allen, TX: Argus Communications, 1969, p. 12.
4. Idem, p. 8.
5. Jean Baer. *How to Be an Assertive (Not Aggressive) Woman in Life, in Love and on the Job.* Nova York: New American Library, 1976.

Capítulo 18

1. Grupo Al-Anon. *Al-Anon's Twelve Steps and Twelve Traditions.* Nova York: Al-Anon Family Group Headquarters, 1981, p. 131.
2. Jael Greenleaf. "Co-Alcoholic/Para-Alcoholic: Who's Who and What's the Difference?". In *Co-Dependency, An Emerging Issue.* Hollywood, FL: Health Communications, 1984, p. 15.
3. George E. Vaillant. *The Natural History of Alcoholism.* Cambridge, MA: Harvard University Press, 1983.
4. Warren W. contou essa história em Minneapolis em 23 de agosto de 1985, emprestada do conferencista Clancy Imislund, que dirige o Midnight Mission e vive em Venice, Califórnia.
5. Grupo Al-Anon. *Al-Anon: Is It for You?* Nova York: Al-Anon Family Group Headquarters, 1983. Reproduzido com permissão do Al-Anon Family Group Headquarters, Inc.
6. Judi Hollis. *Fat Is a Family Affair.* São Francisco: Harper/Hazelden, 1986, pp. 49-52.

Capítulo 19

1. De um cartão-postal e pôster vendidos anos atrás; autor desconhecido.
2. Toby Rice Drews. *Getting Them Sober.* South Plainfield, NJ: Bridge Publishing, 1983, vol. 2, p. 52.
3. Penelope Russianoff. *Why Do I Think I'm Nothing Without a Man?* Nova York: Bantam Books, 1982.
4. *Kathy Capell-Sowder.* "On Being Addicted to the Addict: Co-Dependent Relationships". In *Co-Dependency, An Emerging Issue.* Hollywood, FL: Health Communications, 1984, pp. 20-21.
5. Judi Hollis. *Fat Is a Family Affair.* São Francisco: Harper/Hazelden, 1986, pp. 30-31.
6. As ideias discutidas nesta seção foram tiradas de vários artigos de *Co-Dependency, An Emerging Issue.* Hollywood, FL: Health Communications, 1984; Janet Geringer Woititz. "The Co-Dependent Spouse: What Happens to You When Your Husband Is an Alcoholic", Gerald Shulman, "Sexuality and Recovery:

Impact on the Recovering Couple", Marilyn Mason, "Bodies and Beings: Sexuality Issues During Recovery for the Dependent and Co-Dependent"; e Janet Geringer Woititz, "Co-Dependency: The Insidious Invader of Intimacy."

Capítulo 20

1. Abraham H. Maslow, ed. Motivation and Personality, 2ª. ed. Nova York: Harper & Row, 1970; Benjamim Wolman, ed., *International Encyclopedia of Psychiatry, Psychology, Psychoanalysis & Neurology.* Nova York: Aesculapius Publishers, 1977, vol. 7, pp. 32-33.
2. Nathaniel Branden. *Honoring the Self: Personal Integrity and the Heroic Potentials of Human Nature.* Boston: Houghton Mifflin Company, 1983, p. 162.
3. Janet Geringer Woititz. "Co-Dependency: The Insidious Invader of Intimacy." In *Co-Dependency, An Emerging Issue.* Hollywood, FL: Health Communications, 1984, p. 59.

Epílogo

1. Michael Schumacher, "Sharing the Laughter with Garrison Keillor", *Writer's Digest* (janeiro, 1986), p. 33.

Bibliografia

Livros:

Alcoholics Anonymous World Services. *Alcoholics Anonymous: The Big Book*, 3ª. edição, Nova York: Alcoholics Anonymous World Services, 1976.

Al-Anon Family Group. *Al-Anon: Is It for You?* Nova York: Al-Anon Family Group Headquarters, 1983.

______. *Al-Anon's Twelve Steps and Twelve Traditions*. Nova York: Al-Anon Family Group Headquarters, 1981.

______. *Al-Anon Faces Alcoholism*. Nova York: Al-Anon Family Group Headquarters, 1977.

______. *One Day at a Time in Al-Anon*. Nova York: Al-Anon Family Group Headquarters, 1974.

______. *The Dilemma of the Alcoholic Marriage*. Nova York: Al-Anon Family Group Headquarters, 1971.

Anderson, Donald L. *Better Than Blessed*. Wheaton, IL: Tyndale House Publishers, 1981.

Backus, William, e Marie Chapian. *Telling Yourself the Truth*. Minneapolis: Bethany Fellowship, 1980.

Baer, Jean. *How to Be an Assertive (Not Aggressive) Woman in Life, in Love and on the Job*. Nova York: New American Library, 1976.

Branden, Nathaniel. *Honoring the Self: Personal Integrity and the Heroic Potentials of Human Nature*. Boston: Houghton Mifflin Company, 1983.

DeRosis, Helen A., e Victoria Y. Pellegrino. *The Book of Hope: How Women Can Overcome Depression*. Nova York: MacMillan Publishing, 1976.

Dowling, Colette. *The Cinderella Complex: Women's Hidden Fear of Independence* (Nova York: Pocket Books, 1981).

Drews, Toby Rice. *Getting Them Sober, Volume 1.* South Plainfield, NJ: Bridge Publishing, 1983.

______. *Getting Them Sober, Volume 2.* South Plainfield, NJ: Bridge Publishing, 1983.

Dyer, Wayne W. *Seus Pontos Fracos.* Rio de Janeiro: Edições Viva Livros, 2011.

Ellis, Albert, e Robert A. Harper. *A New Guide to Rational Living.* Hollywood, CA: Wilshire Books, 1975.

Fort, Joel. *The Addict Society: Pleasure Seeking and Punishment Revisited.* Nova York: Grove Press, 1981.

Hafen, Brent Q., com Kathryn J. Frandsen. *The Crisis Intervention Handbook.* Englewood Cliffs, NJ: Prentice-Hall, 1982.

Hazelden. *Day by Day.* São Francisco: Harper/Hazelden, 1985.

______. *Twenty-Four Hours a Day.* São Francisco: Harper/Hazelden, 1985.

Health Communications. *Co-Dependency, An Emerging Issue.* Hollywood, FL: Health Communications, 1984, p. 59.

Hollis, Judi. *Fat Is a Family Affair.* São Francisco, Harper/Hazelden, 1986.

Hornik-Beer, Edith Lynn. *A Teenager's Guide to Living with an Alcoholic Parent.* Center City, MN: Hazelden Educational Materials, 1984.

Jewett, Claudia L. *Helping Children Cope with Separation and Loss.* Harvard, MA: The Harvard Common Press, 1982.

Johnson, Lois Walfrid. *Either Way, I Win: A Guide to Growth in the Power of Prayer.* Minneapolis: Augsburg Publishing House, 1979.

Kimball, Bonnie-Jean. *The Alcoholic Woman's Mad, Mad World of Denial e Mind Games.* Center City, MN: Hazelden Educational Materials, 1978.

Kübler-Ross, Elisabeth. *On Death and Dying.* Nova York: MacMillan Publishing, 1969.

Landorf, Joyce. *Irregular People Waco,* TX: Word, 1982.

Lee, Wayne. *Formulating and Reaching Goals*. Champaign, IL: Research Press Company, 1978.

Maslow, Abraham H. ed. *Motivation and Personality*, 2ª ed. Nova York: Harpers & Row, 1970.

Perls, Frederick S. *Gestalt Therapy Verbatim*. Nova York: Bantam Books, 1969.

Powell, John. *Why Am I Afraid to Tell You Who I Am?* Allen, TX: Argus Communications, 1969.

Restak, Richard M. *The Self Seekers*. Garden City, NY: Doubleday and Company, 1982.

Rosellini, Gayle e Mark Worden. *Of Course You're Angry*. São Francisco: Harper/Hazelden, 1986.

Rubin, Theodore I. *Reconciliations: Inner Peace in an Age of Anxiety*. Nova York: The Viking Press, 1980.

Rubin, Theodore I., com Eleanor Rubin. *Compassion and Self-Hate: An Alternative do Despair*. Nova York: David McKay Company, 1975.

Russianoff, Penelope. *Why Do I Think I'm Nothing Without a Man?* Nova York: Bantam Books, 1982.

Schwartz, David J. *A Mágica de Pensar Grande*. Rio de Janeiro: Edições Viva Livros, 2011.

Steiner, Claude M. *Scripts People Live*. Nova York: Grove Press, 1979.

Vaillant, George E. *The Natural History of Alcoholism: Causes, Patterns and Path to Recover*. Cambridge, MA: Harvard University Press, 1983.

Vine, Phyllis. *Families in Pain: Children, Siblings, Spouses and Parents of the Mentally Ill Speak Out*. Nova York: Pantheon Books, 1982.

Wallis, Charles L. ed. *The Treasure Chest*. Nova York: Harper & Rox, 1965.

Wholey, Dennis. *The Courage to Change*. Boston: Houghton Miffling Company, 1984.

Woititz, Janet Geringer. *Adult Children of Alcoholics*. Hollywood, FL: Health Communications, 1983.

Panfletos

Beattie, Melody *Denial.* Center City, NM: Hazelden Educational Materials, 1986.

Burgin, James E. *Help for the Marriage Partner of an Alcoholic.* Center City, MN: Hazelden Educational Materials, 1976.

Emotions Anonymous International Services. *The Enormity of Emotional Illness: The Hope Emotions Anonymous Has to Offer.* St. Paul, MN: Emotions Anonymous International Services, 1973.

H., Barbara. *Untying the Knots: One Parent's View Center City,* MN: Hazelden Educational Materials, 1984.

Harrison, Earl. *Boozlebane on Alcoholism and the Family Center City,* MN: Hazelden Educational Materials, 1984.

Hazelden Educational Materials. *Teen Drug Use: What Can Parents Do?* Center City, MN: Hazelden Educational Materials. (Reproduzido com permissão do Departamento de Educação Pública, Bismarck, ND, Drug Abuse Educational Act of 1970.)

______. *No Substitute for Love: Ideas for Family Living.* Center City, MN: Hazelden Educational Materials. (Reproduzido com permissão do Special Action Office for Drug Abuse Prevention, Executive Office of the President, Washington, DC, em conjunto com a Semana de Prevenção de Abuso de Drogas, em 1973.)

______. *Step Four: Guide to Fourt Step Inventory for the Spouse.* Center City: MN: Hazelden Educational Materials, 1976.

______. *Learn About Families and Chemical Dependency.* Center City. MN: Hazelden Educational Materials, 1985.

Kellermann, Joseph L. *The Family and Alcoholism: A Move from Pathology to Process.* Center City, MN: Hazelden Educatinal Materials, 1984.

______. *A Guide for the Family of the Alcoholic.* Nova York: Al-Anon Family Group Headquarters, 1984.

Nakken, Jane. *Enabling Change: When Your Child Return Home from Treatment.* Center City, MN: Hazelden Educational Materials, 1985.

Schroeder, Melvin. *Hope for Relationships* Center City, MN: Hazelden Educational Materials, 1980.
Scientific Affairs Committee of the Bay Area Physicians for Human Rights. *Guidelines for AIDS Risk Reduction*. San Francisco: The São Francisco AIDS Foundation, 1984.
Swift Harold A. e Terence Williams. *Recovery for the Whole Family.* Center City, NM: Hazelden Educational Materials, 1975.

Artigos

Anderson, Eileen. "When Therapists Are Hooked on Power". *The Phoenix*, vol. 5, nº. 7, julho, 1985.
"Author's Study Says CoAs Can't Identify Their Needs". *The Phoenix* (from Family Focus, publicado pelo U.S. Journal of Drug and Alcohol Dependence), vol. 4, nº. 11, novembro, 1984.
Bartell, Jim. "Family Illness Needs Family Treatment, Experts Say". *The Phoenix*, vol. 4, nº. 11, novembro 1984.
Black, Claudia. "Parental Alcoholism Leaves Most Kids Without Information, Feelings, Hope". *The Phoenix*, vol. 4, nº 11, novembro, 1984.
Hamburg, Jay. "Student of Depression Sights a Silver Lining". *St. Paul Pioneer Press and Dispatch* (Orland Sentinel), 23.9.1985.
Jeffris, Maxine. "About the Word Co-Dependency". *The Phonenix*, vol. 5, nº 7, julho, 1985.
Kahn, Aron. "Indecision Decidedly in Vogue". *St. Paul Pioneer Press and Dispatch* (1º.4.1986).
Kalbrener, John. "We Better Believe That Our Children Are People, Says Children Are People". *The Phoenix*, vol. 4, nº 11, novembro, 1984.
LeShan, Eda. "Beware the Helpless". *Woman's Day*, 26.4.1983.
Ross, Walter S. "Stress: It's Not Worth Dying For". *Reader's Digest*, janeiro, 1985, p. 76.
Schumacher, Michael, "Sharing the Laughter with Garrison Keillor". *Writer's Digest*, janeiro, 1983, p. 33.

Strick, Lisa Wilson. "What's So Bad About Being So-So?". *Reader's Digest*, agosto, 1984, p. 78 (reproduzido de *Woman's Day*, 3.4.1984).

Diversos

"Adult Children of Alcoholics", folheto, autor desconhecido.
"Detachment", folheto escrito por membros anônimos do Al-Anon.
Jourard, Sidney, com Ardis Whitman. "The Fear That Cheats Us of Love", folheto.
Larsen, Ernie. "Co-Dependency Seminar", Stillwater, MN, 1985.
Wright, Thomas, "Profile of a Professional Caretaker", folheto.

viva livros

Este livro foi composto na tipografia Minion Pro Regular, em corpo 10/12,5 e impresso em papel off-set no Sistema Digital Instant Duplex da Divisão Gráfica da Distribuidora Record.